貧困と就労自立支援再考

経済給付とサービス給付

埋橋孝文
同志社大学社会福祉教育・研究支援センター
［編］

法律文化社

目　　次

序：なぜ就労自立支援の再考なのか ・・・・・・・・・・・・・・・・・・・ 埋橋孝文　1
　　1　経済給付とサービス給付　1
　　2　就労支援サービスの成果はどのように測られるべきか　3
　　3　豊富な就労支援サービスの実践から　4

第Ⅰ部　就労自立支援をどう捉えるか

第1章　生活困窮者自立支援制度における段階論と並列論
　　　　■評価指標の行き着く先 ・・・・・・・・・・・・・・・・・・・・・・・・・・ 畑本裕介　9
　　はじめに　9
　　1　就労準備支援とは　10
　　2　生活困窮者自立支援制度と就労による自立の位置づけ　12
　　3　生活困窮者自立支援制度の起源としての
　　　　パーソナル・サポート・サービスモデル事業　19
　　4　段階論と並列論それぞれの実務上の困難について　20
　　おわりに　24

第2章　対貧困政策の「自立支援」型再編の意味を考える
　　　　■「再分配」か「承認」か？ ・・・・・・・・・・・・・・・・・・・・・ 堅田香緒里　27
　　はじめに：問いの所在　27
　　1　福祉の新自由主義的再編　30
　　2　対貧困政策の新自由主義的再編　33
　　3　「自立支援型の対貧困政策」の統治様式　38
　　おわりに：「再分配」のゆくえ　43

第3章　就労自立支援サービスの現在 ・・・・・・・・・・・・・・・ 桜井啓太　46
　　　　■生活困窮者・生活保護の視点から
　　1　就労支援政策の現在　46
　　2　生活保護の就労自立支援サービスの隆盛　49
　　3　「"自立しやすい"制度へ」の両義性　54

i

4 自立支援の展開──〈生〉そのものへの統治 61

5 社会的投資国家──フクシからトウシへ 64

6 対立軸の整理 69

第4章 ライフチャンスと社会的投資論 ・・・・・・・・・・・・・ 田中弘美 76
■ヨーロッパの議論を中心に

はじめに 76

1 社会的投資論とは？ 78

2 社会的投資国家への変容？ 85

3 社会的投資とライフチャンス保障 89

4 ソーシャルワークの位置づけ：マクロとミクロの接点 94

おわりに 96

第5章 貧困のなかの障害者／障害者のなかの貧困 ・・・ 山村りつ 98
■社会構造の壁と就労支援の意味

はじめに 98

1 障害者の貧困の把握 99

2 自治体による調査を活用した貧困の把握 102

3 障害者の貧困の原因 107

4 「外部」に出現する障害者の貧困 111

5 障害者の就労支援サービス再考 113

おわりに 116

第II部 就労自立支援サービスの実践と成果

第6章 生活困窮者支援とソーシャルワーク ・・・・・・・・ 後藤広史 121
■就労自立支援サービスを中心にして

はじめに 121

1 ホームレス状態にある人々の現状 126

2 就労自立支援をめぐる諸論点 129

3 就労自立支援をめぐる評価 133

4 就労自立の「かたち」 135

おわりに：就労自立支援ができるために 136

第7章　生活困窮者自立支援と地域共生社会へ
■大阪府箕面市・北芝の挑戦 ・・・・・・・・・・ 池谷啓介・簗瀬健二　140
1　北芝のまちづくりの変遷　140
2　北芝の取り組み　145
3　北芝の相談事業について　147
4　「体験型」就労支援の実際　152
5　「生活困窮者自立支援」のコンセプト　155
6　若者支援の取り組み：「体験型」プログラム　157

第8章　栃木県の若者支援における中間的就労 ・・・・・・ 中野謙作　163
1　最初に出会った少女との経験　163
2　「食べる」「学ぶ」「働く」ための自主事業　165
3　中間的就労の試み　175
4　これからのスタンダード　180

第9章　京都自立就労サポートセンターにおける
就労訓練事業(中間的就労)の取り組み ・・・ 高橋尚子　184
1　就労支援とは何か　184
2　京都特有の中間的就労：就労体験　190
3　中間的就労：有給雇用型　194
4　中間的就労の一事例　196
5　評価指標と効果測定　199

むすびに代えて ・・・・・・・・・・・・・・・・・・・・・・・・・・・・・・・ 埋橋孝文　203
■本書の特徴と今後の課題

座談会　生活保護と就労自立支援をめぐって ・・・・・・・・・・・・・・・　209
――生活保護ケースワーカーに聞く――

参加者：渡辺和子・仲野浩司郎・山下一郎

聞き手：埋橋孝文・田中聡子

あとがき

索　引

序：なぜ就労自立支援の再考なのか

埋橋孝文（同志社大学社会学部教授）

1 経済給付とサービス給付

　本書が扱う第1のテーマは，就労自立支援活動の立脚点や意味合いを再検討することです。就労自立支援「サービス」がもつ意義や問題点を，一方の現金給付＝経済給付との対比で浮き彫りにすることを課題としています。

　現在，法の整備もあって全国各地で活発に取り組まれている就労自立支援活動のこれまでを簡単にまとめると次のようになります。

2002年　ホームレス自立支援法成立（2012年5年延長，2017年10年延長）

2004年　「生活保護制度の在り方に関する専門委員会」最終報告書（3つの自
　　　　立論を提唱）

2005年　生活保護自立支援プログラムの導入，障害者自立支援法成立

2010年　パーソナル・サポートモデル事業の開始

2015年　生活困窮者自立支援法施行

　生活困窮者自立支援法は就労自立支援活動の画期となったもので，その全国的な普及に大きく貢献しました。ただし，周知のように同法の現金給付は必須事業のなかの住居確保給付金しかなく，所得保障面が手薄なものとなっています。

　したがって，生活困窮者自立支援法＝自立支援サービスの提供，生活保護＝経済給付というように2つの制度はある意味画然と区別されるようになっています。もちろん，①生活保護に至る一歩手前の困窮層に対する施策はそれまで存在せず，いわば死角，空白地帯となっていたこと，②従来の生活保護行政では「自立助長」が生活保護法に謳われていたにもかかわらず実際には自立支援サービスの提供が手薄であったこと，を考えると生活困窮者自立支援法の制定は十分意義あるものといえます。

しかも，市役所など市民に身近なところに設置される生活困窮者自立支援の窓口が実質的に要保護者にとって生活保護適用の入り口（gateway）になっていくケースがこれまで以上にみられるようになれば，捕捉率が低いという問題点の是正につながる可能性もあります。捕捉率が低いということは，要保護者でも実際には生活保護の適用を受けていない人が存在していること，したがって，生活困窮者自立支援の相談に訪れた人の何割かには生活保護の受給資格があることを意味しているからです。

　ただし，その一方で，生活保護が担当する経済給付は，以下のように，この間，廃止や削減が相次いでいます。

2004年　生活保護老齢加算の段階的削減

2006年　生活保護老齢加算の廃止

2009年　４月生活保護母子加算の廃止，12月復活

2013年　生活扶助基準の３年間の段階的引き下げほか

2015年　住宅扶助基準の引き下げ開始

2018年　生活扶助基準の引き下げ，母子加算の段階的な減額実施（2018年10月，2019年10月，2020年10月の３段階を想定）

　そこで次のような論点が浮かび上がってきます。上記のようなこれまでの２つの流れ，つまり，一方における就労自立支援サービスの充実と，他方における経済給付の削減が同時に進行するという現実を直視しつつ，「両者の関係をどうみるか」，という論点です。この問題については立場によって捉え方が変わってくることが予想されます。大まかには次の３つの異なる捉え方があります。①経済的な給付の削減が是正されるべき第１の問題と考える，②２つが同時並行的に進行していることを問題視する，あるいは③就労自立支援サービスの展開そのものに欠陥や問題点を見出すという，互いに重なることもありますが，一応区別される３つの見解です。

　本書の第２章（堅田香緒里）は，新自由主義的再編の「ロールバック型」と「ロールアウト型」を区別しつつ，「多様な自立支援」が後者にあたること，および，「再分配と承認の取引関係」＝「『経済給付』を通した『最低生活保障』は抑制していき，代わりに『自立支援』を重視していく」ことが進行していることに警鐘を鳴らしています。「『貧困』とは一義的には『経済的困窮』を指す

ものです。その意味で，対貧困政策においては，貧者のエンパワーメントにつながる『承認』も確かに大事ですが，それ以上に，困窮状態を直接解消する『再分配』の方が重要であるはずです」と主張しています（本書44頁）。

第3章（桜井啓太）は，障害学やフェミニズムの研究を踏まえて「地域で生活保護を受けることによって自立生活を行う」ことが可能なことを示し，「自分のお金を自分の裁量で使えることが経済的自立」という新しい自立観を提起しています。この自立観は次にふれる「3つの自立」には含まれないものです[1]。と同時に，日本型ワークフェアの3つの特徴を明快な図表を用いて解明し，自立支援の展開を「〈生〉そのものへの統治」として批判的に捉えています。また，第4章で取り上げられる社会的投資論について批判的に検討しています。

2　就労支援サービスの成果はどのように測られるべきか

本書の第2のテーマは「貧困に対して就労支援サービスはどのように向き合い，何をすべきか，また，その成果はどのように測られるべきか」というものです。このテーマに関しては2004年の「生活保護制度の在り方に関する専門委員会」が提起した「3つの自立」（日常生活自立，社会生活自立，就労自立）論が，それまでと異なる新しい状況をもたらしました。生活保護でも「自立助長」が謳われていますが（第1条），自立をどう捉えるかによってサービスの提供のあり方が大きく変わってきます。というのは，目的あるいは到達点としての「自立」が異なれば，そこに至るサービスの種類やプロセスも異なってくるからです。

釧路での生活保護を舞台にした自立支援サービスでは，「段階論」ではなく3つの自立のそれぞれが独立した最終的な目的として捉えた上でのユニークな実践が積み重ねられ，大きな注目を集めました。この点は本書の第1章（畑本裕介）でふれられていますが，目的とサービスの内容およびその成果（outcome）は相互に密接に関係しており，分断することができません，そのことを踏まえると，当然ながら異なる自立観は異なった成果をもたらします。また，それゆえに，自立支援サービスがどのような成果を生み出しているかという評価，測

定の方法も違った性格のものにならざるをえません。つまり，そもそも違った自立観のもと異なった目標をもつ自立支援サービスの評価方法については，1つではなく複数の評価方法があって当然ということになります。

　例えば，①就労効果（勤労収入増や就職率）や貨幣に換算しての経済効果，あるいは，②自己肯定感や満足度などの自己評価に基づく評価などが考えられます。行財政当局への説明には①の系統の評価によるデータが必要となることもあるでしょう。また，当事者参加の視点からは②の系統の評価が推奨されるべきでしょう。学術研究面からいえば，いずれの評価方法であっても評価項目は1つではなくて複数のものから構成されますが，それぞれの項目の相互の関連が重要であり，また，異なる評価方法の項目間の相互の関連を明らかにすることが重要です。それを手がかりに，実践面でも政策面でも有益な指針を引き出すことができるからです。

　本書では，第1章（畑本裕介）が3つの自立の「段階論」と「並列論」それぞれの主張を検討し，「日常生活自立」や「社会生活自立」に関する成果指標や就労率の指標作成の「実務上の困難」を指摘しています。第3章（桜井啓太）はSROI（Social Return On Investment）を批判的に検討し，第4章（田中弘美）ではやや視点を変えて「社会的投資」による「未来的，予防的な」役割を評価する方法が模索されています。第5章（山村りつ）は，一般的には経済的自立の面から就労が論じられることが多いのですが，そうではなく，一般就労が「社会的自立実現の手段」としての役割を果たすことが強調されています。そうした理解に基づく評価のあり方が問われています。第6章（後藤広史）では，就労支援の効果が「外部環境としての雇用情勢」に影響を受けることが示され，それらを行財政当局への説明資料とする場合の難しさにふれています。

3　豊富な就労支援サービスの実践から

　本書第Ⅱ部「実践と成果」の各章ではホームレス支援や中間的就労をめぐる豊富な取り組み事例が紹介されています。

　いくつかを挙げれば，例えば第6章（後藤広史）では「路上生活者」の55.6％，住居喪失者の86.5％が「働いて稼いで食べていく」点で「自立」して

いること，「社会福祉が想定してこなかった『就労自立』の体現」が示されています。また，すでにふれたように，雇用情勢などの「外部環境」という変数の影響があるため就労自立支援の評価が難しいことが明らかにされます。第7章（池谷啓介・簗瀬健二）では，福祉だけでないまちづくりという大きな取り組みのなかでの，参加者の「自尊感情」を高めるような活動が注目されます[2]。このことは支援活動の成果の評価方法にも新しい視点を付け加えるものでしょう。そのほかにも，大阪府の箕面市では，①生活保護の初回相談に生活困窮者自立支援関係のNPO職員が同席していること，②「生活困窮者就労の最大のリソースは市役所」であるという捉え方に基づく「箕面市短期雇用職員登録制度」の活用など，全国的に普及してよい先進的取り組みがあります。

第8章（中野謙作）では，「地域で原則的に支える仕組みができれば，生活保護を減少できる」という信念のもと，「若者の家庭内困難」に向き合い，また保護者支援なども精力的に取り組んでいる例が紹介されています。「自立への段階」を踏まえた「段階的仕事づくり」が試みられ（京都の事例の「ステップアップ就労」も同じ趣旨のものです），若者たちの「出口」を増やすことの必要性が強調されています。

最後に第9章（高橋尚子）では「あんたら今はまだ何もできひんのやから返事くらい大きな声でしいや」と毎日送り出している中間的就労の実践が紹介されています。ちなみに，本書では大阪の箕面市，栃木県，京都府での取り組みを紹介していますが，そのいずれでも就労支援は「セミナー型」ではなく「体験型」が行われています。京都での取り組みの特徴は，①10日間という，他よりも長期に及ぶ合宿による「体験型就労」，②他では見られないほどの多くの企業や事業所が中間的就労の支援に参加していること，③現在，セルフチェックシートと評価指標をもとに参加者のスモールステップも見逃さない緻密な評価システムを構築中であることです。

本書は下記のセミナーの講演記録と座談会記録をもとに編集されたものです。前著[3]と同じように，研究者と現場第一線の実践家の共同作品であり，研究と実践双方に大きな刺激と有益な示唆を与えるものと確信しています。

◆同志社大学社会福祉教育・研究支援センター主催　2018年度連続公開セミナー「貧困問題と就労自立支援サービス再考」：2018年6月23日　堅田香緒里，7月14日　後藤広史，7月21日　池谷啓介・簗瀬健二，7月28日　桜井啓太，9月29日　田中弘美，10月13日　山村りつ，10月27日　中野謙作，12月8日　畑本裕介・高橋尚子の各氏

◆座談会は生活保護ケースワーカーの現役および経験者併せて3名の参加で行われました（2018年11月2日，於・同志社大学）。①就労自立支援プログラムが現場でどのように受け止められ，どのように行われていたか——「支援の標準化」という意味をもっていたこと，年金や就労に関する「専門性のある外部の人を入れる」ことを伴ったこと——，②生活保護自立支援プログラムと生活困窮者自立支援プログラムとの違い，両者の関係，③生活保護では「半福祉・半就労」が現実としてあること，近年の保護費引き下げによって保護廃止へ押し出す圧力は強まっているものの，逆に給料の水準が低すぎて再び生活保護へ戻ってくる事態も生まれつつあること，など，大変興味深い事例の紹介があります。本論と併せてお読みくださるようにお願いします。

1）　やや文脈を異にし，直接「自立」とは関係しないが，以下の離別シングルマザーの発言はこの点に関して示唆に富むように思われます。
　　　「『……アル中・暴力・浪費・生活費を渡さない』前夫から『着の身着のままで』家を出て母子寮に入った。入寮後1か月後に幼稚園の給食調理のパートとして働き始めた（月収9万円）。同時に，福祉事務所で『大阪ではパート収入では子3人抱えて生活できないから申請するように』と勧められ，生活保護手当の支給が開始された。生活保護を受けている時の気持ちは『ありがたい。保護を受けられるのがうれしかった。独身時代に一生懸命高い税金を払ったかいがあった』」（埋橋孝文（1999）「生活と生活意識」財団法人家計経済研究所編『ワンペアレント・ファミリー（離別母子世帯）に関する6か国調査』79頁）。
2）　自尊感情（自己肯定感）に注目した子どもの貧困への対応については，埋橋孝文・矢野裕俊・田中聡子・三宅洋一編著（2019）『子どもの貧困／不利／困難を考えるⅢ—施策に向けた総合的アプローチ』ミネルヴァ書房，第2章を参照してください。北芝の取り組みが紹介されています。
3）　埋橋孝文＋同志社大学社会福祉教育・研究支援センター編（2018）『貧困と生活困窮者支援—ソーシャルワークの新展開』法律文化社。

第 I 部

就労自立支援をどう捉えるか

第Ⅰ部　就労自立支援をどう捉えるか／第1章

生活困窮者自立支援制度における段階論と並列論
■評価指標の行き着く先

畑本裕介（同志社大学政策学部教授）

はじめに

　生活困窮者自立支援制度と「就労」という概念の関係を考えるのは難しい。

　貧困者や生活困窮者に関する社会福祉制度において，制度の目的として示される「自立」とは長らくこの「就労」による自立のことと考えられてきました。自立との記述があれば，いずれ就労して経済的自立をすることを目的とすると考えるのが，自然な解釈でした。

　生活困窮者自立支援法第1条（目的）では「生活困窮者の自立の促進を図ることを目的とする」と謳われています。しかしここでは，自立とは何かが明示されているわけではありません。とはいえ，この制度の必須事業である「自立相談支援事業」の定義では（第3条第2項），「就労の支援その他の自立に関する問題につき，生活困窮者及び生活困窮者の家族その他の関係者からの相談に応じ，必要な情報の提供及び助言をし，並びに関係機関との連絡調整を行う事業」とされています。冒頭にその記述がもってこられるように，自立においてまず注目されるのは「就労」であるとの印象を与えるものとなっています。貧困者や生活困窮者の自立概念の伝統的解釈にのっとって理解されているようでもあります。

　法律の建付けにおいても「就労」を自立の1つのあり方と考えるのは自然な解釈ですが，自立概念は多様に解釈するべきであるとの意見もあります。本日の報告では，こうした事情についてできるだけ体系的に理解し，生活困窮者自立支援制度と「就労」の関係について考えるため，生活困窮者自立支援法が制定されるまでの経緯に関する各種資料やこの制度の成立に影響を与えた各種関

連制度に関する資料を紐解き，両者の関係について考察することを目的として
お話を進めてまいりたいと思います。

1　就労準備支援とは

　まずは，全体の議論に先立って，生活困窮者自立支援制度について簡単に概
要をまとめます。生活困窮者自立支援法は2013（平成25）年に成立し，2015（平
成27）年4月に施行されました。生活保護に至る一歩手前で支援の対象の死角
となっていた生活困窮者を支援するための制度であり，そうした意味では，生
活保護制度の対象となる被保護者支援の経験が参考にされて制度設計されてい
るといえます。また，制度開始前に，パーソナル・サポート・サービスモデル
事業として先行的な取り組みが行われていました。こちらの事業経験も制度設
計に生かされています。これらの制度や事業との関係については後述します。
　生活困窮者自立支援制度は，福祉事務所設置自治体が運営を担うものであ
り，「必須事業」と「任意事業」からなります。「必須事業」には「自立相談支
援事業」（生活困窮者自立支援法第5条）と「住居確保給付金の支給」（同法第6
条）があります。「自立相談支援事業」は，就労その他の自立に関する相談支
援，事業利用のためのプラン作成等を行うものであり，自治体が直営としても
よいのですが，社会福祉協議会や社会福祉法人，NPO等への委託も可能です。
「住居確保給付金の支給」は，離職により住宅を失った生活困窮者等に対し家
賃相当の給付金を支給するものです。
　「任意事業」には，「就労準備支援事業」，「一時生活支援事業」，「家計相談支
援事業」，（生活困窮家庭の子どもへの）「学習支援事業」，その他生活困窮者の自
立の促進に必要な事業があります。それぞれの事業については表1-1に内容
をまとめています。
　これらの任意事業のうち，就労準備支援事業と家計相談支援事業について
は，必須事業化してはどうかという提案もありましたが［社会保障審議
会 2017：12］，現状（2018年12月段階）では，任意事業にとどまっています。地
域によっては，需要が少なかったり，人材や委託事業者の不足といった実情も
あるからでしょう［社会保障審議会 2017：12］。

10　第I部　就労自立支援をどう捉えるか

表1-1　生活困窮者自立支援制度の概要

事業名	概　要
自立相談支援事業 5条（必須）	・生活困窮者の相談に応じ，アセスメントを実施して個々人の状態にあったプランを作成し，必要な支援の提供につなげる。 ・関係機関への同行訪問や就労支援員による就労支援等を行う。 ・関係機関とのネットワークづくりと地域に不足する社会資源の開発等に取り組む。
住宅確保給付金の支給 6条（必須）	・離職により住宅を失った又はそのおそれが高い生活困窮者であって，収入等が一定水準以下の者に対して，有期で家賃相当額を支給。
就労準備支援事業 7条（任意）	・直ちに一般就労への移行が困難な生活困窮者に対して，一般就労に従事する準備としての基礎能力の形成を，計画的かつ一貫して支援。 ・最長で1年間の有期の支援を想定。 ・生活習慣形成のための指導・訓練（日常生活自立に関する支援），就労の前段階として必要な社会的能力の習得（社会自立に関する支援），事業所での就労体験の場の提供や，一般雇用への就職活動に向けた技法や知識の取得等の支援（就労自立に関する支援）の3段階。事業の形式は，通所によるものや合宿によるもの等を想定。
一時生活支援事業 7条2項1号（任意）	・住居のない生活困窮者であって，収入等が一定水準以下の者に対して，一定期間（原則3か月）内に限り，宿泊場所の供与や衣食の供与等を実施。 ・本事業を利用中に，できるだけ一般就労に結びつくよう自立相談支援事業と適切に連携する。
家計相談支援事業 7条（任意）	・家計に問題を抱える生活困窮者からの相談に応じ，家計に関するアセスメントを行い，家計の状況を「見える化」し，家計再生の計画・家計に関する個別のプランを作成し，利用者の家計管理の意欲を引き出す取組。 ①　家計管理に関する支援 ②　滞納の解消や各種給付制度等の利用に向けた支援 ③　債務整理に関する支援 ④　貸付けのあっせん　など
生活困窮家庭の子どもへの学習支援事業（7条2項2号） その他生活困窮者の自立の促進に必要な事業（7条2項3号）（任意）	・地域の実情に応じた柔軟かつ多様な取組を支援。 ・例えば，生活困窮者の自立促進のための生活困窮家庭での養育相談や学び直しの機会の提供，学習支援といった「貧困の連鎖」の防止の取組（子どもの学習支援事業）や，就労訓練事業の立ち上げ支援や育成支援など生活困窮者の自立の促進のために必要な事業を実施。

第1章　生活困窮者自立支援制度における段階論と並列論　│　11

認定就労訓練事業（いわゆる中間的就労）16条	・都道府県知事が認定。 ・社会福祉法人，NPO法人，民間企業等の自主事業として実施。利用者の状況に応じた作業等の機会（清掃，リサイクル，農作業等）の提供と併せ，個々人の就労支援プログラムに基づき，就労支援担当者による一般就労に向けた支援を実施。 ・対象者は，就労準備支援事業を利用しても一般就労への移行ができない者等を想定。 ・事業実施に際し，都道府県等が事業を認定する仕組みとする。

出典：厚生労働省［2015：10-11］

　費用に関しては，以下のようにそれぞれ国庫補助が規定されています（法第15条）。自立相談支援事業，住居確保給付金に関しては4分の3，就労準備支援事業，一時生活支援事業に関しては3分の2，家計相談支援事業，学習支援事業その他生活困窮者の自立の促進に必要な事業に関しては2分の1が支弁されます。また，2018（平成30）年の法改正により，就労準備支援事業と家計改善支援事業を一体的に行った場合には国庫補助が3分の2へと引き上げられることになりました。

2　生活困窮者自立支援制度と就労による自立の位置づけ

■ 生活保護制度における対立する自立観

　生活困窮者自立支援制度は，その成立の道筋をつけた，社会保障審議会のなかに設置された「生活困窮者の生活支援の在り方に関する特別部会」において，この制度の成立と生活保護制度の見直しが同時に議論されていたように［厚生労働省 2012］，生活保護制度と隣接する制度と考えてよいでしょう。そのため，自立や就労といった概念を考えるときに，両制度はこれらの概念を同じ意味合いで使っていると考えてもよさそうです。生活困窮者自立支援制度に比べて，生活保護制度には制度としての歴史と議論の分厚い積み重ねがあります。よって，生活困窮者自立支援法における自立や就労について考えるためにも，生活保護制度においてはこの自立や就労という概念がどのように捉えられてきたかを確認すれば，生活困窮者自立支援制度についても理解が深まるでしょう。

　生活保護法の目的として同法第1条に「自立を助長することを目的とする」

12　第Ⅰ部　就労自立支援をどう捉えるか

と規定されていますが，ここでの自立とは，従来「稼働能力がある限りにおいて経済的自立を意味するものと捉えられてきた」[菊池 2015：6]のでした[牧園 2010：176]。ここでの経済的自立は自ら就労することによって生活資源を獲得して自立するということです（就労自立）。しかしながら，この経済的自立を強調しすぎることは，生活保護法の立法趣旨の解釈において対立を生みだすきっかけともなってきました。

1950（昭和25）年に旧法を改正して成立した現行生活保護法の制度導入期に厚生省社会局で生活保護制度を担当した人物たちの見解の相違は，こうした解釈の対立の嚆矢となっています。保護課課長であった小山進次郎は，自立とは経済的自立のことを指すものの，被保護者の「内在的可能性」を考慮して画一的な強制をするものではないと釘を刺しています。一方で，小山の上司で社会局局長だった木村忠二郎は，自立の助長とは「惰眠養成を排除せんとするものである」との見解を示していました[戸田 2009：57]。つまり，経済的自立を強く求めるものでした。戸田典樹によれば，前者は「多様な可能性を認める積極的な考え方」であり，後者は「保護適用の適格性を重視する考え方」です[戸田 2009：55]。すなわち，生活保護制度における2つの引き裂かれた自立観を形成してきました。

もちろん，ただちに木村のような見解が悪であり，小山の見解のみが求められるということではありません。朝日訴訟の判決文にもあるように，「生活保護の実施に当たっては，その時点の社会情勢や国民感情」を鑑みる必要がありますから，資格の適否については，常にその時点ごとに確認された上で決められるものだからです。確認の作業を繰り返すことは，制度の性質上欠かすことができません。

2つの自立観が存在しているために議論が複雑になり，危うさを抱えてきました。表面的には自立を助長・支援して被保護者の可能性を引き出すための制度と説明されたとしても，言葉の裏側には後者の意図が隠れています。経済的自立は社会参加，社会的包摂の1つのあり方ではありますが，生活保護を受給する資格の適否ばかりに焦点を当てる議論にもつながってしまうという歯がゆい議論が続いていく可能性があります。以下には，こうした歯がゆい議論とはどのようなものかを確認することも1つの目的として，生活保護制度をめぐる

第1章　生活困窮者自立支援制度における段階論と並列論　│　13

自立の問題だけではなく，生活困窮者自立支援制度をめぐっての自立の問題を
併せて考察していくことにします。

❷ 生活保護制度における多様な「自立」

　「措置から契約へ」との標語のもとに行われた1990年代の社会福祉基礎構造
改革後の各種制度改革においては，自立をどう支援するかが問われてきまし
た。2002（平成14）年に成立したホームレス自立支援法，2005（平成17）年に成
立した障害者自立支援法（現・障害者総合支援法）といった法律名自体に自立支
援という文言が使われているように，自立が社会福祉の制度改革において焦点
の１つとなっていたのでした。

　こうした時代状況のもと，生活保護制度において改めて「自立」が強調され
るようになったのは，2003（平成15）年７月28日に設置された社会保障審議会
福祉部会「生活保護制度の在り方に関する専門委員会」（以下「専門委員会」）で
す［岩永 2009：40；牧園 2010：153］。「専門委員会」での審議の後，2004（平成
16）年12月15日に最終報告書が出されますが，この報告書で従来障害者福祉の
分野で議論が積み重ねられてきた多様な自立観が展開されました。生活保護制
度における自立支援プログラムを作成するにあたって，その支援メニューの支
援目標として，３つの自立が示されています。それは，従来の経済的自立を表
す「就労自立」だけではなく，「日常生活自立」と「社会生活自立」を加える
ものでした。

　　「ここで言う『自立支援』とは，社会福祉法の基本理念にある『利用者が
　　心身共に健やかに育成され，又はその有する能力に応じ自立した日常生活
　　を営むことができるように支援するもの』を意味し，就労による経済的自
　　立のための支援（就労自立支援）のみならず，それぞれの被保護者の能力
　　やその抱える問題等に応じ，身体や精神の健康を回復・維持し，自分で自
　　分の健康・生活管理を行うなど日常生活において自立した生活を送るため
　　の支援（日常生活自立支援）や，社会的なつながりを回復・維持するなど社
　　会生活における自立の支援（社会生活自立支援）をも含むものである。」［社
　　会保障審議会 2004］

14 ｜ 第Ⅰ部　就労自立支援をどう捉えるか

ただし，この「専門委員会」の審議でも，３つの自立のうちそれぞれをどう位置づけるかについては議論がありました。ここでは，岩永［2009］に従って，その経緯を振り返っておきたいと思います。

　「専門委員会」第８回会合において，委員長から，生活保護の相談体制を議論するときには，相談の実施においては「現行の生活保護全体における相談と保護の要件の問題」についても議論すべきとの発言がありました。これは，自立支援を議論する場合には，単なる相談の運営法の議論にとどまらず，被保護者の資産の要件の緩和の議論や，生活保護水準まで生活水準が低下する前に予防型の支援を行うべきとする議論まで含みこませるべきだとの意図でした［岩永 2009：44］。資産の要件を緩和できれば自立支援が容易になるし，予防型の支援ができれば生活が破綻せずに自立を維持させることができるからでしょう。これらは制度の「入口」（どういう資産をもっていたら制度の対象となるか，またならないか）はどうあるべきかを基本的な前提に戻って議論することです。さらに，「入口」が問題になるなら，同時に「出口」も問題となってきます。

　第13回会合において，保護課課長が，資産保有（預貯金の保有）の要件を緩め，より多くの資産があっても生活保護を受給できるようにすれば，それは本当の自立につながるのかという危惧を示す場面がありました。これは，生活保護という制度の出口から出て制度を利用しなくなることをもって自立と捉える見方でしょう。資産をある程度もっていても生活保護にとどまることができるのなら，受給期間が長くなることを懸念したものだと思われます。生活保護制度に留まりながらの自立という発想はここにはありません。生活保護の受給を辞退し経済的自立を求めるということを当たり前と捉えるために，出口が必要となるという認識が生まれたのではないでしょうか。

　つまり，この保護課課長の発言は，生活保護を受けつつの自立が含まれることを想定する「日常生活自立」と「社会生活自立」の概念を前提としない発言です。そのため，委員と事務局の意見の食い違いがあることが露呈する場面でありました。結局，審議はまとまらず，最終報告書では，「自立とはひとまず経済的自立が中心であるが，日常生活自立と社会生活自立も含むとした，出口としての就労などによる自立を目指す方向と，制度を利用した自立という支援に重点を置く方向のどちらも含み両論併記」［岩永 2009：47］となりました。

3 段階論と並列論

「自立」は，経済的自立を中心として考えるのか，それとも3つの自立を対等に考え制度を利用した自立も認めていくのか，どちらの視点が優位であるのかということについて，その後も議論が展開されます。また，生活保護制度を超えて，生活困窮者自立支援制度に関する議論にも引き継がれていきます。

議論の展開において，経済的自立（「就労自立」）を中心に考える場合，「日常生活自立」と「社会生活自立」は，就労自立の前段階の自立としてステップの一段階に位置づけられるようになりました。これを，牧園清子は「段階論」と呼んでいます。一方で，それぞれを相対的に独立したものと考えるものを「並列論」と呼んでいます［牧園 2010：167］。

牧園は，「段階論」と「並列論」の議論の対立を生活保護制度の3つの自立についての議論のなかから導き出しています。このうち，「段階論」こそが生活保護制度の伝統的な見解でした。さらに，「段階論」は，生活困窮者自立支援制度においても，認識の前提として，審議会における事務局や制度運営者としての厚生労働省のなかに定着しているものと言えます。例えば，厚生労働省の説明資料によく利用されていた次の図に見て取ることができるでしょう［厚生労働省 2013］。図1-1は，「生活困窮者の生活支援の在り方に関する特別部会」の審議資料や，その後の制度説明会の資料としても利用された図です。こ

図1-1　就労に向けた支援の充実・強化（厚生労働省・社会援護局資料）

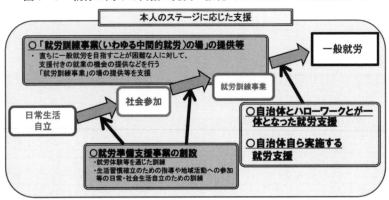

出典：厚生労働省［2013］

れはわかりやすい「段階論」であり，ステップを踏んで就労自立である一般就労へと向かうという制度のスキームが説明されています。

こうした「段階論」に対する代表的な批判には，布川らのものがあります [布川編 2006]。日常生活自立支援と社会生活自立支援を，就労自立への橋渡しと位置づけてしまうと，支援の対象が「就労」につながる人だけに限定されかねません。就労を優先しないと明確にしてこそ，長期的な視野で日常生活自立や社会生活自立への支援が可能となるという視点からの批判です [布川編 2006：24]。

❹ 生活困窮者自立支援制度における段階論

「段階論」と「並列論」の対立は，生活困窮者自立支援制度に対する審議会の議論でも見受けられます。ここでは，先にも取り上げた「生活困窮者の生活支援の在り方に関する特別部会」（以下「特別部会」）の議事録を追ってみたいと思います。

2012（平成24）年９月28日に開かれた「特別部会」第８回会合で配布された資料（「生活支援戦略」に関する主な論点（案））で，「これまでの議論などを踏まえた主な論点」として，次のようなものが示されました。

> 「支援の在り方については，社会参加をする上で必要な生活習慣の形成のための指導・訓練（生活自立段階），就労の前段階として必要な社会的能力の習得（社会自立段階），継続的な就労経験の場の提供や，一般雇用への就職活動に向けた技法や知識の取得等の支援（就労自立段階）の段階を設ける等の工夫が必要ではないか。」

これは生活保護制度における自立の「段階論」の主張と同じものです。この論点に関しては，後日の会合にて批判する委員も出てきました。10月17日に開催された第９回会合で，委員であった藤田孝典氏（NPO法人ほっとプラス代表理事）は次のように指摘しています。

> 「日常生活自立，社会生活自立，就労自立，３つの自立を挙げています

が，福祉事務所の実際の現場ではどうかと見てみると，やはり支援をして
いくって何かというと働いてくださいということの一辺倒になってしまっ
ているのが現状なのです。なので，またここで議論されていることが非常
に有意義で，いろんな就労の形態がありだということが皆さん強調されて
いるところだと思うのですが，実際にそれが出されたとしてもまた同じよ
うな一般就労ありきにならないようにということが，再度注意をしていた
だきたいという意味だと私は理解しております。」

　もちろん，同じ審議会の委員でも，「自立とは，最終的には経済的自立を目
指すこと」（11月14日第10回会合　藤巻隆委員の発言）と指摘する委員も存在しま
す。また，「特別部会」の最終報告書では，次のような文言が使われています。

　「早期対応とは，生活困窮者をやみくもに就労に追い立てることではな
い。社会的自立から経済的自立へと，個々人の段階に応じて最適なサービ
スが提供されるような継続的な支援が求められる。」［社会保障制度審議
会　2013：6］

　やみくもに就労に追い立てることはしないとはいえ，「社会的自立から経済
的自立へと，個々人の段階に応じて」との表現からうかがうに，やや曖昧な表
現ながら「特別部会」の最終見解は「段階論」であると推測できます。繰り返
しになりますが，「段階論」と「並列論」は，どちらが悪でありどちらが善で
あるといった問題ではないことは強調しておきたいと思います。
　こうした議論からは，生活保護制度だけではなく，この審議会の議論を経て
成立した生活困窮者自立支援制度においても，自立の解釈に対して「段階論」
と「並列論」が存在していることが確認できるでしょう。そのため，生活困窮
者自立支援制度の各事業を実施するにあたって，最終的な「就労」だけを目的
として設定し評価基準と考えればよいということには留保が必要となるとだけ
は言えるのではないでしょうか。

3 生活困窮者自立支援制度の起源としての
パーソナル・サポート・サービスモデル事業

　生活困窮者自立支援制度が成立する前史に位置づけられる制度の運営においても，支援の政治的・思想的理念というよりも実務的な理由から，支援の目標は「就労」だけではないとする議論と認識が生まれていたという事実が存在することにも触れておきたいと思います。ここで取り上げるのは，パーソナル・サポート・サービスモデル事業（以下PSモデル事業）です。

　PSモデル事業とは，「専門家であるパーソナル・サポーターが随時相談に応じ，制度や仕組みの『縦割り』を超え，必要な支援を個別的・継続的に提供するもの[1]」とされる事業でした。生活困窮者に包括的支援を与えるという意味では，支援の枠組みは生活困窮者自立支援制度と共通しています。

　湯浅誠内閣府参与のアイデアを出発点に，2010（平成22）年7月にパーソナル・サポート・サービス検討委員会（緊急雇用対策本部内セーフティ・ネットワーク実現チームの下部組織）が組織されました。それとともに，事業の実績や効果を確かめるためのモデル事業も開始されました。これが，PSモデル事業であり，当初は2010年10月より2012年3月までの事業期間でした。2010年度からは5地域，2011年度からは14地域を加えてで実施されました［垣田 2011：30-31］。また，2012年度にはさらに8地域が追加されました。同事業の実施状況は以下のとおりです。

第1次：2010（平成22）年10月より
　　釧路市，横浜市，京都府，福岡市，沖縄県（5地域）
第2次：2011（平成23）年度より
　　岩手県，千葉県野田市，長野県，岐阜県，浜松市，滋賀県野洲市，京都府京丹後市，豊中市，吹田市，箕面市，大阪市，島根県，山口県，徳島県（14地域）
第3次：2012（平成24）年度より
　　千葉県柏市，東京都足立区，神奈川県相模原市，新潟，大阪府八尾市，大阪府柏原市，岡山県岡山市，香川県（8地域）

　こうしたPSモデル事業においてさまざまな取り組みが行われ，その蓄積が，後に生活困窮者自立支援制度の制度内容として採用されていくことになっ

たのです。

当初は第1次と第2次のモデル事業は2011年度で終了する予定でした。しかし，2011年3月11日に東日本大震災が発生したことの影響もあり，事業は継続されることになりました。震災により，被災地の復興と地域の人々の包摂が注目されることになったのです。そのため，第3次事業として，従来の受託自治体だけではなく，新たな8地域を加えた事業が継続されました。その際に，募集のポイントとして，「就労につながりうる者にとどまらない社会的排除リスクの高い者を幅広く対象とした活動実績を有している，又は支援計画を策定していること」［緊急雇用対策本部 2012：3］という観点が付け加えられました。このときに就労以外の自立への経路を支援に組み込むよう各事業体は体制整備を行ったことでしょう。その際の経験が，生活困窮者自立支援制度が，必ずしも就労自立だけを求めるものではないという理念を含みこむきっかけの1つとなったと言えるのではないでしょうか。

従来は，一部研究者などの間だけで，低所得者・生活困窮者支援においても目標を就労としない支援のあり方があってよいとの理念が提唱されてきました。とはいえ，震災経験は，実務上の経験という文脈においても就労を目標としないあり方を人々に意識化させたと言えるでしょう。

4 段階論と並列論それぞれの実務上の困難について

■ 並列論における実務上の困難

さて，生活困窮者自立支援制度において，自立の「段階論」を取るにしても「並列論」を取るにしても実務的には問題が生まれてきます。最後にその点を検討したいと思います。

「並列論」を取るならば，もちろん，支援の目的は最終的に就労自立に向かう必要はなくなります。しかしながら，今度はとたんにそれぞれの支援の位置づけが難しくなります。それぞれの支援対象者の方々の生活経験からすれば，個々に伴走されて支援を受けたという事実だけで十分な満足感を得ることのできる場面は多くあるでしょう。とはいえ，国や地方自治体の政策としては明確な位置づけを示すことが求められます。

就労自立の成果指標としては「就労率」が中心指標となるでしょうから数値によってその成果を把握することは容易です。また，収入の増加などを加えてもいいでしょう。もちろん，質的な調査などにより評価を補足する必要はありますが，基本的な成果は数値で定量的に示され得ます。しかし，「日常生活自立」や「社会生活自立」では，そうした明確に数値化できる指標がすぐに手に入るものではありません。かつてと違い，財政規律を無視することができない近年の社会情勢のもとで始められる新規の制度であるならば，制度を実施したことによる明確な成果をアピールできなければ，批判を免れることはできないでしょう。そのためには，「日常生活自立」や「社会生活自立」に関しても，ある程度定量的な成果指標を構築し，できるだけ客観的な評価を公表していくことが望まれます。

　「日常生活自立」や「社会生活自立」を下位項目に分解し点数化可能な質問形式に耐えられるような指標として構築しなおしたり，それらを評価する代替指標を開発したりして，なんらかの点数評価が可能な指標の作成が考えられます。点数を集計・分析して，数値の変化を追えば，どの程度改善したかの全体集計も可能となり，成果を公表することができるようになるでしょう。また，個々の支援対象者のために利用すれば，それぞれの方が自分の状況を認識し取り組むための目標を提示することにもなります。さらに，支援の終結段階において，どの時点で終結するかを判断するために必要な客観的根拠を支援調整会議などで示す根拠資料としても使えます［川崎 2016：91］。

　上記のような指標作成の先行的な取り組みとして，一般社団法人北海道総合研究調査会の作成した指標があります［一般社団法人北海道総合研究調査会 2014］。これは，うつ病患者を対象とした，「本人の仕事や生活が，日々の生活のなかで生じる問題によって，どの程度妨げられているか」を測定する心理尺度である Work and Social Adjustment Scale（WSAS）を活用したものです。日本版として編集しなおし，仕事や余暇活動などにどの程度適応しているかを把握するための指標として利用しています。項目ごとに，「最もできない状態を8点，問題がなくできる状態を0点」（ひどく妨げられている～問題なくできる）とし，5項目を合計して最大40点から最低0点として集計し，点数が低ければ低いほどよい状態であることを示す，という大変シンプルなものです

第1章　生活困窮者自立支援制度における段階論と並列論　21

表1-2　日本版WSAS「本人の仕事や社会との関わりに関する調査」の尺度

1．問題があるため，仕事をすることが妨げられている。

2．問題があるため，家事をすることが妨げられている。(例えば，掃除，整理整頓，買い物，料理，家や子どもの面倒を見ること，水道光熱費の支払いなど)

3．問題があるため，誰かと一緒に余暇を過ごすことが妨げられている。(例えば，友人や家族と，外出したり，お茶したり，飲み会に参加したり，趣味活動を楽しんだり，スポーツやゲーム大会に参加するなど)

4．問題があるため，ひとりで余暇を過ごすことが妨げられている。(例えば，読書，庭いじり，収集，裁縫，散歩など)

5．問題があるため，他の人（家族や同居人を含む）と，親しい関係を築いたり保つことが，妨げられている。

出典：一般社団法人北海道総合研究調査会 ［2014：88］

（表1-2）。支援の成果を測定する指標として，「就労状況の変化や就労報酬の増加等に関する指標だけではなく，相談支援及び就労支援のプロセスにおいて，本人の行動変容や精神面の改善等について把握するための中間的な評価指標が必要」［一般社団法人北海道総合研究調査会 2014：65］との判断に基づいて作成・実施されたものでした。

　この日本版WSASのメリットは，「第一に，項目が少なく（5項目），回答者の負担を軽減できること。第二に，当事者の行動変容を把握し易いこと（変化し易い）。第三に，支援者が直接対象者本人に行動面を聞くことによって，当事者と支援者の間で測定結果を共有し易く，支援内容の検討及び具体的な支援に直結すること（支援に役立つツールとなる），である」とされます［一般社団法人北海道総合研究調査会 2014：66］（下線は報告者による）。

　しかしながら，これらの点はデメリットにも転化しやすいのではないでしょうか。そのため，支援現場で利用する指標としてはさらなる改善も必要でしょう。まず，5項目と項目が少なすぎるため，日々の細かな改善点に関するチェックリストとしては機能しづらいということがあります。項目が少なければ，全体集計を行い成果として公表する場合には，変化を追いかけやすく便利です。しかしながら，個々の支援対象者の方々の変化を追いかけ，支援の個々の場面で利用するにはもう少し細かな指標を設定する必要があるでしょう。

　また，支援者が直接対象者に聞くという調査法はメリットとして示された効

22　　第Ⅰ部　就労自立支援をどう捉えるか

果を生むこともありますが，指標がシンプルであると，質問を行う支援者の力量や性格などによって指標の尺度評価が大きく変化する可能性があるという懸念もあります。シンプルであれば指標が抽象的な表現を伴うものになりやすく，指標を用いた評価の場面ごとにどの点数とするかの裁量が大きくなりすぎるからです。こうした点の改善が次の課題として必要となってくるのです。本セミナーでの高橋報告（本書第9章）は，以上の問題点を克服するための直接の取り組みを紹介するものとなっています。

❷ 段階論における実務上の困難

「段階論」であれば，最終的な就労自立に向けて，手前の日常生活自立，社会生活自立はその準備段階として位置づけられます。よって，評価は最後の就労自立の達成度で測定することができます。具体的には「就労率」（それに収入の増加）ということになるでしょう。とはいえ，ことはそれほど単純ではありません。

まずは，最終的な目標が就労であるとしても，一定期間では就労に至らない支援対象者の方々への支援をどう評価するかという問題があります。障害のある方や通院中の方などが対象者に含まれるというのもその理由の1つです。しかし，ここには制度上の構造的問題も存在しています。

2011（平成23）年に求職者支援法が制定されました。これはいわゆる「第2のセーフティネット対策」の一環としてのものであり，雇用保険を受給できない求職者に対し，職業訓練を実施したり，訓練の受講を容易にするために給付金を支給するものです。同法は個別的支援の必要性が相対的に少ない者が対象となっています［菊池 2015：8］。すなわち，就職率を引き上げる就職しやすい属性を抱える生活困窮者は，生活困窮者自立支援制度ではなく，こちらの制度の対象者となることも多いのです。そのため，生活困窮者自立支援制度の方には，就職が比較的容易な層はやって来ず，そもそも就労が難しい属性を抱える層が流れ込む構造となっているのです。菊池馨実はこの状況を「棲み分け」とすら表現しています［菊池 2015：8］。

そうであるならば，「段階論」を採ったとしても「就労率」で制度の成果を評価するのは適切ではないということにならないでしょうか。生活困窮者自立

支援制度を利用する支援対象者が，将来的に状況が改善され，ステップを踏んで最終的に就労自立するとしても，それは短期間のことではない場合も多くなります。行政からの支援を受ける場合の単年度主義を前提に制度を運営する場合は，年度ごとに一応の制度の成果を報告しなければなりません。そうであるなら，当座の成果としてアピールするための指標として，就労率とは別の評価基準としての指標等の手段を設けておかなければならないでしょう。

　すると結局のところ，「段階論」をとったとしても，実務上は「並列論」をとる場合と特に変わることなく，「日常生活自立」や「社会生活自立」の支援を個々に励めばよいという評価基準をつくっておくことが必要となるのです。もちろん，違いもあります。その時々の自立支援が，将来の「就労」という目標につながっているのだとしたら，それぞれの支援の意味合いが明確にされ，「並列論」よりも，支援対象者は目標をもって課題に取り組んでいくことができるようになります。また，支援者の側でも，支援の個々の場面での判断を明確に意味づけることができるようになります。これらのことが大きなメリットとなることは言うまでもありません。

おわりに

　今回の報告は，「日常生活自立」や「社会生活自立」をどう評価していけばよいかという問題を，支援の現場の要請から出てくる論点を中心にまとめました。しかしながら，「日常生活自立」や「社会生活自立」が，現場や当事者を超えて，社会全体の文脈としてどのような利益（効用）をもつかという視点から考えていくことも，議論の前提として必要です。

　「就労自立」は，生活保護制度や生活困窮者自立支援制度を自立したとして辞退し，金銭給付を受給しなくなる（もしくは縮小させる）状態です。よって，行政の業務負担・財政負担が改善され，費用の節約がなされるという意味で，社会的効用が改善されることへつながるというイメージを喚起しやすいものです。一方で，「日常生活自立」や「社会生活自立」は，直感的には，業務負担や金銭負担の改善につながるとは考えにくいものです。そのため，「日常生活自立」や「社会生活自立」は，社会へのアピールが弱くなりえます。よって，

桜井報告（第3章）で取り上げられる「SROI」（Social Return On Investment）等の手法によって，「日常生活自立」や「社会生活自立」への支援によって生み出された「社会的価値」をいったん金銭換算し，その効果を測定するという方法も必要となってくるでしょう。支援の現場からの要請で生み出された指標と結びつけつつ論ずることで議論の厚みと説得力が増すのは言うまでもありません。

　とはいえ，同じ桜井報告でも触れられるように，利益（効用）という視点をもって「日常生活自立」や「社会生活自立」を評価することは，社会全体の制度的文脈や権力構造のなかでどのように位置づけられるのかという発想も必要です。権力の側に自立支援が回収される危険性があるとの批判もあるからです。

　このように，生活困窮者の自立支援をどう測定し評価するかという問題は，まだまだ論ずべき点は多いものです。本報告は，支援の現状から生まれる具体的問題点を出発点としているため有用な議論となっていると信じたいですが，その限界についても改めて確認しておきたいと思います。

1）　2010年6月11日の所信表明演説において，菅直人総理大臣（当時）は次のように述べています。「湯浅さんたちが提唱する『パーソナル・サポート』という考え方に深く共感しています。様々な要因で困窮している方々に対し，専門家であるパーソナル・サポーターが随時相談に応じ，制度や仕組みの『縦割り』を超え，必要な支援を個別的・継続的に提供するものです。」

【引用・参考文献】
一般社団法人北海道総合研究調査会（2014）「生活困窮者自立促進支援モデル事業における成果分析に関する調査　報告書」。
岩永理恵（2009）「生活保護における自立概念に関する一考察―自立支援および自立支援プログラムに関する議論を通して」『社会福祉学』49号4号，40-51頁。
垣田裕介（2011）「パーソナル・サポート型支援による社会的包摂の可能性―貧困に対する社会政策の論点と課題」『大分大学経済論集』63巻4号，27-49頁。
川崎孝明（2016）「地方自治体における生活困窮者自立支援制度の実施状況と今後の課題―自立相談支援事業の直営・委託方式に関する事例観察を踏まえて」『社会関係研究』21巻2号，79-100頁。
菊池馨実（2015）「生活困窮者支援と社会保障―貧困・生活困窮者法制の展開と生活

困窮者自立支援法」『社会福祉研究』124号，4-12頁。

緊急雇用対策本部（パーソナル・サポート・サービス検討委員会）（2012）「『パーソナル・サポート・サービス』について(3)—23年度モデル・プロジェクトの実施を踏まえた中間報告」2012年8月1日。

厚生労働省（2012）「『生活支援戦略』中間まとめ」2012年7月5日。

——（2013）「新たな生活困窮者自立支援制度に関する説明会資料」2013年12月10日（https://www.mhlw.go.jp/seisakunitsuite/bunya/hukushi_kaigo/seikatsuhogo/topics/tp131219-01.html，2018年11月29日に確認）。

——（2015）『自立相談支援事業の手引き』。

社会保障審議会（2004）「生活保護制度の在り方に関する専門委員会　報告書」2004年12月15日。

——（2013）「社会保障審議会　生活困窮者の生活支援の在り方に関する特別部会報告書」。

——（2017）「社会保障審議会　生活困窮者自立支援及び生活保護部会　報告書」2017年12月15日。

櫻井純理（2016）「地方自治体による生活困窮者自立支援制度の実施における課題—大阪府枚方市の事例に基づいて」『立命館産業社会論集』52巻3号，19-34頁。

戸田典樹（2009）「生活保護制度における自立助長の変遷と今日的課題」『龍谷大学社会学部紀要』34巻，55-64頁。

布川日佐史編著（2006）『利用しやすく自立しやすい　生活保護自立支援プログラムの活用1　策定と援助』山吹書店。

舟木浩（2014）「生活困窮者自立支援法の意義と問題点」『自由と正義』Vol.65, No. 5，26-29頁。

牧園清子（2010）「生活保護制度における自立と自立支援」『松山大学論集』22巻4号，153-181頁。

第Ⅰ部　就労自立支援をどう捉えるか／第2章

対貧困政策の「自立支援」型再編の意味を考える
■「再分配」か「承認」か？

堅田香緒里（法政大学社会学部准教授）

はじめに：問いの所在

　本報告では，日本の生活保障システム——とりわけ対貧困政策——の現代的再編の意味を，「自立支援」というキーワードと共に考えていきたいと思います。本題に入る前に，まずはもともと日本の生活保障システムがどのような性格をもっていたかを確認しておきましょう。

■ 日本の生活保障システム：「開発主義」と「日本型福祉社会」

　日本はしばしば「開発主義」型福祉国家であると言われます。開発主義とは，国民の福祉よりも経済ないし経済成長を優先させる資本蓄積体制のことを指します。日本の場合，とりわけ高度経済成長期に典型的に展開されました。言うまでもなく，この時期の日本の「経済成長」ないし「開発」を支えてきたのは，長時間労働を美徳とする雇用慣行，すなわち「日本型雇用慣行」です。それはたしかに，非常に短期間で著しい経済成長を促しましたが，他方で，労働者に対して——ときには「過労死」に至るほどの——長時間労働を強いて，その生活や生命を犠牲にしてきました。つまり，「生命」を犠牲にして「経済成長」してきたというわけです。

　この「過労死」の問題，すなわち「長時間労働」により命が犠牲にされてきたという問題をめぐっては，これまでにもそれなりに多くの議論が展開されてきました。しかしここで忘れてはならないのは，実はこのような働き方は単独では存在できない，ということです。「男性労働者」の長時間労働は，家庭内で女性（「主婦」）が労働力の再生産，家事労働を一手に担うことによってはじ

27

めて可能になるわけです。経済成長を優先する開発主義のもとで，労働者の生命が犠牲にされてきたのは確かですが，同時にこの仕組みが女性の（不払いの）再生産労働によって支えられてきたこと，そうして「性別役割分業」を強化してきたこともここで指摘しておきたいと思います。

このような「開発主義」型の生活保障のあり方は，いわゆる「日本型福祉社会」構想によっても補完されてきました。自民党の叢書（1979年）には，「個人の自立・自助の精神に立脚した家庭や近隣，職場，地域社会での連帯を基礎としつつ，効率のよい制度が適正な負担のもとに福祉の充実をめざし，国民の自立・自助の活動，自己責任の気風を最大限に尊重し，関係行政の縮減，効率化を図る」とあります。2000年代以降，生活保障の領野で「自助」や「自己責任」という言葉が頻繁に用いられるようになりましたが，1979年の叢書でもすでに「自立・自助」「自己責任」というキーワードが繰り返し用いられ，強調されていたことがわかります。

また，叢書内では，行政に関しては「効率化」「縮減」していくと言っています。その代わり個人の「自立・自助の精神」が重視され，また「家庭」や「地域社会」の連帯についても福祉の「基礎」とみなされています。総じて公的責任が後退している様子がうかがえ，その分の責任を「自己責任」あるいは家庭や地域に委ねていく方向が提示されています。また，「家族は福祉の含み資産」という言葉にあるように，家族——より正確には，妻や母等の家族の中の女性——が引き続き福祉やケアを担ってくれることを前提にしているのです。

本報告では，こうした生活保障システムの現代的再編について論じていきますが，私自身は，現代の再編過程においても，基本的にはこうした仕組みが維持されている，形を変えながら生き残っていると考えています。

❷ 問いの所在

さて，日本でも1980年代以降，「福祉のネオリベラル（新自由主義的）な再編」が進行していきます。この再編を特徴づけるキーワードとして挙げられるのは「規制緩和」「民営化」「分権化」等ですが，その進行に伴い，福祉サービスの供給主体が多元化していくことになりました。このため，ネオリベラルな福祉の再編は，一方では従来の福祉行政による「画一的」な福祉との対比で，

「供給主体が多元化することで利用者のニーズに個別に対応できる，利用者の選択の幅を増やし，自己決定を促す」というように肯定的に捉えられることもあります。他方で，「供給主体を多元化，分権化していくことは，同時に福祉の公的責任を相対的に縮減してしまうのではないか，そしてそのことの反照として，『自己責任』の増幅がもたらされるのではないか」という批判的な見立てもあります。つまり，福祉のネオリベラルな再編の実態は，ある意味で「両義的」なものであると言えるでしょう。

　ここではこの両義性を，ナンシー・フレイザーの「再分配」と「承認」の枠組みを通して理解してみたいと思います［Fraser 2013］。新自由主義的再編を経た福祉領域では，規制緩和によって供給主体の多元化が進みました。なかでも，NPO 等の市民参加が促され，その担い手の多くは，それまで労働市場から相対的に周辺化されてきた女性が多くを占めてきました。このため，市民社会ないし女性の社会的「承認」がもたらされるようになったのです。また，本報告で取り上げる「生活困窮者自立支援制度」もそうなのですが，従来の画一的な福祉とは異なり，困窮者（利用者）自身の自己決定が重視されることで，かれらの自尊心や「承認」が促されるという側面もありました。しかし他方で，国家による福祉や「再分配」は削減されていきました。つまり，再編の「両義性」は，現実には「再分配」と「承認」の取引関係として表面化してきたと言えるのではないでしょうか。

❸ 本報告の目的

　本報告では，このようなフレイザーの枠組みに従いながら，日本において「再分配」を中心的に担ってきた対貧困政策の新自由主義的再編に焦点をあて，この再編が「自立支援」をキーワードに進行してきたことの含意を明らかにしていきたいと思います。以下では，まずはじめに，福祉の新自由主義的再編と，日本における展開——「自立支援」型再編——について論じ（第1節），続いて，「自立支援」型再編が集中的に行われた対貧困政策——生活保護制度および生活困窮者自立支援制度——の展開について論じます（第2節）。最後に，それらの検討をふまえて，今日の新自由主義的な貧者の統治様式の含意について再検討します（第3節）。

1 福祉の新自由主義的再編

■ 2つの新自由主義：「ロールバック型」と「ロールアウト型」

「新自由主義」とは，デヴィッド・ハーヴェイによれば，「個々人の企業活動の自由とその能力とが無制約に発揮されることによって人類の富と福利とが増大すると主張する政治・経済的実践理論」のことを指します［Harvey 2005＝2007］。新自由主義の教義にとっては，「自由」という価値に加えて「能力の発揮」も重要であるということがわかります。本報告ではひとまずこのハーヴェイの定義を採用したいと思います。

ジェイミー・ペックとアダム・ティッケルは，新自由主義を2つのパターンに分けて理解するという試みを行っています。彼らによると，新自由主義は，「ロールバック型新自由主義」と「ロールアウト型新自由主義」の2つに分けられるといいます。「ロールバック型」は，国家は小さな政府を志向し，基本的には市場から「撤退（ロールバック）」していく，という形を取ります。つまり，そこでは企業活動の「自由」が何よりも重視されるわけです。それゆえ，その自由を確保するための「規制緩和」や「民営化」が進められていきます。この型の具体的な事例としてペックらは，1980年代のイギリスのサッチャリズムを挙げています［Peck and Tickell 2002］。

これに対して「ロールアウト型」においては，国家は必ずしもその介入を最小化していきません。むしろ，市場の自由の最大化のために積極的役割を果たしていきます。そこでは，市民が「アクティブな市民」となって「能力を発揮」し，国家の肩代わりをすることを期待されます。この型の具体例としてペックらが挙げているのは，ニューレイバーの第三の道です。ここで，ニューレイバーのブレーンであったアンソニー・ギデンズの，非常に象徴的な議論を引用してみたいと思います。彼は，「第三の道」が掲げる社会ないし国家の理想モデルとして以下のように述べます。

「指針とすべきは，生計費を直接支給するのではなく，できる限り人的資本に投資することである。私たちは，福祉国家の代わりに，ポジティブ・

ウェルフェア社会という分脈の中で機能する社会投資国家を構想しなければならない」［ギデンズ 1998＝1999: 196-197］

　このポジティブ・ウェルフェア社会を支えるのが「アクティブな市民」ないし「人的資本」なのです。もはや市民は単に受動的な受給者としての市民のままではいられず，能動的（アクティブ）な市民であることが求められるし，そうした市民の「参加を通した包摂」が重視されていきます。「ロールバック型」新自由主義のように，市場における敗者を排除していくものではなく，それぞれが「能力を発揮」し，「アクティブな市民（人的資本）」になれるよう，「支援」が提供される，そうしてあらゆる市民の「参加」を促し「包摂」する，これが「ロールアウト型」新自由主義なのです。一見すると，これまで相対的に左派寄りの人たちが求めてきたものとも親和的だったりします。新自由主義というと「ロールバック型」に典型的な「規制緩和」「民営化」等により光があてられるかもしれませんが，「ロールバック型」とは区別される「ロールアウト型」を視野に入れることが，福祉の文脈では重要であると私は考えています。
　ところでハーヴェイは，新自由主義についてこのようにも言っています。「新自由主義とは単なる形而上学的な理論というよりは，私たちが世界を解釈し，生活し，理解する常識（コモンセンス）に一体化してしまうほど思考様式に深く浸透しており，それをそれとして認識することが困難だ」，と。つまり，新自由主義の教義は，私たちの道徳や価値に介入していき，そうした教義を疑わず，コモンセンスとみなし，これに隷従するような主体の形成に働きかけるものなのだということです。このような新自由主義の性質を理解すると，新自由主義の神髄は，一般にイメージされるような「規制緩和や民営化，市場の自由の拡大」というよりはむしろ，「そうした教義に隷従する主体を形成して，その能力を活用する」ことの方にあるのではないでしょうか。このように考えるならば，新自由主義を資本主義一般と区別する要素がありうるとすれば「ロールアウト型」の方にその要素をよりよく見いだすことができる，その意味で「ロールアウト型」の方をより慎重に検討する必要があると言えるのではないかと思います。そしてこの「ロールアウト型」の再編が最も積極的に進め

られた領野が，福祉分野なのです。以下では，日本の福祉の新自由主義的再編の中身を検討していきましょう。

❷ 日本における福祉の新自由主義的再編

　日本の「ロールバック型」福祉再編は，1980年代頃であったと言えるでしょう。この時期の再編のキーワードは，例にもれず「民営化」「市場化」「規制緩和」「分権化」等でした。これにより，この時期から福祉においても市場経済の役割が上昇していきました。ただし日本の場合，前節で確認したような「日本型福祉社会」構想が1979年に示され，家族を「含み資産」と捉えるような福祉の全体的構想がこの時期も維持されていました。

　そして1990年代後頃半から（特に顕著なのは2000年以降ですが）「ロールアウト型」に日本も入っていきます。その最たる象徴はやはり「介護保険」でしょう。これにより，それ以前は，介護は家族——より正確には家族の中の「女」——が担うものとされてきたのが，「準市場」の導入によって（一部の女性の，一部の）介護責任からの解放をもたらしました。この頃から，そうした福祉の供給主体としてNPO等の市民社会が活躍する，という状況が生まれてきました。政府が単に「ロールバック（撤退）」していくのではなく，むしろ積極的に市民社会を活用する段階に入ったと言えるでしょう。[1] 政府の公式文書においても，「市民参加」や「新しい公共」といった言葉が盛んに用いられるようになりました。こうして日本でも，とりわけ2000年以降，「参加型福祉社会」への転換が図られていきました。

　さて，このような日本の福祉の「ロールアウト型」再編において，最も頻繁に用いられたキーワードが「自立支援」です。とりわけ2000年の社会福祉法改正以降，それは顕著で，今日では「自立支援」はもはや福祉を語るときに外せない重要なキーワードとなっています。実際，幅広い政策領域で「自立支援」という言葉が用いられるようになりました。例えば「若年者自立支援プログラム」「ホームレス自立支援法」「障害者自立支援法」「母子世帯自立プログラム」等々，もはや「自立支援」の氾濫ともいえる状況です。

　そして，なかでもこの「自立支援」型再編が集中的に行われたのが，対貧困政策の領域でした。皮切りとなったのは「ホームレス自立支援法」でしたが，

32　　第Ⅰ部　就労自立支援をどう捉えるか

その際の「自立支援」は，実質的には「就労自立」の支援を意味していました。それが次第に「ロールアウト型」再編が進行していくにつれ，「自立支援」のめざす自立の範囲が拡大していきます。それに伴い，必ずしも「就労自立」にとどまらない，さまざまな自立をめざすには「多様な」自立支援が必要だ，というように，「自立支援」のカバーする領野も無制限に拡大していきました。本報告では，そのことの意味を探っていきたいと思います。

2　対貧困政策の新自由主義的再編

　2000年代以降，貧困問題が広く「社会問題」化され，生活困窮者の増加や派遣村等が多くのメディアでも取り上げられるようになりました。同時に，「生活保護を受給する人」が増えていることも社会問題化していきました。そうした背景もあって，この時期，厚生労働省（以下，厚労省）が生活保護改革に乗り出しました。

　ここで注意すべきは，厚労省は「生活保護受給者の増加」への対応が必要であるとの認識から改革に乗り出したということです。「生活困窮者の増加」への対応と，「生活保護受給者の増加」への対応は，似ているようで違います。生活困窮者の増加が問題だとする場合，「生活困窮」を減少させるための取り組みが求められますが，生活保護受給者の増加が問題だとする場合，論理的には，生活保護の受給は抑制され，「生活困窮」はむしろ増加する可能性すらあるからです。したがって，改革の目的は「生活困窮の解消」というよりはむしろ，「生活保護の抑制」であろうと考えられます。ともあれ，こうして2013年に生活保護法が「改正」され，同時に生活困窮者自立支援法が成立しました。以下，それぞれの内容を概観していきますが，その前にこうした改革の「序章」とも呼べるような2005年の「自立支援プログラム」の生活保護への導入について少し触れておきたいと思います。

■ 序章としての「自立支援プログラム」
　厚労省は2005年，「経済的給付を中心とする現在の生活保護制度から，実施機関が組織的に被保護世帯の自立を支援する制度に転換すること」を目的に，

「自立支援プログラム」を導入しました。「経済給付を中心とする」制度から「自立を支援する制度」に転換するとはっきり言っているのです。ここには，生活保護の単なる「量的転換」ではなく「質的転換」──「再分配」から「承認」への転換──を見て取ることができます。「経済的給付」を通した「最低生活保障」よりも，「自立支援」の方が優先されるようになったのです。

　ここで新しく導入された「自立支援プログラム」の運用に関わる特徴を整理すると，「分権化」「個別化」「自立概念の多様化」の3つに整理できると思います。これらはいずれも「ロールアウト型」新自由主義に典型的な特徴だと言えるでしょう。順番に説明していきたいと思います。第1に，「分権化」です。この頃から，自治体の裁量をどんどん高めていく，そしてプログラム実施の担い手としてNPOなど市民社会，社会福祉法人等を活用していく，といったことがより拡大していきます。第2に，「個別化」です。この点は，第3の「自立概念の多様化」にも関わりますが，両義的な面をもっています。ここでは第2・第3の点をまとめて説明してしまいます。自立支援プログラムは，従来のような「いいから働け」という「ワークファースト」型の「就労自立モデル」では決してありません。就労を通した「経済自立」だけではなく「日常生活自立」「社会生活自立」等，経済的には自立できていなくても日常生活や社会生活で自立できていればそれでよいし，それもまた自立の1つの形だと認めていくという方向性です。そのために，支援を必要とする各人の主体性を重視し，個別的に，寄り添い型支援をしていく，ということの重要性がこの頃から意識されるようになるのです。画一的に「とにかく働きなさい」，「就労自立をして保護から脱却しなさい」ではなく，就労自立が困難な人には「半福祉・半就労」ないし「中間的就労」等の，その人の「能力」に沿った就労支援に転換する「個別的支援」が始まっていきました。

　このように，自立支援プログラムの導入によって，自立＝就労による「経済自立」＝生活保護の廃止にとどまらない，もっと多様な自立のあり方が認められるようになったという点は，これまで総じて高く評価されてきました。もちろん難しい面もあるけれども，プログラムをうまく活用して，よい実践をしていくことが重要なのだということが言われてきたと思います。他方で，このプログラムに対する批判も少なくありませんでした。なかでもその中心的な論点

34　　第I部　就労自立支援をどう捉えるか

は、「自立支援プログラムの運用の実態を見てみると、日常生活自立も社会生活自立も重要だといっておきながら、実際には就労による経済自立を重視しているのではないか。それゆえ、実質的には『ワークフェア』的なプログラムとして機能しているのではないか」というものでした（私自身も、そうした批判を展開していた１人です）。自己反省も含めて指摘しておきたいのは、こうした従来の批判は、ある一面においては当たっているけれども、別の面から見ると十分な批判にはなっていなかったと考えています。

　本報告では、むしろ、支援の対象となる「自立」の範囲が「経済的自立」にとどまらず、「日常生活自立」「社会活自立」にまで拡大していったことに焦点化し、それに伴う新たな問題があるのではないか、ということを論じてみたいと思います。

❷ 「ふるまい」や「モラル」への介入─2013年の生活保護「改正」を通して

　はじめに、2013年の生活保護制度の「改正」内容から検討していきましょう。この制度改正の柱は４つあると言われています。１つ目は就労自立を促進すること、２つ目は健康・生活面等に着目した支援を充実させること、３つ目は不正・不適正受給対策を強化すること、４つ目は医療扶助の適正化です。なかでも注目すべきは、２つ目の点に顕著にあらわれているような、「ライフスタイル」の改善を期待するような内容です。これにより、自分で健康を管理すること、家計を管理することが重視され、そうしたライフスタイルの改善が自己責任の問題になっていきます。ここで興味深いのは、そうは言っても、生活保護を受給している人の中には、自分で健康管理や家計管理をすることが難しい人もいるだろうから、そうした人に対しては、そのための「支援」を導入しましょう、とも言うのです。一方では、家計や健康の管理が「自己責任化」され、「ちゃんと自分で管理してください」と言いながら、他方では、それが難しい人に対しては「支援」を提供する、という、一見背反するようなベクトルがあるわけです。

　ここでもう少し踏みとどまって考えたいのは、「支援」が導入されるということがどのような意味をもつのか、ということです。確かに、「就労自立」＝保護脱却に焦点化した支援とは異なり、家計や健康の管理への支援は、いわば

「日常生活自立」「社会生活自立」に対する支援であり，「（いいから）働け」といった「ワークファースト」型の自立支援とは異なります。しかし，この種の「支援」の導入は，実際には福祉事務所側の「調査権限」の拡大を伴います。「家計管理を支援するために」ということで，家計簿の提出を求める権限が実質化していきます。「健康管理を支援するために」という名目で，カルテの内容等の情報を得る調査権限が拡大してきます。つまり，家計簿やカルテといった非常に私的な（プライベートな）部分にまで調査の権限が拡大していく，福祉事務所の権力が浸透していく，ということなのです。健康管理がちゃんとできない，家計管理がちゃんとできない，ということは，「働けない」ことのずっと手前で，「市民として」の「ふるまい」や「モラル」を問われるということです。「ワークファースト型」のように「（いいから）働きなさい」というだけではなく，「働けない人」に対しても，「それでも健康管理はちゃんとしましょう，生活の管理はちゃんとしましょう」と，生活の隅々においてまで，その「ふるまい」を問われる，ということになりかねないのです。このとき注意すべきは，福祉事務所の調査権限の拡大は，実質的には被保護者の生の管理の強化，ひいては被保護者の権利や権限の縮減と表裏一体であるということです。これらの「支援」によって，総じて「被保護者の義務」は強化され，他方で「権利，私的自由」は縮減される傾向にあるのです。

　このことを，4つの改革の柱のうち，その他の3点——「就労自立の促進」「不正・不適正受給対策の強化」「医療扶助の適正化」——と並べて考えてみるとき，この改正の主眼点は何だったのか，ということが理解されると思います。それはつまり，「経済給付」を通した「最低生活保障」は抑制していき，代わりに「自立支援」を重視していく，ということだったのではないでしょうか。[2]

❸ 経済的支援（再分配）の不足—生活困窮者自立支援法における「自立支援」

　続いて，「生活困窮者自立支援法」の概要をみていきたいと思います。これは，生活保護法が「改正」されるのに伴い，それを補填する形で「第2のセーフティネット」として新しく導入された仕組みです。かなりバタバタで導入されたので初期は現場でもすごく混乱していたと聞いています。私自身は，この法律が，近年の一連の「自立支援」政策の性格を最もよく体現した集大成であ

ると考えています。

　「生活困窮者自立支援法」の対象は「生活困窮者」です。ここでいう「生活困窮者」とは誰を指すのか。同法の定義によると、「現に経済的に困窮し、最低限度の生活を維持することができなくなる恐れのある者」とあります。つまり「経済的に」困窮している人を意味しているのです。経済困窮に陥っている人を対象とする制度であるなら、ストレートに考えれば、「経済困窮の解消」がその目的になるはずです。ところが、同法の目的をみてみると、このようにあります。「生活困窮者への自立支援を講じ、自立の促進を図ること」と。「経済的に困窮している人」を対象にしていながら、目的が「経済的給付」を通じた「経済困窮の解消」ではなく、「自立支援」を通じた「自立の促進」なのです。つまり、法の「対象」と「目的」の間に齟齬があるのです。実際、この制度において、具体的な「自立の支援に関する措置」として、自立相談支援事業と住居確保給付金という2つの必須事業と、就労支援事業、一時生活支援事業、家計相談支援事業、学習支援事業、その他生活困窮者の自立の促進を図るために必要な事業という5つの任意事業が定められていますが、これらのうち経済的給付を伴うのは住宅確保給付金のみです。総じて、社会的・経済的な「自立」に向けた「人的支援」が基本になっています。

　このように、生活困窮者自立支援制度は、困窮の解消というよりはむしろ、「自立」の促進を目的とした制度だと言えるわけですが、それがめざすべき、やや具体的な「目標」として厚労省は以下の2点を示しています。第1に、生活困窮者の自立と尊厳の確保、第2に、生活困窮者支援を通じた地域づくり、です。順番に考えてみましょう。まず、第1の点。自立支援の対象となる「自立」は、困窮者の尊厳を無視したものであってはなりません。したがって、ここでいう「自立」は、やはり「就労自立」「経済自立」にとどまらず、相談者の生活全般に関わる「自立」を対象にするため、多様化し、その範囲が拡大しています。「借金をどうしていいかわからない」「ゴミ屋敷をどうしていいかわからない」「人とうまくしゃべれない」等も含めた生活上の困難にも対応していくことになります。だから「支援」のあり方としても、困窮者一人ひとりの個別性に寄り添いながら行われる「個別的な支援」「伴走型支援」であることが重視されます。そして、このような支援の担い手として、NPOや地域の諸

第2章　対貧困政策の「自立支援」型再編の意味を考える　37

団体など，市民社会・地域社会への期待が高まっているのです。これが第2の点につながっていきます。困窮者支援の分権化，地域での展開は，「参加型福祉社会」から近年の地方再生等とも関連した「我が事・丸ごと」に至るまでの，一連の「地域福祉」推進の文脈の中に位置づけることができるでしょう。

いずれにしても，このような「支援」のあり方は，かつての「就労自立」に特化したワークファースト型の自立支援にみられる「パターナリスティックな」それとは異なります。むしろ，利用者の尊厳を大事にした主体的な参加が促されるので，支援をする人も支援を受ける人も不快にならない，気持ちがいいということがあるかもしれません。しんどいのに「働け」というワークファースト型では，言われる方も不愉快だけれど，「働け」と言う方も楽しくない。でも，この新しいタイプの自立支援であれば，例えば「ちゃんと挨拶できましたね」と認められて，利用者も嬉しいし，支援者も利用者の強みを見つけるポジティブな面があって楽しい。Win-Win の関係が成立しやすいのだと思います。

けれども，ここで注意すべきは，そこにお金が欠けていることです。生活困窮者自立支援制度の下では，困窮当時者には一部の例外を除き原則的にお金が給付されず，代わりに困窮者を支援する側に支給されます。ある意味では，「自立支援産業」というか，一連の自立支援制度は，実質的には支援する側を支えるよう機能しているといえなくもないでしょう。ただし，忘れてはならないのは，支援する側にも決して十分な給付がなされているわけではないということです。ともあれ，総じて，このような仕組みのもとでは，生活困窮当事者にはお金が流れません。もちろん，この制度が窓口となって生活保護につながるケースもありますが，それは厳格なミーンズテストをクリアできる一部の人に限ります。

3 「自立支援型の対貧困政策」の統治様式

以上，「自立支援」をキーワードに展開されてきた近年の一連の対貧困政策を概観してきました。このような「自立支援型」対貧困政策にみられる統治様式は，およそ4つにまとめられると思います。

■1 「経済的給付」から「自立支援」へ

　第1に，単なる「給付の削減」とか「給付の抑制」という量的な変容ではなく，「質的な転換」が起きているのではないか，ということです。もちろん，給付の削減，生活保護費の引き下げは現実に起きていますし，これ自体大きな問題です。しかし，そのような量的な変容の影で，統治の質的転換が起きており，その含意が量的変容の影で隠されてしまいはしないか，と危惧しています。ここでいう質的転換とは，「経済的給付」から「自立支援」へ，というものです。再分配と承認の取引関係という文脈で考えると，貧者への経済的「再分配」から，社会的「承認」へ，ということになると思います。誤解を恐れずに言えば，一連の自立支援政策は，皮肉にも，困窮当事者にもその自立の支援者にも「承認」を提供するような「擬制装置」として，経済的給付（再分配）をしないためのある種の「アリバイ」として機能している，とも言えるかもしれません。

■2 自立および自立支援の拡大

　第2に，自立の範囲が拡大し，それに伴い「自立支援の対象領域」が広がってきた，ということです。「就労自立」「経済自立」だけではなく，日常生活や社会生活における自立が「自立支援」の対象になっていきました。貧者一人ひとりの個別的な自立に向けた「寄り添い型支援」は，ワークファースト型の自立支援とは異なり，「承認」やエンパワメントにつながりやすい。確かにそのとおりですが，見方を変えると，貧者はその「生」のあらゆる側面で「自立」を求められることになる，ということでもあります。それぞれに応じた「能力の活用」を問われるようになるのです。働けない人に，「いいから働け」とは言わないけれども，「働けないなりの，それぞれの能力に応じた自立」が求められるようになるのです。このように自立支援の幅が広がれば広がるほど，逆説的ですが，それでも自立できない人，それでも能力を活用していないとみなされる人は，その「自己責任」をますます強調されてしまいかねません。「こんなに手厚い支援を用意しているのに，それでもまだ自立できないの？　この程度の自立もできないの？」と。皮肉にも，支援のメニューが拡大すればするほど，「それでも自立できない」とみなされる貧者の「自己責任」が強調され

第2章　対貧困政策の「自立支援」型再編の意味を考える

てしまう,「自己責任」を強弁するための「アリバイ」となってしまう危険性があると思います。

　かつてのように,「就労自立」が問われるだけであれば,単純にもっと働けばよかったし,あるいは「働いているフリ」をすればよかった,ハローワークに通うという姿勢を見せていればよかったとも言えます。けれども,今日の自立支援政策においては,その拡大に伴い,生活のさまざまな面に「自立支援」の権力が浸透していき,就労の場面に限らず,生活のさまざまな局面で「(その人なりの)自立」への義務に駆り立てられていくようになるという面もあるのではないかと思います。こうした事態は,従来の「自立支援」政策に対する中心的な批判,すなわち「多様な自立支援と言いながら,結局,就労自立に偏重しているじゃないか」といった批判では,もはや説明がつきません。

　自立の範囲が拡大し,多様な自立観が認められるようになったことのもう1つの問題,隠れた問題は,実際には,「多様な自立」と言いながら,結局のところ,国家にとって望ましい特定の自立観しか認めていないのではないか,という点にあります。例えば「ホームレス(野宿労働者／野宿生活者)」は,国にも頼らず,家族にも頼らず生きている,ある意味では,誰よりも「自立」した存在であるわけです。ところが,彼らの生＝労働のありようは決して「自立」とはみなされず,むしろ自立に向けた支援が必要な対象として鋳直されるわけです(ホームレス自立支援法)。「多様な自立がある」と言いながら,実際には「望ましい自立」の規範が想定されており,「望ましくない」とみなされる自立生活を送っている人を「望ましい自立」に向けて支援していく。多様であるようで,多様でないのです。

　ここまで,個別的で多様な「自立支援」に批判的に言及してきましたが,誤解のないように付言しておきたいのは,これらの「自立支援」は,もともと「ホームレス」や生活困窮当事者にまさに「寄り添って」支援や代弁をしてきた人たち・支援団体からの切実な要望として出てきたものであり,支援それ自体に意味がないわけではない,ということです。「就労自立ばかりを追求するなど無茶だ」「その人らしい自立をめざす支援がしたい」という切実な要望として出てきたものが,ある意味では収奪・回収されて制度化されてしまったと言えるかもしれません。従来の「就労自立偏重型のパターナリスティックな対

貧困政策」への対抗，批判としての意味合いに，ポテンシャルがあると私は思っています。けれども，やはりその一方で考えなくてはならないのは，そのような支援が，困窮当事者の「生」の隅々まで浸透する「自立支援の権力」に簡単につながりうるということなのではないでしょうか。この「両義性」に向き合っていくことが重要だと考えています。

❸ 個人のふるまいへの焦点化がもつ「他者化」作用

　第3に，「自立支援」が焦点化し，働きかけるのは，あくまでも「個人のふるまい」だということです。個人に焦点を当てると言うと，しばしば「問題を個人化して，貧困を生み出す社会的，構造的問題から目を背けさせてしまう」という批判が寄せられます。私自身も，こうした批判には首を縦に振るより他ないと思っているのですが，ただ，「個人のふるまい」に焦点化することのより大きな問題として，ここでは「他者化作用をもつ」ということを取り上げたいと思います。

　「他者化」とは何か。ここではルース・リスターというイギリスの貧困研究者の定義を採用したいと思います。「他者化」とは，「特定の人々の価値や文化，ふるまい等に，『われわれ』の価値や文化，ふるまいとの象徴的な差異（これを「他者性」といいますが）を見いだし，これを本質化するプロセス」［リスター 2004］のことです。それは同時に，「かれら」の「他者化」を通して，「われわれ」の社会を維持していく，という統治の一端を担ってもいます。異質なふるまい，例えば「ちゃんと家計管理できていない」とか「お酒ばかり飲んでいる」，そうしたふるまいをする人たちを「他者化」するわけです。

　この「他者化」をめぐって，ジョック・ヤングは2つの様式を区別しています［Young 2007＝2008］。1つは「保守的な他者化」で，もう1つは「リベラルな他者化」と呼ばれます。「保守的な他者化」とは，困窮者を悪魔化して，懲罰的，排除的な政策を重視するアプローチのことです。取り締まりを強化し，懲罰を与えていくタイプの「他者化」で，ある意味では「わかりやすい」他者化の様式だと言えるでしょう。対貧困政策の領域でもよく用いられてきた様式です。これに対して，「リベラルな他者化」は，あからさまに懲罰をしたり排除したりはしません。では，何をするのか。教育や職業訓練を提供するので

す。日本的文脈では，「中間的就労」とか「半福祉・半就労」，「学習支援」等がこれにあたると思います。「リベラルな他者化」は，「支援」を提供してそれぞれの「能力」を引き出し，それを活用し，「社会参加」を促そうとするのです。一見すると「望ましく」も思えるのですが，この様式もまた，「異質な」ふるまいをする人，「矯正」ないし「修正」されるべきふるまいをする人というように，困窮者を「他者化」し，その上で，「支援」（矯正）をするのです。

この「リベラルな他者化」は，「ロールアウト型」の福祉再編に非常によく合致した「他者化」の様式であると言えるでしょう。一連の「自立支援型」政策はその典型だと思います。「いろんな自立があるよね，いろんな自立をしましょうね」と呼びかけて，個人個人の「ふるまい」に焦点をあてていく「個別的な支援」が，「リベラルな他者化」を促しうる，ということです。こうして，自立支援の権力は，貧者の生全般，その隅々にまで過剰に浸透・拡大していきます。このことを，ヤングは「過剰包摂」という言葉で説明しています[Young 2007＝2008]。つまり，「自立支援」の権力は単に拡大・浸透しているだけではなく，貧者の「生」を社会の中に「包摂」していくのです。ただしその「包摂」は，貧者にとってのウェルビーイング（福利・福祉）というよりは，異質な貧者を「無害化」し，「社会の秩序の維持強化」に寄与していく。これが「リベラルな他者化」の基本的な機能だと思います。「他者化」を通して「他者」と眼差されない側を中心とした社会秩序の維持を強化していくのです。

❹ 自立支援の拡大と分権化の意味

第4に，自立支援の拡大は分権化とともに進行しているということです。一連の自立支援政策において中央政府の役割はミニマルなものにとどまり，むしろ地方自治体や民間組織への期待が高まっています。ここでの分権化の意味を考えるとき重要なのは，なかでも，NPO や女性など，これまで一般の労働市場から周辺化されてきた者が，その担い手とし活用されつつあるということです。彼／彼女らは，自立支援の領野に積極的に「動員」されてきましたが，他方で，自ら進んで動員されてきたという面もあるかもしれません。報酬があってもわずかであったり，それでも「やりがい」があるということと相殺されてきたり，といった面もあると思うのです（やりがいの搾取）。

42 第I部 就労自立支援をどう捉えるか

このとき改めて問われるのが，「生活困窮者自立支援における当事者は一体誰だったのか？　最終的に参加，あるいは包摂されたのは誰だったのか？」ということです。皮肉なことですが，この問いへの答えは，「包摂されたのは，NPOや女性等の支援の担い手側」であり，これまで一般労働市場から周辺化されてきた彼／彼女らの部分的な「社会進出」ないし「社会的承認」は確かに促されてきた面もあると言えるのではないでしょうか。困窮者ないし貧者は，むしろそのために「機能的に必要とされた」のではないか，と言えるかもしれません。誤解を恐れずに言えば，貧者のための「自立支援」であったのではなく，むしろ「自立支援産業」を成立させるために貧者が機能的に必要とされたのだ，と読むこともできるかもしれないのではないでしょうか。ここには，すごく難しい「両義性」があって，私自身もまだ整理はできていないのですが，引き続き考えていきたいと思っています。

おわりに：「再分配」のゆくえ

　以上みてきたように，今日の対貧困政策をめぐる景色は大きく変わりつつあります。それは，「貧困への社会的対応」としての「再分配」よりは，貧者とその自立の支援を担う者たちの「社会的な承認」を重視するものになってきている。その制度的形態こそが「自立支援」であり，そこでは，貧者はもはや単なる「経済的困窮者」ではいられません。多様な自立支援が展開されるなかで，単なる「経済的困窮者」から「自立に向けた課題を抱えた人」として鋳直されていきます。そして，その尊厳，主体性を重視した「自立支援」の対象として社会に「包摂」されていく，ここには，ヤングのいう「リベラルな他者化」を通した「過剰包摂」という名の新しい「貧者の統治の様式」が，よく現れているのではないかと思います。かつてハーヴェイは，新自由主義の教義は，私たちの道徳や価値に介入する，それらを「常識（コモンセンス）」とみなして隷従するような主体の形成を促すのだ，と述べました。貧者の生の隅々にまで浸透しつつある「自立支援」は，まさに個々の貧者への「承認」を促しながら，「望ましい自立」を志向させることを通して，新自由主義的な「主体化」に貢献していると言えるのではないでしょうか。

「自立支援型再編」は，対貧困政策に限らず，社会福祉，社会保障全般に拡大してきましたが，貧者を対象とするラスト・セーフティネットの周辺で最も先鋭化しつつあります。それは一方で「承認」を促しながら，他方で経済的給付を中心とした「再分配」の縮減をカモフラージュする側面をもっていて，「生活保護を抑制したい」という狙いに，よく合致した再編様式だと思います。厚労省が「生活保護費の削減」（再分配の縮減）と「生活困窮者自立支援の導入」（承認の擬制）を抱き合わせで出してきたことは，この再編様式の典型だと言えるでしょう。

　しかし，ごく「当たり前」のことをここで確認するならば，「貧困」とは一義的には「経済的困窮」を指すものです。その意味で，対貧困政策においては，貧者のエンパワーメントにつながる「承認」も確かに大事ですが，それ以上に，困窮状態を直接解消する「再分配」の方が重要であるはずです。「再分配」と「承認」の取引関係を解消する，そうした取引関係を生じさせないような「再分配」のあり方が模索されなければなりません。そのような「再分配」は，特定の「自立」の形態や「参加」を要件としないものであり，そして「個人化」されたものというよりは，「社会化」されたもの——「社会賃金」のような形で支払われるようなもの——であるでしょう。例えばベーシックインカムの構想は，このような「再分配」の1つの候補になるかもしれません。

　　＊　本報告の内容は，堅田［2017］と一部重複していることをお断りしておきます。

1）　政府がNPOに助成金を出すような委託事業の仕組みが導入されることで，従来は行政ないし政府から相対的に自立／独立した活動をしていたNPO等が，対抗的な関係を築きづらくなり，政府とNPOの「協調路線」が生まれ，対抗的なNPOが衰退していったとも言われます。

2）　先ほど，2005年の「自立支援プログラムの導入」が「ロールアウト型」再編の序章だったのではないかと申し上げましたが，このとき「自立支援プログラム」の導入と同時に議論されていたのが，各種加算の廃止でした。このため，当時は，加算の廃止によって実質的に生活保護費が引き下げられてしまうこと，「再分配」の側面が減額されてしまうことが大きな問題になっていました。他方で，「自立」や「自立支援」の領野を拡大していくことそれ自体は，それほどネガティブに捉えられてはおらず，むしろ「よい自立支援」のあり方が模索されていました。さらに言えば，削減された「再分配」の面を補う「よいモノ」として積極的に評価されていたと思います。しかし，この自立支援プログラム導入

44　　第I部　就労自立支援をどう捉えるか

（と加算廃止）という改革も，「再分配と承認の取引関係」というレンズを通してみるとき，あるいは2013年以降の改革との連続性の中に位置づけて理解しようとするとき，必ずしもポジティブなことだったとはいえないのかもしれません。

【引用・参考文献】

布川日佐史（2009）『生活保護の論点—最低基準・稼働能力・自立支援プログラム』山吹書店。

——（2013）「生活保護改正法案と生活困窮者自立支援法の問題点」『POSSE』21号，58-67頁。

伊藤周平（2001）『介護保険を問い直す』ちくま新書。

堅田香緒里（2017）「対貧困政策の新自由主義的再編——再生産領域における「自立支援」の諸相」『経済社会とジェンダー』2巻，19-30頁。

——（2019）「生活困窮者支援における『市民福祉』の制度化をめぐる一考察」『福祉社会学研究』vol. 16, 117-134頁。

堅田香緒里・山森亮（2006）「分類の拒否—自立支援ではなくベーシック・インカムを」，『現代思想』2006年12月号，86-99頁。

向井清史（2015）『ポスト福祉国家のサードセクター論—市民的公共圏の担い手としての可能性』ミネルヴァ書房。

新保美香（2010）「生活保護『自立支援プログラム』の検証—5年間の取り組みを振り返る」『社会福祉研究』vol.109, 2-9頁。

ルース・リスター／松本伊智朗監訳（2004）『貧困とはなにか』明石書店。

Fraser, Nancy（2013）*Fortunes of feminism: from state-managed capitalism to neoliberal crisis*, Verso Books.

Giddens, Anthony（1998）*The Third Way*, Polity.（佐和隆光訳（1999）『第三の道』日経新聞社）

Harvey, David（2005）*Spaces of Neoliberalization*, Frantz Stainer Verlag.（本橋哲也訳（2007）『ネオリベラリズムとは何か』青土社）

Peck, Jamie and Adam Tickell（2002）"Neoliberalizing Space." Eds. Neil Brenner and Nik Theodore, *Spaces of Neoliberalism: Urban Restructuring in North America and Western Europe*, Blackwell, pp.33-57.

Young, Jock（2007）*The Vertigo of Late Modernity*, Sage.（木下ちがや・中村好孝・丸山真央訳（2008）『後期近代の眩暈—排除から過剰包摂へ』青土社）

第Ⅰ部　就労自立支援をどう捉えるか／第3章

就労自立支援サービスの現在
■生活困窮者・生活保護の視点から

桜井啓太（立命館大学産業社会学部准教授）

　本日は「就労自立支援サービスの現在—生活困窮者・生活保護の視点から」というタイトルで報告します。日本を中心に就労自立支援をめぐる政策動向について話をします。特に，後半部は試論的なところもあり，荒削りな箇所も多いと思いますが，ご容赦ください。

1　就労支援政策の現在

■1 ワークフェア／アクティベーションの世界的潮流

　ワークフェア改革で有名なアメリカ・ウィスコンシン州の共和党系州知事（当時）スコット・ウォーカーが，2017年1月のスピーチでこんなふうに言っています。

> "We will help people when they are down and out. But for those who are able, public assistance should be a trampoline, not a hammock."[1]
>
> （人々が生活に困窮すれば，われわれは助けるつもりだ。しかし，働ける人にとっては，公的扶助はトランポリンでないといけない。ハンモックじゃだめだ。）

　今日はこのことについて話をします。さまざまな事情で貧困に陥った人々に対して，困窮状態を防ぐ「安全網（セーフティネット）」を「ハンモック」だと言い放ち，それを「トランポリン」に変えようという発想，社会福祉の潮流がテーマです。「ワークフェア」や「アクティベーション」を推進する立場の人は，ウォーカーの発言にどう応えるのか。そういうことも含めて考えていきた

いと思っています。

　ベヴァリッジ型の福祉国家においては，労働市場から何らかの理由でドロップアウトしても貧困状態に陥らないように，社会保障や社会福祉があります。貧困に陥るのを防ぐ仕組みとしての公的扶助を「セーフティネット」と呼びます。今の流行りは「『セーフティネット』ではなく『トランポリン』だ」です。日本でいう「自立支援トランポリン」を設けて労働市場にすみやかに跳ね返す。トランポリン論者の一部は，ただのネットであるとそこに落っこちた人がハンモックみたいに使って怠惰にゴロゴロする。これを「福祉依存」と呼び，非難の対象としてきました。だからトランポリンにしてゴロゴロする余地を与えずに，すみやかに労働市場に戻さなければならない。こうした発想が福祉国家再編期のメインストリームになっています。

２ 日本の生活保護トランポリン機能率の推移

　実際に「トランポリン」に着目した最近の日本の例を見てみましょう。2017年に話題になった大阪市の「生活保護ビッグデータ分析[2]」です。大阪市の分析は，生活保護を受けていて保護が廃止となった理由に着目しました。廃止理由のうち「働きによる収入の増加・取得」であるケースは，生活保護のトランポリンが働いた層であり，就労自立支援のモデルケースであろう。そうして廃止理由に占める就労廃止の割合を「トランポリン機能率（TP率)」と名づけました。

　大阪市は，そのTP率を市内24区26実施機関ごとに並べて比較しました。世帯条件を統制して「男性の単身その他（高齢者を除く)」に限定した場合，平均のTP率は20.2％，上位２区が突出して高く40％を超えていました[3]。このデータから「就労支援の目標値として，30％あたりを想定してよい」と提案しています。ちなみに，「女性の単身その他」でもサンプルは少ないですが，男性と似たようなデータが出ており，地域差があるのも一緒でした（平均TP率：19.9％)。

　大阪市だけでなく，全国のTP率を見てみましょう（図3-1)。

　入手可能なデータの制約上，世帯条件の統制はなく全世帯の数値です。「働きによる収入の増加・取得による廃止」件数を「廃止総数」で除したグラフです。棒グラフが廃止件数，折れ線がTP率になります。「生活保護自立支援プ

第3章　就労自立支援サービスの現在　│　47

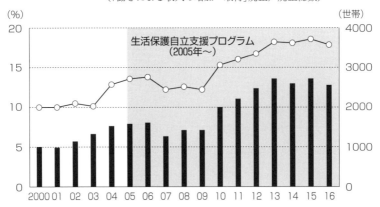

図3-1　全国のトランポリン機能率：2000〜2016年
（「働きによる収入の増加・取得」廃止／廃止総数）

出典：国立社会保障・人口問題研究所「生活保護」に関する公的統計データ一覧，被保護者調査から筆者作成

ログラム」が始まった2005年からどんどん上がっている。ここから，2005年からの「自立支援プログラム」の効果が出て，生活保護の自立支援機能も充実しているなと言えるかもしれません。

次に，同じ「生活保護の就労自立による廃止」を1959年から見てみます（図3-2参照）。先ほどのグラフはこちらの図の2000年以降の直近4分の1だけを切り取ったものになります。

また全然違った景色がみえるはずです。少しわかりにくいですが，棒グラフの件数に着目してみると，2つの山があるのがわかるでしょうか。1960年代中期と，1981〜90年代初頭にかけてです。この時期に何があったか——生活保護の「適正化」です。この図における「トランポリン機能率」の過去最高は，「第2次適正化」（1964〜66年）まっただなかの1965年の26.9％です。この年は「就労自立による廃止」世帯数も最高値を更新していて，1965年9月の廃止世帯数は1カ月あたり4586世帯（全国）です。2014年の廃止世帯数は2591世帯ですから，当時はいまの倍近くの就労自立世帯が発生していたことになります。

もう1つの山の「第3次適正化」（1981〜93年）は「123号通知」が有名です。「第2次適正化」が稼働年齢層を中心に生活保護からの締め出しを行ったのに対して，「第3次適正化」は申請抑制が中心でした。今では水際作戦と言われ

48　第Ⅰ部　就労自立支援をどう捉えるか

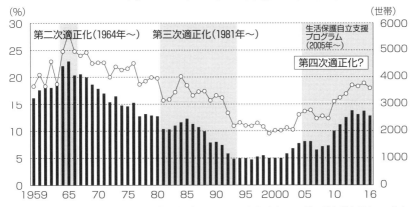

図3-2 全国のトランポリン機能率：1959〜2016年
（「働きによる収入の増加・取得」廃止／廃止総数）

出典：国立社会保障・人口問題研究所「生活保護」に関する公的統計データ一覧，被保護者調査から筆者作成

る運用で，餓死事件などにもつながったと言われます。実際には申請抑制だけではなく，1980年代中期は就労自立による廃止も増えています。

　意地悪な見方かもしれませんが，「自立支援サービスの拡大」と「保護適正化の徹底」は，数値の現れとして似たようなものとなるということは強調しておきたいと思います。もちろん就労自立しているケースがすべて，適正化時期のように強引に「保護から締め出されている」というわけではありません。しかし，このTP率というのは「トランポリン」が機能しているのか，はたまた，むりやり保護から蹴り出しているのかわからない。どちらも現れる数値としては同じになります。その意味で2005年以降のTP率の高まりを，「就労自立支援の充実」とみなすのか，はたまた「第4次適正化」とみなすのか（もしくはそれは同一のものなのか）というところは大きなポイントになるはずです。

2　生活保護の就労自立支援サービスの隆盛

1 就労自立（支援）と経済的自立（支援）の混同

　2005年から生活保護の「自立支援プログラム」が全国の福祉事務所で実施されています。ハローワークと連携したり，福祉事務所独自のプログラム開発や

ハローワークOBなどの就労支援相談員を雇用したり，民間派遣会社への事業委託など，就労支援の外部委託化が進行していく。この自立支援プログラム導入の契機となったのが「生活保護制度の在り方に関する専門委員会」（以下，在り方委員会）です。2003〜04年まで続き，2005年から各地でプログラムが実施されるようになります。

この連続セミナーのテーマは「就労自立支援サービス再考」ですが，本質を捉えた問題設定だと思います。「経済的自立」ではなく「就労自立支援」であり，ただの「就労自立支援」ではなく「就労自立支援サービス」だという点です。「就労自立」と「経済的自立」は，しばしば混同されています。在り方委員会の成果の１つが，生活保護に「３つの自立概念」を導入したことといわれています。従来は「自立」といえば「就労自立（＝保護廃止）」であり，他人の力を借りずに生活する，つまり保護を受けないことだという自立観があった。そういう自立観はまずいので，新しい自立観をということで，有名な一文「就労による経済的自立のための支援（就労自立支援）のみならず，それぞれの被保護者の能力やその抱える問題等に応じ，身体や精神の健康を回復・維持し，自分で自分の健康・生活管理を行うなど日常生活において自立した生活を送るための支援（日常生活自立支援）や，社会的なつながりを回復・維持するなど社会生活における自立の支援（社会生活自立支援）をも含むものである」として，３つの自立をつくり，幅広く本人の自立をつくっていこうとしたわけです。

ここで注目していただきたいのは，この生活保護の３つの自立は，「就労によらない経済的自立」が含まれていません。結果的に，就労自立と経済的自立が一緒になっています。これは違うものだということを指摘したのが障害学やフェミニズムの領域です。

❷ 障害学，フェミニズムの領域からの示唆

まず取り上げたいのは「『自立』あるいは『自立支援』は，はたして３つでよいのか？」という点です。自らも重度の視覚障害者である慎英弘氏は，さまざまな形でいわれている「自立」を11の要素に細分化し，最終的に６種類の「自立」として規定しています。

慎の自立の分類は，①「身辺自立」，②「経済的自立」，③「職業的自立」，

50 ｜ 第Ⅰ部 就労自立支援をどう捉えるか

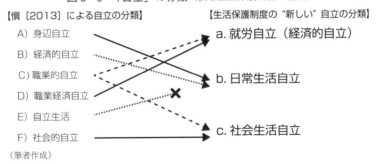

図3-3 「自立」の分類（慎と生活保護制度の規定）

④「職業経済自立」、⑤「自立生活」、⑥「社会的自立」です。この自立観を生活保護の「3つの自立」に当てはめてみると、図3-3のようになります。

慎の「身辺自立」は「（生活保護の）日常生活自立」に、「職業経済自立」は「（生活保護の）就労自立」に、「社会的自立」は「（生活保護の）社会生活自立」にそれぞれ対応します。慎は「職業的自立」と「職業経済自立」を分けて考えており、「職業経済自立」は仕事をすることによって他の福祉に依存しないという点で、生活保護の「就労自立」に近いです。反面、「職業的自立」は、仕事はしますが同時に他の福祉給付を利用する場合もあります。「半福祉・半就労」や「中間的就労」的なイメージでしょう。ですので、生活保護では「就労自立」と「社会生活自立」に分かれます。

残った他の2つ（慎の「経済的自立」と「自立生活」）はどうでしょう。慎の「経済的自立」は伝統的な「経済的自立」とは異なり、まさに障害学が切り拓いた地平です。「自分の財布と相談しながら好きなように飯を食う」、生活費の出所が福祉による給付であろうと労働の対価であろうと関係なく、生活するための金銭をとにかく確保し、自己管理する。そしてその一連の行為のなかに家族による扶養を介在させない。これこそが、経済的自立なのだと言っています［慎 2013：77］。並べて比較すると生活保護の「経済的自立」と全く違うことがよくわかります。実際に、例えば多重債務によってその人の経済状況、家計が脅かされることがないように支援する「多重債務整理支援プログラム」は、生活保護では「経済的自立」ではなく、「日常生活自立支援」に分類されます。「家計管理」もここに含まれます。また、「自立生活」は、障害当事者が、親か

らの愛情かつ支配から抜け出して地域で自立生活を行う生活のスタイルを指します。地域で生活保護を受けることによって自立生活を行う。家族扶養を拒否するような障害学の自立の概念は，扶養が優先される生活保護の領域では極めて相性が悪い。ゆえに，生活保護の自立観のなかには含まれていません。

　同じようなことを加納実紀代氏が，『働く／働かない／フェミニズム—家事労働と賃金労働の呪縛？』という本のインタビューのなかで「障害者は経済的自立ができないから福祉の対象として面倒をみる。そうじゃなくって，お金は稼がないが，経済的に自立しているという見方をすべきではないか」と答えています。経済的自立というのは，人間が生きていくための必要なもの，商品，サービスを自分で獲得できることであって，現代社会は自分の労働力で得た貨幣によって購入することをその中心手段としているが，別に買わなくても獲得できればいいんじゃないかということです［加納 1991：136-138］。

　これは別に障害当事者に限った話ではありません。DV 夫の元から逃げて保護され，生活保護が開始となり，久しぶりに（自分の財布と相談しながら）自分や子どものために買い物をする女性。こういった人々にとって，生活保護というのはスタートではなく，1 つのゴールです。このように障害学やフェミニズムの領域では「自立」というものを生活保護とはまったく違う形で捉えている。たしかに保護費の原資は税金ですが，それは受け取った時点でその人のものであって，「自分のお金を自分の裁量で使えることこそが経済的自立なのだ」ということです。

　こういった鋭い指摘が生活保護においては充分に省みられなかったし，生活保護だけでなく多くの社会福祉の分野でも，しばしば無視されているのではないでしょうか。「3 つの自立観」によって自立概念が拡張したことは確かだと思いますが，その過程で「経済的自立」を「就労自立」に読み替えられてしまった。このことは指摘しておかなければなりません。

❸ 厚労省通知による「自立」観の変容

　「3 つの自立観」を定義した「在り方委員会」ですが，「在り方委員会」の指摘を受けて，国が全国の福祉事務所に通知を下ろす際に，見過ごすことのできない重大な変質が起こります。厚生労働省の発出した「平成17年度における自

52　　第 I 部　就労自立支援をどう捉えるか

立支援プログラムの基本方針について」（厚生労働省社会・援護局長通知，2005年3月31日）のなかで，「なお，全ての被保護者は自立に向けて克服すべき何らかの課題を抱えているものと考えられ，こうした課題も多様なものと考えられる」という一文があります。これは結構，大きいです。そもそも専門委員会の指摘は，「経済的自立」と「就労自立」の問題はあったにせよ，「問題を就労の枠だけに止めず，課題を広げて考えよう」としただけのものであって，すべての被保護者が問題を抱えているとまでは言っていません。

しかし，この厚生労働省の解釈を経る過程で，「生活保護世帯はすべて何かしらの課題を抱えている」と位相がずらされ，その問題把握の手段として「日常生活自立」や「社会生活自立」が用いられるようになります。これを私は「生活保護世帯の問題世帯化」と呼んでいます［桜井 2017：183-184］。後で触れますが，このことが自立支援サービスの絶え間ない拡大と，生活課題の個別化へとつながっていきます。

ただし，このこと自体は実は新しい話ではなく，生活保護制度創設当時から議論のあった話でもあります。小山進次郎が生活保護制度の2つの目的「最低生活保障」と「自立の助長」を論じて，当初「最低生活保障」の目的を達成するための手段が「所得の賦与」であり，「自立の助長」の手段として「ケースワーク」があるといいました。そして生活保護を利用する人には「最低生活保障（所得の賦与）」だけで足りるものと，それだけでは十分ではなく「自立助長」でケースワークの対象となるものがいるとしましたが，その後の黒木利克などは「生活保護受給者は全員，何らかのケースワークが必要だ」と主張しました。後に一部「岸・仲村論争」などにも引き継がれていきますが，結局，議論が曖昧なまま終わった。そのツケもきているのかなと思います。

また，現在語られている「就労自立支援」というのは，そのほとんどが「就労自立支援サービス」です。新しい現金給付制度をつくるのではなく，就労支援のサービスを充実させる。「現金給付からサービス給付へ」自体が，1990年代以降の福祉国家再編の特徴の1つだといわれます［宮本 2013：11］。この点は，米澤旦さんが，OECD 諸国における社会支出に占めるサービス給付の増大として分析されています［米澤 2017：45］。

3 「"自立しやすい"制度へ」の両義性

1 就労自立水準の引き下げ

　最初に「自立支援」と「適正化」は，保護からの押し出しという面では，同じような現象にみえるといいました。同じように"自立しやすい"制度」というのも両義的な側面があります。ちなみに，「利用しやすく自立しやすい制度へ」というのは，先の「在り方委員会」のスローガンでもあります。もちろん，その人に寄り添った形で支援サービスを提供する，よい仕事を斡旋するのが本来の「自立しやすい」制度であると思います。ただし「自立しやすい」制度改革は他の方法でも可能です。

　ここでは，まず「就労自立」に必要な所得を表すために，次のような式を使います。

　この式は「若年単身世帯」における最低生活費（生活保護基準）が元になっています。生活保護の就労廃止をするときに，福祉事務所側が保護の要否判定で用いる算定式です。

　この算定式に用いた各要素（「生活保護扶助基準（1類費，2類費）」，「冬季加算」，「住宅扶助」，「勤労控除」），これらが2013年以降，引き下げられ続けています。まず2013年8月に生活扶助基準の過去最大の引き下げがありました（3年間の段階実施）。同時期に，働いている場合の追加需要として設定される「勤労控除」の取り扱いが変更されて30％減となります。その後，13年12月には期末一時扶助が引き下げられます。2015年7月には住宅扶助の引き下げ，同年の11

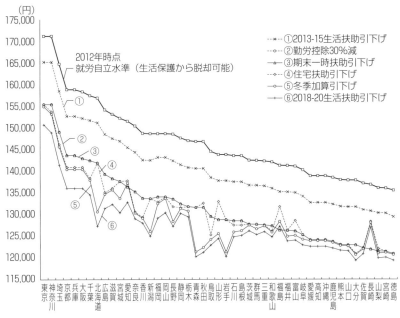

（筆者作成）

月から冬季加算の引き下げがありました。また，2018年10月から生活扶助基準の再引き下げが行われます（3年間の段階実施）。厚生労働省はすべて「見直し」と呼び，確かに一部では上がる世帯・地域もありますが，全体としては間違いなく「引き下げ」です。これら一連の引き下げによる「就労自立水準」の影響を，47都道府県別にとったのが図3-4です。

一番上が一連の引き下げ前の2012年時点の各都道府県の就労自立水準であり，一番下が18年からの引き下げが終了する2020年時点の就労自立水準です。制度変更のたびに切り下げられているのがわかります。

東京23区の場合ですと，若年単身世帯の場合，2012年時点の「就労自立水準」は月17.1万円でしたが，2020年では15.1万円と2万円下がります。京都（市内）ですと，2012年時点で15.9万円でしたが，2020年では13.6万円になります。ほとんどの地域で2万円以上引き下がっています。

生活保護の引き下げは，今現在生活保護を受けている人々の給付額がカット

されるとして理解されがちですが，それだけではありません。「就労自立」水準，すなわち「この額まで給料をもらえば生活保護を廃止しますよ」という水準の引き下げでもあります。単なる給付の「切り下げ（cut）」ではなく，ナショナル・ミニマム水準の「引き下げ（down）」であることも重要なポイントです。

　京都であれば，これまでは15.9万円稼げるようになれば，就労自立としていたのが，13.6万円でも「自立しましたね」といえるようになった。以前よりずっと生活保護から自立させやすくなっているわけです。これまた意地悪な言い方かもしれませんが，これも「自立しやすい（させやすい）」制度改革だといえます。丁寧な就労サービスを行って，よい仕事についてもらうのも自立支援であり，そのためのサービス内容を整えることが「自立しやすい」制度改革です。一方で，「（自立とみなす）水準自体を引き下げる」。そうして保護は必要ないとみなすようにする。これも「自立しやすい」制度設計だといえます。

❷ 2013年8月の生活保護改革

　専門的な内容になりますが，就労自立志向の生活保護制度の再編を理解するために，2013年8月の内容を補足しておきます。この時期に行われた生活保護の就労自立（支援）に関係する制度改変は5点あります。①生活扶助基準の見直し（3年間の段階引下げ），②「就労自立給付金」の創設，③「自立活動確認書」の導入，④「就労活動促進費」の創設，⑤勤労控除の見直し，です。

　①は先ほど説明しましたが，過去最大の生活扶助の基準引き下げが行われ，その規模は平均6.5%，最大10%引き下げというものでした。②「就労自立給付金」は，生活保護からの就労自立（廃止）時に一時金を給付する制度で，単身世帯で最大10万円，多人数世帯で最大15万円が給付されます。鈴木亘氏が提唱した「凍結貯蓄制度（就労積立制度）」が元になっています。③「自立活動確認書」は，就労可能とみなされた生活保護受給者が，「週何回，就職活動します」とか「ハローワークに何回行きます」とか「どういう職種で月収何万円くらいの仕事を家から何分くらいの場所で探す」という内容で，福祉事務所と書面で取り交わす仕組みです。④就労活動促進費は，早期脱却が見込まれる生活保護受給者に対して，就職活動の状況に応じて，6カ月間（最大1年間）月

56 ｜ 第Ⅰ部　就労自立支援をどう捉えるか

5000円を給付するという制度です。給付にあたっては「自立活動確認書」の作成が必須とされています。

⑤の勤労控除は，勤労している生活保護受給者に対して，就労によって生じる追加需要を満たし，勤労意欲高めることを目的に以前からあった仕組みです。この取り扱いが変わりました。全額控除額が従来の8000円から1万5000円に上がった点だけが注目されていますが，実は就労廃止時における保護の要否判定に大きく影響を与える改変がなされました。難解な制度改変なのですが，ざっくりいうと，それまで生活保護の就労廃止は，勤労控除を100％認めた上で，それを上回る収入があった場合に，保護の要否判定が「否」，すなわち自立して生活していけると判断して保護を廃止していました。これが2013年8月から，勤労控除の70％分のみで保護廃止の要否判定する，という取り扱いに変わります。

最低生活費が12万円の世帯の場合，2012年までは14万6370円を超えた場合に，「生活保護から自立できる」とみなしていたのですが，勤労控除の30％分をなくしたことから，この水準が一気に13万8060円にまで下がりました。この勤労控除を70％分だけ算定するというのは，生活保護の開始時の要否判定と同じやり方です。この制度改変だけで，この世帯の場合8000円以上低い水準で「就労自立」させられるようになったことになります［桜井 2017：83-96］。

3 日本型ワークフェアの3つの特徴

ここまで生活保護制度を「自立しやすい（させやすい）」制度へ再編するさまざまな制度改変を追ってきました。一連の制度改変を3つの要素に分類してみます。これが図3-5になります。

1つめが，生活保護からの「押し出し（push）要因」です。トランポリン機能の充実という意味で，「就労自立支援サービスの充実」であり，「自立支援プログラム」が挙げられます。同時に，保護受給者の就職活動を契約化するという意味で「自立活動確認書」もここに含まれます。

2つめが，労働市場への「引き寄せ（pull）要因」です。他の所得保障制度による継続的な所得「引き上げ」ではありません。一時金などの手段でインセンティブ（誘因）を与えて，労働市場へ引き寄せさせる。「就労自立給付金」

図3-5 生活保護再編の3つの要素

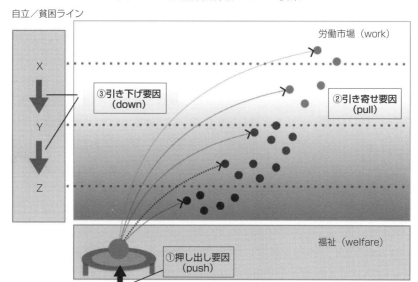

(筆者作成)

や「就労活動促進費」がこれにあたります。

3つめが,「就労自立」とみなす水準自体を引き下げてしまう「引き下げ(down)要因」になります。「保護基準の引き下げ」と「勤労控除の変更」がこれにあたります。

これら「push」と「pull」と「down」が混ざり合っているのが,日本の生活保護の再編の特徴です。それぞれの時期は微妙に異なっていて,「押し出し(push)要因」(就労支援サービス,要件化)は2000年代中盤から始まりましたが,「引き寄せ(pull)要因(インセンティブの設定)」は2013年に実施されました。そして2010年代前半から現在まで続くのが「引き下げ(down)要因(就労自立水準の低下)」です。就労支援政策としてみると,「就労自立支援サービスの充実」から「就労自立水準の引き下げ」に位相が移っているといえます。

なお,財政負担やコスト効果でみると,圧倒的に引き下げ(down)の影響が大きい。いずれも厳密な効果検証は困難ですが,2つめの引き寄せ(pull)のための「就労自立給付金」などの新制度は,実際のところ大した予算措置はさ

れていません。例えば「就労活動促進費」の2016年度の支給実績は全国で289件です。被保護者数は全国で200万人以上いるわけですので，生活保護受給者1万人のうち1人以下です。ですから，生活保護の「自立しやすい」制度再編は，2013年以降の生活保護基準引き下げも込みで考えなければなりません。

■4 ワークフェアのアポリア／ワークフェアの機能要件

これまでみてきた生活保護の「自立しやすい」制度再編は，端的にいってワークフェアと呼んでよいと思います。もちろんワークフェアにすらなっていないという批判はあるかもしれませんが……。ワークフェア政策のもつ困難性や，ワークフェア政策が機能するための条件については，埋橋孝文氏が2つの指摘をされていて，これに尽きると思います（以下，埋橋［2011］）。

まず，ワークフェア政策がもつ困難性として，「福祉から労働市場への投げ返し」となるという指摘です。ジェイミー・ペックを引用して，「ワークフェア政策の動因は労働の側にあると考えられるが，ワークフェアとは福祉から労働へと問題を『投げ返す』ことを意味する。ここにワークフェアの本来的な困難がある」［埋橋 2011：130-131］。

そもそもワークフェア政策をとる必要があるのは，就業可能な年齢層の福祉利用が社会問題として顕在化することが背景にあります。これは経済の停滞／減退が主な要因ですし，そうして労働市場が劣化することによって，労働の側から福祉の側へ落ちてくる。そのなかで落ちた個人を鍛え直して「もう一回（労働市場で）やってこい」というワークフェアの発想が生まれます。しかし，この発想は労働市場や雇用環境そのものの改善とは無関係です。そこを問わずに労働へと投げ返す。これはあの宮本太郎氏も同じように危惧していて，「脱商品化の水準が低く，就労圧力だけが強くなっていけばジョック・ヤングが指摘したような排除型社会も現実的になるだろう」と述べています［宮本 2013：11］。私はこれらを受けて，現行の労働市場を問わない就労自立支援は，"Welfare to work" というよりも，"Welfare to Working-Poor" ではないか？と言っています［桜井 2017］。

埋橋氏のもう1つの指摘は，ワークフェアが効果を発揮するために必要な要件に関するものです。以下，引用します。

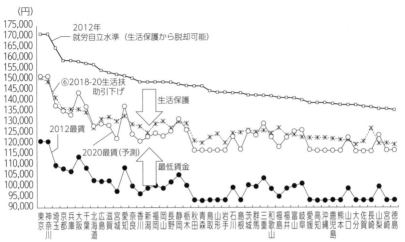

図3-6 都道府県別最低賃金と就労自立水準

（筆者作成）

　「就労の場が最低賃金制などの『事前的労働規制』を欠いたまま（ディーセントワークでないまま）就労への移行がおこなわれた場合，それは新たなワーキングプアを生み出すことになる。また，給付つき税額控除などの『事後的所得補償』（メイキング・ワーク・ペイ）制度を欠いている場合も同じである。つまり，ワークフェアは『事前的労働規制』と『事後的所得補償』制度とセットになって初めて効力を発する」［埋橋 2011：130-131］

　ワークフェア，アクティベーションが機能するためには，少なくとも（最低賃金制などの）「事前的労働規制」と（給付付き税額控除など）の「事後的所得補償」が必要である，ということです。先に挙げた労働市場そのものの底上げのための規制と，働くことが割に合う（メイキング・ワーク・ペイ）ための所得補償制度，アメリカですと Earned Income Tax Credit（EITC）などがこれに該当します。

　しかし，現在の日本ではその両者がまったく充分ではありません。最低賃金は確かに2008年以降，それまでに比べると大きく上昇しています。ただ，それは本当に充分な水準でしょうか。図3-6は，2012年から2020年（予測）までの

最低賃金の上昇分を月額換算で出したものですが，上昇分と同じくらい生活保護の就労自立水準も2012年から2020年にかけて下がっていることがわかります。2020年には両者は拮抗しますが，これをディーセントワークの水準と呼べるものなのかは甚だ疑問ではあります。むしろ，ワーキングプアのまま生活保護から押し出せるような状況が整ったといえるでしょう。

4　自立支援の展開——〈生〉そのものへの統治

■ 拡大する就労支援の射程

　次に，「就労自立支援サービスの充実」について話題を移します。すでに何度もでてきた「在り方委員会」以降，全国の自治体で自立支援プログラムの策定が急速に進むことになります。自立支援プログラムは，福祉事務所で1つだけ策定するという類のものではありません。2011年3月の厚生労働省「社会・援護局関係主管課長会議資料」によると，東京都足立区の自立支援プログラムは20以上あると記載されています。全国の自立支援プログラムの例をみても，そのバラエティに富んだ内容は驚くべきものです。履歴書の書き方を覚える，面接対策をする，ビジネスマナーを身につける，就労経験を積む，意欲喚起のカウンセリングを受ける，資格を取得する，ボランティア活動に従事する，健康を管理する，生活習慣を改善する，介護サービスの利用を勧める，健全な子育てをする，高校に進学させる，等々。

　自立支援プログラム以降，全国でユニークなプログラムが数多く生まれ，現場実践が積み重ねられてきました。現場で行われているグッド・プラクティス，支援実践のなかで，本人の状況が改善して，就労につながったり，生活の充実が果たされることがあったのは確かだと思います。そのことを否定するつもりはありません。ただ個別の支援実践と時々の政策には微妙な差異があるはずですし，一つひとつは素晴らしい実践でも，政策総体として捉えればまた違った示唆があります。そこに着目するのも研究者の仕事だと考えます。

　ここでは，国が政策として，全国の自治体の就労自立支援プログラムを一定の方向に誘導してきた点について言及します。最初に「自立支援プログラム」が始まった2005年，国が想定した事業の対象者は，「就労意欲が高く，就労阻

害要因がない者」でした（「福祉から就労」支援事業，生活保護受給者等就労自立促進支援事業）。次に2007年，国は「就労意欲・能力を有する者」を対象とした，福祉事務所独自の「就労自立支援プログラム」を策定するように働きかけます。意欲が高くなくてもいい，阻害要因があっても能力を有していればいいということで対象者が拡大します。

　さらにその2年後（2009年），今度は「就労意欲や生活・就労能力が低い者」を対象に，意欲喚起のためのキャリア・カウンセリングなどを導入する「就労意欲喚起等支援事業」の策定が始まります。「意欲があればいい」から「意欲が低くてもいい」に変わり，生活・就労能力が低くても就労支援事業の対象者となります。そして，2012年には「就労意欲が低い，基本的な生活習慣に課題のある者」を対象に，日常生活や社会生活を改善するプログラム行う「日常・社会生活および就労自立総合支援事業」を策定します。

　徐々に，しかし確実に「就労支援事業」の対象が広がっていく，射程が拡大していくさまがよくわかると思います。その背景には，厚労省通知による自立観の変容「すべての被保護者は自立に向けて改善すべき何らかの課題を有している」があります。意欲が高ければもちろん，低くても生活習慣に課題があっても，どのような人でもその人なりの課題を解決し，必ず就労をめざすことができる，そのために就労自立支援サービスは拡大を続けます。

　その意味で「中間的就労」は，この就労自立支援サービスの拡大にうってつけでした。「『生活支援戦略』の中間まとめ　参考資料」（厚生労働省）では「就労支援の強化（多様な就労機会の確保）」というタイトルで，「本人の『ステージ』に応じた多様な就労支援」が提唱されています。一般就労だけでなく，本人の状況に応じた多様な就労支援のあり方があり，日常生活自立や社会参加，中間的就労はそのステップとして提案されています（第1章図1-1〔16頁〕参照）。

　私は，「中間的就労」自体は必要な考え方だと思っていますし，「仕事を通じた承認」を無視するつもりはありません。これについては，最近では斎藤環氏が『ケアとしての就労支援』を出されています。ただし，中間的就労や社会参加などを一律にプログラム化して「すべての被保護者を対象にしてしまう」ことの怖さがあると考えています。

　個別課題の現場ではグッド・プラクティスであった実践が，政策誘導のなか

で，ひとたびプログラム化されて対象者すべてに適用するとなったとき，権力の側，支援する側にとって，それは対象者を「値踏み」するような形態に変わることがあります。プログラムを前提に，ケースワーカーがアセスメントする場面において，「『一般就労』ができますか？」→（できない）→「では『中間的就労』はいかがですか？」→（できない）→「では『社会参加』のプログラムはどうでしょう？」→（できない）→「せめて『日常生活自立』してくださいね」ということになりかねない。国が求めるあるべき姿があって，そこからどれだけ離れたところにいるのか，階段というよりは対象者を上から下へ値踏みする物差しのようなものになるおそれだってある。

これは「プログラム化」の難しさではないでしょうか。対象者を常に「課題を抱えている」「何らかの支援する余地を残している」存在としてみつめるのは，ロベール・カステルがいう「永遠の参入者」，つまり，制度のお世話になっている限り，永遠に支援を受け続けなければならない受給者像であるといえます。それは同時に，永久に支援をし続けなければならないソーシャルワーカーのあり方と表裏の関係でもあります［カステル 2012］。

❷ 自立支援の展開

同じような考え方を堅田香緒里氏は，「福祉の新自由主義的再編」として，ジェイミー・ペックとアダム・ティッケルの「ロールバック型期」と「ロールアウト型期」に分けて整理されています［Peck and Tickell 2002］。1980年代以降の規制緩和と民営化が中心の小さな政府志向における「福祉給付の切り下げ」が「ロールバック型期」，1990年代後半からの「参加を通じた包摂」が「ロールアウト型期」です。ここから，今の自立支援の拡大は「ロールアウト型」としても捉えられると指摘しています。もちろん日本の場合は，保護基準引き下げをどう理解するかという問題があります。また，日本の自立支援の拡大を後押しした一因として，貧困から社会的排除（包摂）論へ重点を移した日本の貧困研究・社会福祉学の影響もあるでしょう。

生活財の不足という経済的な貧困に重点をおいていた過去の貧困研究から，個人の生活課題に中心をおく形の限定的な社会的排除／包摂論[5]に移行しつつあることの象徴が，2018年の生活困窮者自立支援法の改正にも読み取れます。

第3章　就労自立支援サービスの現在　63

生活困窮者自立支援法の18年改正は、この制度が個別（支援）化と地域の活用にさらにドライブするような内容でした。法律の「生活困窮者」の定義を表す条文が改正され、旧法は第2条で「『生活困窮者』とは、現に経済的に困窮し、最低限度の生活を維持することができなくなるおそれのある者」としていましたが、新法第3条では「『生活困窮者』とは、就労の状況、心身の状況、地域社会との関係性その他の事情により、現に経済的に困窮し、最低限度の生活を維持することができなくなるおそれのある者」としました。「社会的排除・包摂論」をベースに生活困窮の定義を拡張し、より幅広く、本人の多様な生活課題に沿って困窮の事情を見ようという趣旨らしいのですが、見ようによっては単に「経済的に困窮しているだけではだめだ」とも読めます。「現にいま生活困窮しているかどうかが問題で、そこに至る困窮の原因を問わない」とした生活保護法第2条「無差別平等の原理」の理念とは全然違います。対象の範囲を拡張したように見えて、実は限定して狭めてしまう可能性を内包している。生活保護における「自立の概念拡張」と似ています。多様な生活課題に目がいくようになりましたが、それが政策反映されたときに起こるのは、「（個人への）統治の強化」であったり、「（社会）保障の条件づけ（実質後退）」であったりします。

5　社会的投資国家──フクシからトウシへ

■ 投資の効果を計るという発想（釧路市 SROI）

　本連続セミナーの主題は「貧困問題と就労自立支援サービス再考」ですが、その副題が「展開に対する問題点／成果に対する測り方」です。私の担当は前者の「展開に対する問題点」と認識していますが、「成果に対する測り方」、すなわち「効果測定」についても触れておきます。近年、社会福祉の領域でも「福祉を投資とみなして、その効果をはかる」という発想が急速に力をもってきていて、社会的インパクト評価が官民双方から注目されています。ここでは生活保護にこの発想を持ちこむ釧路市の「SROI」という評価手法を取り上げます。

　生活保護における釧路市の存在の大きさは、関係者ならば周知のところです。「自立支援プログラム」の展開を創設当初から牽引しており、自立支援プ

ログラムは2005年から全国実施されていますが，釧路市はその1年前からモデル事業に取り組み，先進的な取り組み実践で全国的にも一躍有名になりました。また，理論的裏づけとその視野の広さも魅力の1つです。いわゆる「3つの自立論」がベースにありますが，国のように「一般就労」（就労自立）を頂点とした「保護から就労へ」の段階ステップとしてではなく，「日常生活自立」や「社会的自立」「中間就労」を「就労自立」との関係において，互いに上下関係のない並列関係として捉えることを提唱したり（「釧路の三角形」再考），指導型ではない「寄り添い型支援」としてのプログラム利用，他にも動物園の餌やり体験やボランティアの公園清掃，農園ボランティアなど，地域資源を積極的に活用していることも特徴です。あくまで「本人の福祉の向上のために何ができるか」を考えられていて，「自尊感情の回復」や「社会的なつながり」を基本に「被保護者の自立」をエンパワーメントしている姿勢が印象的といえます。

　その釧路市が，2011年から自立支援プログラムの定量的評価を目的に「SROI」を導入しています。[6]「SROI」（Social Return On Investment）とは，「社会的投資利益率」[7]をいい，以下の計算式で算出されます。

SROI（社会的投資利益率）＝貨幣価値換算された社会的価値(円)÷投入された費用(円)

　ある事業によって生じた「社会的価値」を貨幣価値に換算することで数値化し，これを投入された事業の「社会的費用」で割る。この「SROI指数」が3.00だった場合，その事業は投資1に対して3倍の貨幣価値を生んだことになります。就労自立支援が，比較的コストベネフィット（費用便益）を算出しやすい——生活保護から何人仕事をしたか，何人自立したか。それによって保護費が何円減ったかということをあらわしやすい——のに比べて，中間的就労やボランティアなどの「社会生活自立支援」や「日常生活自立支援」はその効果を提示しづらい。これを解決するための評価法がSROIです。1990年代後半にアメリカのあるファンドで開発されました。

　SROIの鍵は，事業・プログラムのアウトカムに関する貨幣価値への換算です。ちょうどこの取り組みについて，NHK「ニュースウォッチ9」（2017年5

月18日放送回）が特集しています。これによると，まず公園清掃ボランティアのプログラムについて，ボランティア参加者にアンケートをとります。参加者から「社交的になった」「体力がついた」というアンケート回答があったとします。SROI はこれを金額に換算します。金額換算の指標設定として，精神科に通院してカウンセリングを１回受ける平均費用，通院費4200円や，体力をつけるためにジムに通うための利用料410円を用います。これにより公園清掃ボランティアのプログラムによって，参加者１人あたり4200円とか410円の社会的な価値が生まれたとします。

　SROI 自体が，「ニュースウォッチ９」では肯定的に描かれていて，というのも番組の構成として，前半に小田原市の生活保護ジャンパー事件が取り上げられていました。小田原市のケースワーカーが，「ケースワーカーはお金を出すばかりで社会的な承認を得られない。仕事に対してやりがいがない」という市役所内での低い評価と孤立感にみまわれていることを指摘し，それらが生活保護受給者を差別的に侮辱するジャンパー事件のきっかけとなった。釧路市の取り組みは，これに抗する希望として描かれます。すなわち，自立支援プログラムやケースワーク支援を通じて，「年間数百万円もの社会的価値を生み出して市に貢献する市職員」，「人気部署としての福祉事務所」ということです。

　SROI による指標化は，生活保護受給者のみならず，ケースワーカーの仕事に対する肯定感を高めるかもしれません。ただし「就労自立」に限定しない「多様な自立への支援」「就労以外の自立支援」をも金銭的な価値の土俵にのせるというのは，全部お金に換えるということです。多様な支援実践や当事者―支援者の関係，それらすべてが経済的な有用性に回収されていくことへの危機感はほとんど語られていません。またそのときに問題なのは，「経済的な有用性（貨幣価値）」を査定するのは，どこまでいっても権力の側だという点です。支援プログラムを策定し，そのプログラムの価値を決めるのは行政側です。公園清掃ボランティア活動に参加したら4200円の価値があるのかもしれませんが，もし仮に，同じ人が自発的に家の前の道路を掃除しても4200円とみなされるわけではありません。行政が準備したプログラムへの参加だけが，有用な価値をもつというのは，本来一筋縄ではいかない難しい問題を孕むはずです。

② 社会的投資国家

　自立支援プログラムや社会事業を投資と捉えて，その効果を測る取り組みについて取り上げました。関連して「社会的投資国家」を取り上げます。2018年に出された三浦まり氏が編集されている『社会への投資』（岩波書店）のなかで，三浦氏はこのように言っています。

　　「社会的投資とは，福祉を『投資』と捉え，①一人ひとりが潜在能力を発揮できる条件を整え，個人がリスク回避する可能性を高め，②社会（とりわけ就労）への参加を促すことで，社会的排除や貧困の解消を目指す」［三浦 2018：vii］

　三浦氏の主張は，「社会的投資は個人モデルではだめだ。社会モデルで考えよう」という点で理解できる点も多いですが，あえて「福祉を投資として捉える」というところに注目します。ただおそらく，これが唯一の解だと三浦氏も考えているわけではなく，実際にワークフェア，福祉給付切り下げが支配的な現状で，「見返り（リターン）」の判断基準を拡張・多様化することによって，せめて得るものを拡げようという「アクティベーション」的な戦略がベースにあるはずです。

　こうした動きに対して，法政大学の原伸子氏は一連の研究のなかで，あえて「投資」という言葉で考えなければならないのか？と疑問を呈しています。投資の本質は「見返り（リターン：費用対効果）」を求めることです［原 2012］。ゆえに投資というのは，見返りがなければ撤退しなければなりません。効果の少ないものにカネを費やすのは資源の無駄であり，その資源を他に回した方が割にあう。結局，ソフトなワークフェア（アクティベーション）とハードなワークフェアは，投資の効果を強調するか，はたまた資源の無駄を強調するかの違いといえます。

　おそらくいま問わなければならないのは，もっと根源的な場所からです。それは「投資に見合わない（見返りのない）個人は存在するか？」ということです。「自立できない個人は存在するか？」という問いに置き換えてもよいかもしれません。

第3章　就労自立支援サービスの現在　　67

「ロールバック型」の前期ネオリベ的な立場からすると，おそらくこの問いには直接答えない。もしかすると，"いる"と答えるかもしれませんが。どちらにせよ，投資に見合わない個人が存在するかどうかが問題なのではなく，「見合わない」と判断すればさっさと手を引く。次に「ロールアウト型」（後期ネオリベ），「第三の道」とか「ニューレイバー」の立場です。彼らは，多分「自立できない（投資に見合わない）個人は存在しない」と答えます。自立の概念を拡張し，有用性の尺度を広げれば，「誰もが投資に見合う有用性をもっている」とみなせるはずだ。仮に個人のそれが難しくても「社会全体の有用性で考えればよい」というのが彼らの答えです。

私個人はいずれの立場とも異なり，「投資に見合わない個人，自立できない個人は存在する」と考えています。答えだけでは「ロールバック型」に近いように見えますが，内容は正反対です。個人的な投資だけでなく，社会的な投資にまで拡張したとしても，やはり投入コストに見合うだけの便益を得られない個人というのは存在するのではないでしょうか。ただ，ここからが重要なのですが，その上で，投資に「見合う／見合わない」ことと「個人の存在が認められる（承認される）」「生存が保障される」ことは別の次元で切り離すべきだと考えています。

先日，与党の国会議員が，「LGBTの人たちは子供を産まないので生産性がない。だから税金をかけて政策をするのはおかしい」という趣旨の論稿を掲載して大問題になりました。これが話題になっているときに，大阪府の松井一郎知事（当時）が，「オカマ」という差別的な表現を用いて「税金を払っているから生産性ありますよ」というツイートをしていました。どちらもあまり参考にしたくないものですが，府知事の発言が一定支持を得ていたのも確かです。ここで繰り広げられているのは，「子どもを産む／産まない」を，「税金を払っている／いない」という他の生産性でぶつける手法です。「生産性，有用性」という土俵の上に上がらないと「尊厳」や「権利」，「生存権」ということさえ語りにくくなっている。情緒的に聞こえるかもしれませんが，有用性で福祉を考えることは，こうした議論と同一ではないものの，どこか地続きなところがあります。

6　対立軸の整理

■ 個人化(個別化)された貧困者支援

　「ワークフェア」と「アクティベーション」にはいくつもの相違点があり，それを描き出すのは必要なことですが，一致点や共通の土台に着目することも同じくらい大切です。先の三浦まり氏と濵田江里子氏による2012年の共著論文は，ワークフェアとアクティベーションについて，見通しのよい整理を私たちに提供してくれます。この論文のなかで「福祉国家」と「能力開発国家」を分類し，社会権への影響を指摘しています。

　従来の福祉国家は，社会権を基礎としてリスク（失業や老齢など）は国家が管理するものでした（リスクの社会化）。これが能力開発国家になると，ケイパビリティ（潜在能力）を基礎として，個人が能力開発およびリスク管理に努めることが求められ，国家の役割はそれら能力を高める個人を支援することになります。結果的に，能力開発国家へ移行するほどに，基礎の社会権は縮小していきます。ここから三浦・濵田両氏は，たとえアクティベーションであっても，その政策目的が経済的自立をめざすだけでは社会権の縮減を招くが，その目的が社会的承認であるならば，逆に福祉国家の充実化と捉えられると主張します［三浦・濵田 2012：2-3］。

　「社会的承認」という言葉が出てきて，ここで堅田さんのいう「『再分配』か『承認』か？」という問題設定が活きてきます。その上で重要なのが，「『再分配』か『承認』か？」という二項対立だけでなく，再分配も承認もその両方が，徹底的に「個人化」されているという点です。この点においては，ワークフェアやアクティベーションといった能力開発アプローチはもちろん，社会的承認をめざした包摂型の支援であっても，社会への投資というふうに名前を変えた社会的投資でも一緒です。

　これを考える上で重要なのが，「福祉の契約主義（welfare contractualism）」［White 2004］です。これは先の原伸子氏が用いていますが，1980年代以降の福祉国家再編の基底にある考え方です。新自由主義における市場主義と個人主義のもとで，従来の社会契約における国家と市民との関係を，国家と個人との

「新しい契約」関係に組み替えるものであり［原 2018：44］，難解な表現ですが，個人を単位として互酬性を同定するという特徴があります［平野 2012］。

　従来の社会権である生存権における権利義務関係というのは，個人には生存権があって，国家にはそれを保障する義務がある，というものです。「権利には義務が生じる」というのはしばしば誤って理解されていますが，本来はこのように市民と国家の社会契約，市民の権利と国家の義務です。これを福祉の契約主義は転換します。すなわち，個人には生存権は存在するが，それは個人が必要な義務を果たすことによって保障されるという形にです。市民と国家の社会契約ではなく，個人と国家の私的契約なものとして社会福祉が再編されていく。旧来の「シティズンシップ」が「アクティブなシティズンシップ」へと変化していく［仁平 2009］。

　失業対策を例に挙げます。日本では戦後から続く「失業対策事業」が1996年に終了しましたが，2008年のリーマンショックを経て，新しい失業対策が制度化され，それは「求職者支援制度」（2011年〜）と名づけられました。制度の名称に注目してください。「失業（アンエンプロイメント）」という市場の失敗を含めた社会事象に対策する事業から，「求職者（ジョブシーカー）」――単に職を失った失業者でもありません，失業した上できちんと職を探し求める「求職する個人」――を支援するための制度です。「失業対策の事業から求職者を支援する制度へ」と個人化されている［酒井 2001：119–120, 桜井 2017：224］。これは世界的なトレンドで，フランクリン・ルーズベルトのニューディール政策が失業対策として大規模な公共事業を行なったのに対して，イギリスのブレア政権の「若者ニューディール」というのは，若者個人に教育や職業訓練を施し，プログラムによって仕事探しを支援するという個人化した政策へと変容しました。

　ワークフェアであれ，アクティベーションであれ，問題や課題がすべて「個人」をベースに組み立てられて，個人を鍛えあげることによって対応するという福祉の再編がなされている。その共通の土台にあるのが先ほどの「福祉の契約主義」であって，「個人化（個別化）」された貧困（者）支援というものです。

　ここまで投資ベースの福祉の捉え直しの機運と，個人化された貧困対策の潮流について話しました。しかし実際のところ，私たち一人ひとりは，社会から受け取ったもの，もらったものに対して，それを全部返せているのでしょう

か。果たしてそんなことは可能なのでしょうか。

　確かに「投資」という考え方は，投資してリターンを受けとるのが基本です。個人レベルでは，教育に投資して大学に行って，よい仕事に就いてそのリターンを受け取る。社会レベルでは，大学の費用の一部を税金で負担する代わりに，将来より多くの税金を納めてもらう。これは比較的わかりやすい例ですが，実際に全部が全部そうした投資とリターンの帳尻があっているわけではありません。

　本来，個人のレベルで帳尻があっているかどうかなど，どうしたって判りようがありません。これをできると信じこんでいるのが，個人主義に基づく福祉の契約主義です。ただし，私たちは親から受けたものをきっちり計算して同額になるように返礼しているわけでもありません。贈与と返礼の量に差があるのは珍しいことではない。先達から引き継いだ多くのものをそのまま返せないから，子孫や他者に渡すのであって，個人レベルでは返せない人だっていれば，無償で贈る人もいます。その帳尻を個人レベルできちんとあわせろと要請する社会福祉のあり方は，人間社会や人間存在全体を考えれば異常なことです。そんな狭い帳尻合わせは人がつくり出した社会のなかの本来ごく一部でしかない「市場」というメカニズムのなかでだけ，極めて限定的な形でしか存在しえない。個人に焦点化しすぎたり，投資とリターンだけで考えすぎると見誤ってしまうのではないでしょうか。辻褄は社会総体のなかであえばよいわけであって，「投資」「自立」「有用な個人」といったキラキラした側面から論じるのではなく，「負担」や「依存」といったダークな側面から，それでも「社会が存続するシステムを構築する」と考えることも必要です。誰かの貧困は，他の誰かの富の余剰で補えばいいわけです。

❷ 残された問い

　アクティベーションというのは，本来それ自体は大げさな考え方ではありません。米澤旦氏がドイツの社会学者アイヒホルストを引いてこのように言っています。

　　「アクティベーション戦略の基本をなす考え方は，『就業可能年齢にある

人々にとって，何らかの有用なことをなすこと——とりわけ就労——は公的給付の終了期限まで何をしないでいることより，よいことである』という考え方を体現する政策体系である」[Eichhorst *et al.* 2008；米澤 2017]

　「何もしないよりはした方がよい」と極めて単純な発想がベースにあるわけですが，ここでの「しないよりする方がいい」というのは誰にとってなのか，そして「何らかの有用なこと」を決めるのは誰か，ということです。ワークフェア，アクティベーションは，福祉の対象者をばらばらに個人化し，彼らの有用性（＝自立観）を拡張し，社会的な価値として測定することによって，貧者の〈生〉のすみずみにまで「支援」を行きわたらせました。

　実際に日本の生活保護においても，2000年代以降，就労自立支援サービスの充実は，かつてないほど進みました。そのことで，現場でたくさんの支援実践が行われていることは事実です。他方，貧困者への「統治」が強化された側面もあります。その意味で，就労自立支援の発展は，それが経済的自立を第一にした就労圧力の強化であれ，社会的承認のためのやさしい何かであれ，"支援（管理）されない場所／領域"（アジール：避難所・自由領域）が縮小していく経過であったといえるのではないでしょうか。

　「いや，支援によって社会的承認が増えるから大丈夫だ」，「権利としての生活保護は就労支援の充実では侵されないから心配ない」という声があるかもしれません。本当にそうなのでしょうか。岩田正美先生が，『社会福祉のトポス』のあとがきのなかで，近年の社会福祉研究が，「人間の尊厳」と「権利」の両者の間にある微妙な違いに無自覚だと戒められていますが［岩田 2016：431］，福祉実践として対象者に"よい"支援を届けるだけではこぼれおちてしまう何か，社会福祉が絶対にカバーすべき領域と，タッチすべきでない領域，両者を分かつ何か，これらについて，慎重に考える必要があると思います。相当注意深く考えないと，結局「支援」が，抑圧したり，管理したりする方向に回収されていってしまう恐れがあります。

　そのための対抗手段として，大きな物語としては，「ベーシックインカム」的なものもあるかもしれません。ただまずは小さな方向性として，縮小してしまったアジールを取り戻すことです。例えば「寄り添われない領域」「放って

おかれる自由」「愚行を行う権利」，こういったことを貧困研究や社会福祉学の側が，意識して考えてみる必要があるのではないでしょうか。今まではあまりにそこに無自覚すぎたのかなと考えています。

　長くなりましたが，今日はここまでです。ありがとうございました。

1 ）　Scott Walker Office The Governor : JAN 19, 2017 Weekly Radio Address: Public Assistance Should Be a Trampoline, Not a Hammock.
　　　The Washington Post : Apr 22, 2017 By Robert Samuels: Wisconsin is the GOP model for 'welfare reform.' But as work requirements grow, so does one family's desperation.
2 ）　以下は，大阪市立大学公共データ解析プロジェクトチーム［2017］参照。
3 ）　なお，この突出した TP 率の2区について大阪市が追加調査したところ，検証した翌年や，別の年度では突出するようなデータは見受けられず，2区の取り組み内容についても他区と差異はないことが判明している（大阪市「第17回　生活保護適正化連絡会議」議事録，2018年3月28日）。
4 ）　2018年6月15日　生活保護受給者に対する就労支援のあり方に関する研究会（第2回）資料「就労支援のあり方について（現状・論点等）」。
5 ）　社会的排除論にもいくつかの型があり，必ずしも個人の生活課題だけを対象としているわけではない。むしろフランスなどの文脈とは，日本の状況は異なる。メアリー・デイリー［Daly 2006］の社会的包摂言説の3類型を参照。
6 ）　以下の SROI に関する記載は劔谷ほか［2014］（釧路市職員らによる論文），釧路市福祉部生活福祉事務所編集委員会編［2016］，NHK［2017］による。SROI について詳しくは「SROI ネットワークジャパン」参照。他に厚労省委託の調査報告「新たな就労支援（中間的就労）事業の社会的価値に関する調査」報告書［ビズデザイン株式会社 2014］，川久保［2017］など。
7 ）　SROI の訳語は，「社会的投資利益率」［劔谷ほか 2014］，「社会的投資損益率」［釧路市福祉部生活福祉事務所編集委員会編 2016］，「社会的投資収益率」［ビズデザイン株式会社 2014］，他に「社会的投資回収率」とするものなど。投資の効果 return の訳により複数存在する。

【引用・参考文献】
岩田正美（2016）『社会福祉のトポス─社会福祉の新たな解釈を求めて』有斐閣。
埋橋孝文（2011）『福祉政策の国際動向と日本の選択─ポスト「三つの世界」論』法律文化社。
NHK（2017）「ニュースウオッチ9」2017年5月18日放送回。
大阪市立大学公共データ解析プロジェクトチーム（2017）「大阪市の地域福祉等の向上のための有効性実証検証報告」。
岡部卓（2011）「生活保護自立支援プログラムは何をめざすのか」（講演）第1回生活保護自立支援プログラム評価方法研究会。

カステル，R.／前川真行訳（2012）『社会問題の変容―賃金労働の年代記』ナカニシヤ出版。

堅田香緒里（2018）「対貧困政策の『自立支援』型再編の意味を考える―『再分配』か『承認』か？」（講演）同志社大学社会福祉教育・研究支援センター。

加納実紀代（1991）「労働の意味をとりもどしたい［インタビュー］」小倉利丸・大橋由香子編著『働く／働かない／フェミニズム―家事労働と賃労働の呪縛?!』青弓社。

川久保尭弘（2017）「自治体の生活保護制度運用実態と社会的費用」『資本と地域』12巻，28-47頁。

釧路市福祉部生活福祉事務所編集委員会編（2016）『希望をもって生きる―自立支援プログラムから生活困窮者支援へ　釧路チャレンジ［第2版］』全国コミュニティライフサポートセンター。

五石敬路（2017）「生活困窮者自立支援の特徴と課題―アクティベーションと言えるか？」『貧困研究』vol.19，5 -17頁。

酒井隆史（2001）『自由論　現在性の系譜学』青土社。

桜井啓太（2013）「自立助長を放棄した生活保護制度―2013年改革がもたらす影響」『POSSE』vol.21，98-105頁。

――（2017）『〈自立支援〉の社会保障を問う―生活保護・最低賃金・ワーキングプア』法律文化社。

慎英弘（2013）『自立を混乱させるのは誰か―障害者の「自立」と自立支援』生活書院。

生活保護制度の在り方に関する専門委員会（2004）「生活保護制度の在り方に関する専門委員会　報告書」。

劔谷忠範・徳田康浩・三浦哲裕・金山和生（2014）「SROI を用いた釧路市生活保護自立支援プログラムの事業評価」『社会福祉研究』119号。

仁平典宏（2009）「〈シティズンシップ／教育〉の欲望を組みかえる―拡散する〈教育〉と空洞化する社会権」広田照幸編『教育　せめぎあう「教える」「学ぶ」「育てる」』岩波書店。

原伸子（2012）「福祉国家の変容と子どもの貧困―労働のフレキシビリティとケア」『大原社会問題研究所雑誌』649号，30-46頁。

――（2018）「福祉国家の変容とケアの市場化―イギリスにおける保育政策の展開とジェンダー」『社会政策』9巻3号，44-61頁。

ビズデザイン株式会社（2014）「『新たな就労支援（中間的就労）事業の社会的価値に関する調査』報告書」厚生労働省平成25年度セーフティネット支援対策事業（社会福祉推進事業）。

平野寛弥（2012）「社会政策における互酬性の批判的検討―新たな社会構想としての『多様な互酬性』の可能性」『社会学評論』63巻2号，239-255頁。

三浦まり編（2018）『社会への投資―〈個人〉を支える　〈つながり〉を築く』岩波書

店。

三浦まり・濵田江里子（2012）「能力開発国家への道—ワークフェア／アクティベーションによる福祉国家の再編」『上智法學論集』56巻2・3号，1-35頁。

宮本太郎（2013）『社会的包摂の政治学—自立と承認をめぐる政治対抗』ミネルヴァ書房。

ヤング，ジョック／木下ちがや・中村好孝・丸山真央訳（2007＝2008）『後期近代の目眩—排除から過剰包摂へ』青土社。

米澤旦（2017）『社会的企業への新しい見方—社会政策のなかのサードセクター』ミネルヴァ書房。

Daly, Mary（2006）Social Exclusion as concept and Policy Template in the European Union. Center for European Studies Working Paper Series 135.

Eichhorst, Werner, Otto Kaufmann, Regina Konle-Seidl and Hans-Joachim Reinhard（2008）"Bringing the Jobless into Work? An Introduction to Activation Policies." Eds. Werner Eichhorst, Otto Kaufmann and Regina Konle-Seidl, *Bringing the Jobless into Work?: Experiences with Activation Schemes in Europe and the US*, Springer, Berlin, Heidelberg, pp.1–16.

Peck, Jamie and Adam Tickell（2002）"Neoliberalizing Space." Eds.Neil Brenner and Nik Theodore. *Spaces of Neoliberalism: Urban Restructuring in North America and Western Europe*. Blackwell, pp.33–57.

White, Stuart（2004）"Welfare Philosophy and the Third Way" Eds. Lewis and Surender. *Welfare State Change: Towards a Third Way?* Oxford University Press, pp.25–46.

第Ⅰ部　就労自立支援をどう捉えるか／第4章

ライフチャンスと社会的投資論
■ヨーロッパの議論を中心に

田中弘美（武庫川女子大学文学部専任講師）

はじめに

　私の報告は「ライフチャンスと社会的投資論—ヨーロッパの議論を中心に」としました。というのも，このお話をいただいたとき，社会的投資戦略を先駆け的に1990年代後半から取り入れてきたイギリスについて話すべきかと思っていましたが，イギリスだけに着目するとイギリスの特殊性もありますので，それよりもヨーロッパ全体としての社会的投資論を扱う方がよいだろうと考えました。

　また社会的投資論は，日本では学術的に大々的な議論があったわけではなく，2018年3月に出ました本にいろいろな国について書かれていまして，イギリスについても濵田江里子先生が詳しく書かれています。そのため今日は，ヨーロッパの議論を中心に社会的投資論の全体像を見ながら，適宜，イギリスにも触れられたらと思っています。

　このセミナーの趣旨として2つの論点が挙げられています。1つは「経済的生活保障なのか，それとも就労自立支援サービスなのか」という点。もう1つは「貧困問題にソーシャルワークがどう向き合い，何をすべきか，また成果をどう測るか」という点です。このような大きなテーマのなかで，まず本報告でなぜ社会的投資論に注目すべきなのかについて，3点挙げたいと思います。

■1 社会的投資論に着目する意義

　1点目は，社会的投資論は現代の社会保障，福祉国家を考える上で欠かせない概念だということです。社会保障に関する概念，原理は時代によって変わっ

てきた部分がありますが，社会的投資論の登場で，かなり根本的に転換した，パラダイムシフトがあったという捉え方がなされることがあります。またそのような転換が，本セミナーのテーマにもなっている「就労自立支援」「生活困窮者自立支援」の根拠となる基盤の1つにもなっているわけで，その背景としてどのような考え方があるかを整理しておくことは大切だと考えています。さらに，社会的投資論が理論だけではなく，ヨーロッパ，南米，アジアのなかでも特に韓国など，実践的にもかなり広がってきている状況があります。つまり「理論」と「現実」の両方で重要な概念であるといえます。

2点目は，社会的投資論は非常に論争的な概念であることです。本セミナーでのこれまでの議論でも触れられてきましたが，「新自由主義」との関係がどうなのか，親和性が高いのかどうか。さらに「投資」という概念・用語をめぐって，福祉において見返り，リターンを求める投資という考え方に妥当性があるのかどうかという議論もあります。より根本的な話になると，人に投資をして，労働市場への参入を支援していくことが中心的な内容となる傾向にあるわけですが，労働市場に参入すること自体は貧困を解決しないのではないかという議論もあります。そういった論争が多くある概念であることが2点目です。

3点目は，マクロの社会保障とミクロのソーシャルワークの接点であります。本セミナーのテーマにもなっている「貧困問題にソーシャルワークがどう向き合うべきか」についても考えてみたいと思っていまして，社会的投資論を通して見えてくるものを，少しでも提示できればと考えています。

② 本報告の目的：社会的投資論をめぐる理念，実態，展望

そのような背景から，本日の報告で明らかにしたいことは3点あります。1点目は，社会的投資論がどのようなもので，どのような背景から生まれてきたか，これまでの社会保障や福祉国家とどう違うのかという理念的な側面です。2点目は，実態として，現代の福祉国家で社会的投資論がどれほど実践されているかという現実的な側面です。特に，「従来の所得保障型の福祉国家から社会的投資型の福祉国家への変容／転換」と言われたりもしますが，実際はどうなのか。3点目は，展望として，ライフチャンス保障を考える上で社会的投資論にはどのような可能性があるのかという点です。また，課題についても考え

第4章 ライフチャンスと社会的投資論 **77**

ることで，ミクロのソーシャルワークとの接点を探索してみたいと思います。
報告の流れは，福祉国家論のマクロなところから始めて，社会的投資論から見
た相談援助サービスというミクロな議論につなげていければと思います。

1　社会的投資論とは？

■1 社会的投資論の定義

　「社会的投資論」とは何か。実は社会的投資論には誰もが引用するような定
義はなく，いろんな人がいろんな形で説明しているのが現状です。おそらく日
本で最も体系的に社会的投資論を研究したと思われる最新の書籍には，「社会
的投資戦略の特徴は，失業や老齢，貧困といったリスクに見舞われてから主に
現金給付を通じて事後的に救済するのではなく，リスクに直面する前の段階に
おいて様々な支援サービスを通じた予防的な措置に力を入れる点にある。（中
略）。『投資』と位置づけて力を注ぐことで，将来的な税収の増加や成長という
経済的な見返りと，全ての人にとっての良質な生活や公正な社会の実現という
社会的な見返りという二つの目標の実現をめざす」［濵田・金 2018：3－4］と
書かれています。ここからわかるように，「現金給付」と「サービス給付」と
いう対比，「事後的」と「予防的」という対比，「経済的」「社会的」という
キーワードが出てきます。これらが従来型の福祉国家・社会保障と社会的投資
論の違いを表しているといえます。

　では従来型のものから新しいものが出てきた背景は何か。簡単に歴史を振り
返ると，戦後福祉国家では，経済に関してはケインズ主義が台頭し，「公的支
出」と「経済の安定」が補完的な関係を保ちながら福祉国家が編成されてきま
した。つまり，国家の役割が大きい「ベヴァリッジ型福祉国家」の発展です。
しかし，1970年代に入りオイルショックや経済不況を経験することで，80年代
からマネタリズム，経済の面では新自由主義が台頭し，公的支出や国家介入が
経済成長を阻害するという考え方が出てきます。そのようななかで福祉国家の
縮小，市場化，労働市場の規制緩和が進んでいきます。そのような流れから，
90年代に入れば経済も変化し，知識基盤型経済，サービス経済が発達し，さら
にグローバル化，社会面においては人口の高齢化，家族形態の変化など，経済

78　　第Ⅰ部　就労自立支援をどう捉えるか

と社会の両方に変化が出てくる。こうした変化を背景に「新しい社会的リスク」といわれるものが生まれてきます。

社会的投資論は，このような経済的・社会的な変化に伴い，ベヴァリッジ型の福祉国家が想定していたリスクが変わり多様化してきたこと，それに対応するために，90年代のヨーロッパに出てきたものです。

❷ 社会的投資論の特徴

社会的投資国家の特徴は何か。ベヴァリッジ型の福祉国家は，基本的に男性を中心とした正規雇用者の完全雇用，男性稼ぎ主モデルといわれる，男性が家長として働いて家族を支えることを前提としたモデルを基盤においていて，リスクは世帯主の所得が喪失されることであり，それは古い社会的リスクですが，それに対応するのがベヴァリッジ型福祉国家でした。それに対して新自由主義（論者）は経済，労働市場，家族に国家が介入しないことを基本にしています。そこにジェンダーの視点はなく，ジェンダーニュートラル，つまり無視することになります。これらに対して社会的投資型福祉国家はどうか。政策上，何を問題とするかには「社会的不利の世代間連鎖」が挙げられ，これがライフチャンスの1つだと考えられますが，つまりライフチャンスの不平等を問題とし，その問題に対して公的支出を通して解決しようとする，それによって公的支出も正当化されます。新自由主義（論者）と決定的な違いは，その部分にあると思います。

社会的投資型福祉国家を理解する上で，いくつかキーワードが挙げられます。1つ目は「ライフコースの視点」，これは生まれる前から死ぬまでの全世代のリスクに対応する視点があること。2つ目は「人的資本」，つまり人に投資する視点です。さらに3つ目は「事前的，予防的，未来思考」という特徴があります。4つ目は「ジェンダーの視点」です。ベヴァリッジ型福祉国家は主に男性が働くことが中心ですが，新自由主義ではそれはノータッチ，他方で社会的投資型福祉国家は女性の労働市場参加やワークライフバランスなどジェンダーの視点も含んでいることが特徴です。

以上から，社会的投資型福祉国家がどのような背景から生まれてきたかというと，「ベヴァリッジ型」と「新自由主義」の二項対立で袋小路に陥ってい

表4-1　福祉国家（社会保障）パラダイムの比較

	ベヴァリッジ型福祉国家	新自由主義論者	社会的投資型福祉国家
政策上の問題・政治的目標	・需要不足による大量失業と貧困 ・工業化社会における完全雇用と社会的市民権	・スタグフレーション，履歴効果 ・インフレなき経済成長，労働市場の自然均衡	・社会的不利の世代間連鎖 ・人的資本開発（知識基盤型経済・高齢化の下で福祉国家の持続）
政策理論	資本主義の不安定（市場の失敗）によるマクロ経済への介入の必要性	福祉（国家の失敗）による経済成長の妨げ	雇用・人的資本の向上，ライフコースを通じた所得保障による経済成長の促進
政策手段	社会保険，労働保護	給付抑制，規制緩和，（公的）年金の民営化	人的資本への投資，積極的社会保障（対人サービス），最低所得保障
政策対象・ジェンダー	・男性稼ぎ主（間接的に扶養家族） ・女性の家庭役割を強化	・稼働年齢層・高齢者（社会の重荷） ・ジェンダーニュートラル／無視	すべての年齢層，不利を抱えた家族，働く親，子ども（ジェンダーの視点に基づく）
時間軸	事後的，中期的マクロ経済修復	特になし	事前的，予防的，未来志向

出典：Hemerijck［2018：824］を筆者が一部修正

る，それを乗り越える論理として生まれてきたことがわかります。新自由主義との決定的な違いにも触れましたが，新自由主義（論者）による福祉支出の削減が1980年代に進み，それへの対抗の意味もあったと考えられます。社会的投資型福祉国家の政策論理は，主に「人的資本」への投資を通じて社会や労働市場への参加を支援することで社会的不利の再生産を断ち切り，同時に経済成長も実現するという，発想の転換であったとまとめられます。

🔳 政策体系と機能

　では，社会的投資国家には具体的にどのような政策がみられるでしょうか。また投資の見返りとしてどのようなものが想定されているでしょうか。図4-1のとおり，「出生前」の段階から妊婦に対する健診などの政策があります。「幼児期」には保育所，子育て支援，就学前教育があり，保育や教育を通じて

図 4-1　社会的投資戦略における政策と見返りの種類

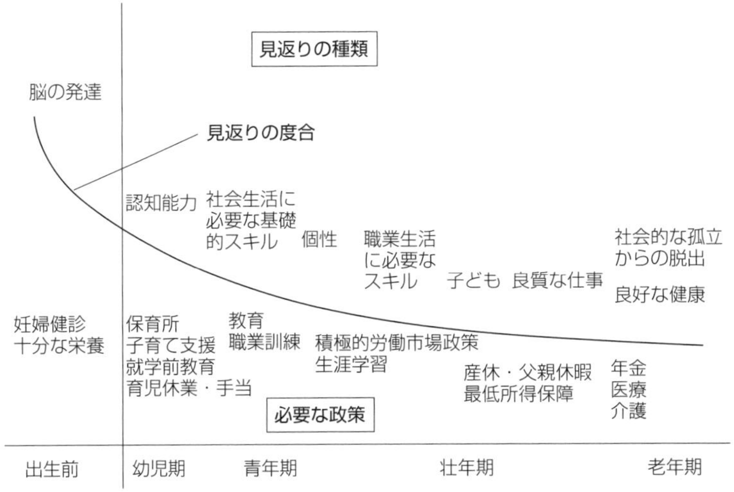

見返りの種類

脳の発達

見返りの度合

認知能力　社会生活に
　　　　　必要な基礎
　　　　　的スキル　個性　職業生活　　　　　　　　　　社会的な孤立
　　　　　　　　　　　　に必要な　　　　　　　　　　からの脱出
　　　　　　　　　　　　スキル　子ども　良質な仕事
　　　　　　　　　　　　　　　　　　　　　　　　　良好な健康

妊婦健診　保育所　　教育
十分な栄養　子育て支援　職業訓練　積極的労働市場政策
　　　　　就学前教育　　　　　　生涯学習　　　　産休・父親休暇　年金
　　　　　育児休業・手当　　　　　　　　　　　　最低所得保障　　医療
　　　　　　　　　　　　　　必要な政策　　　　　　　　　　　　　介護

出生前　　幼児期　　　青年期　　　　　　壮年期　　　　　　老年期

出典：濵田・金［2018：9］

　子どもの認知能力，社会生活に必要なスキルが高まるなどの見返りが想定され
ています。「青年期」は教育，職業訓練，積極的労働市場政策，生涯学習があ
り，見返りとしては職業生活に必要なスキル獲得が挙げられます。さらに「個
性」という見返りが挙げられているのは個人的に面白いなと思います。
　「壮年期」には産休，父親休暇，最低所得保障など子どもを育てながら働く
ワークライフバランスのリターンを想定した投資があります。そして「老年
期」には年金，医療，介護など，従来型の福祉国家と重なりますが，社会的孤
立の脱出や良好な健康維持をめざす政策体系の構造になっています。従来型の
福祉国家では老年期のところに保障が偏りがちだったのを，社会的投資型福祉
国家では「ライフコースの視点」を入れて政策の幅が広がってきたことがわか
ります。
　社会的投資論の第一人者であるアントン・ヘメリックは，社会的投資の３つ
の機能を挙げています［Hemerijck 2018］。１つは「フロー（flow）」。これは流
れ・循環の意味ですが，ライフコースを通じて若者，子育て世代，高齢者，障
害をもつ人が，労働市場や雇用への移行をスムーズに行える機能です。例え
ば，青年期から労働市場に入り，子どもを育てながら，働き方を変えながら労

働を継続する，あるいは労働市場から一時的に退出することもありうる。

　半福祉・半就労と関連しますが，就労と福祉の間を行き来することが人生の
なかで起こりうると思いますが，その架け橋になることが機能としてありま
す。「メイキング・ワーク・ペイ」，つまり，仕事についたら仕事がペイする，
生活できる賃金を得られる，という言い方がありますが，フローの機能はメイ
キング・ワーク・ペイだけでなく，「メイキング・トランジション・ペイ」と
も言われます。つまり，移行を経験していくなかでも最低生活保障が守られる
ということです。

　2つ目の機能は「ストック（stock）」です。これは蓄積・蓄えという意味で
すが，人的資本や人に投資することを継続して人材のストックができていくと
いう考え方です。そのために社会サービス，子どもや高齢者のケア，教育，職
業訓練，医療，住宅なども大事で，これらの整備によって心身ともに健康で能
力の高い人材をストックしていく機能がうたわれています。

　3つ目の機能は「バァッファ（buffer）」。これは衝緩和の意味ですが，ライ
フコースを通じた普遍的な最低所得保障，児童手当，産休手当てなど，リスク
に遭遇するときに所得保障（補償）があることによって経済，雇用の変化から
生活が受ける衝撃から守る，緩和するという機能があります。

　図4-2は，このような政策体系と政策対象，機能を踏まえて社会的投資型
福祉国家がねらう「ライフコースを通じた好循環」を表しています。幼いとき
には質の高い幼児保育や普遍的な教育政策によって教育成果の向上が期待でき
る。それによって青年期以降の雇用率が向上していく。知識基盤型経済のなか
でスキルを得て雇用率を向上させるという意図ですね。

　またワークライフバランスの支援，女性労働が向上してジェンダー格差が縮
まり，それにより少子化の抑制につながる。つまり，働くことと子育ての両立
が大変という背景から，希望する子どもの人数と実際に産む子どもの人数が乖
離することがありますが，ここへの支援が少子化の抑制につながる。さらに，
老年期になるとアクティブ・エイジング，つまり元気な高齢者が増えて退職年
齢が上がり，年金もより持続可能なものになる。このような流れを通して貧困
を予防し，さらに縮小する好循環を生んでいくということです。

82 | 第Ⅰ部　就労自立支援をどう捉えるか

図4-2 社会的投資がもたらすライフコースの好循環

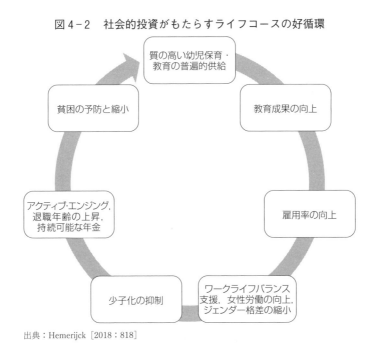

出典：Hemerijck［2018：818］

4 EU の社会的投資戦略

　EU の社会的投資戦略について話す前に，社会的投資論者による異なる捉え方について触れておきたいと思います。特に機能の1つとして紹介した「バァッファ」，つまり最低所得保障に関してですが，これについては社会的投資論者のなかでも，捉え方が違う側面があります。

　イギリスで社会的投資戦略を導入したブレア労働党政権では，その背景にアンソニー・ギデンズがブレーンとしていましたが，彼は社会的投資戦略が従来の福祉国家戦略に取って代わるものとして論じています［Giddens 1998］。つまり従来型の所得保障を中心とした受動的な福祉国家から，より能動的な社会的投資を中心とした福祉国家への「変容」です。それに対して，EU の社会的投資戦略に影響を与えてきたイエスタ・エスピン＝アンデルセンは，ギデンズの「第三の道」の考え方を批判しています。彼は「第三の道は所得保障を社会的投資が代替すると捉える傾向にあるが，それはナイーブで楽観主義的な捉え方

第4章　ライフチャンスと社会的投資論　83

で逆効果を招く」と言い，さらに「所得不安定，貧困を最小化していくことが効果的な社会的投資の前提条件であり，新しい福祉国家における所得保障と人的資本への投資には相互補完性がある」[Esping-Andersen 2002] と述べています。

　では，実際に EU では社会的投資戦略がどのように展開されてきたのでしょうか。その契機となったのは，2000年の「リスボン戦略」です。ここで新たなヨーロッパ社会の構築モデルが打ち出され，そのなかで目標として掲げられたのが「ヨーロッパを世界で最も競争的かつダイナミックな知識基盤型経済とする。そのために福祉国家は人に投資し，能動的で活力のある福祉国家を発展させなければならない」というものです。

　さらに発展して2010年に発表されたのが「ヨーロッパ2020年」です。これはその名のとおり10年間でどこをめざすかを示すもので，「知的で持続可能で包摂的な成長へのヨーロッパ戦略」とうたわれています。重要なのは「包摂的な」という言葉が入ったことだと思います。つまり経済的な問題だけではなく「社会的排除」の問題も含まれていると理解できます。具体的には，「少なくとも2000万人の貧困，社会的排除リスクからの脱却」が目標に掲げられました。2013年には「成長と社会結束のための社会的戦略」が出され，ここで使われた言葉として「prepare rather than repair」つまり，修繕よりも予防という表現で社会的投資が前面に出されています。

　さらに2016年には「所得保障システム」についても触れられています。社会的投資戦略は継続していますが，適切な所得保障システムや求職する人のスキル形成と適切なマッチング支援が目標として出されました。このように，2000年代以降，EU が一貫して経済政策，社会政策の中心に「社会的投資論」を置いてきたことがわかると思います。最初の「リスボン戦略」は，経済成長，雇用の側面が強かったと思いますが，その後16年の間に貧困や社会的排除の削減の目標が出され，所得保障の重要性が強調される流れも出てきていることも，見逃せない点です。

　ここまでの話をまとめると，社会的投資は新しい社会的リスクへの対応から出てきた，特に福祉国家の持続可能性と経済成長を両立するための論理をもって生まれてきました。その論理では，所得保障と人的資本への投資が相互補完

的に捉えられていることが重要だと思います。さらに，それを通じて「ライフコースにわたる好循環」をめざしている。以上が，社会的投資論の理論的な整理となります。最後にもう1つ重要な点は，「貧困」という経済的な側面だけではなく「社会的包摂」にも触れていることです。そこには個人のエンパワーメントも含まれ，「雇用機会を促進することが唯一の貧困対策だとは考えていない」というのが，ヨーロッパの社会的投資論の特徴だといえます。

2　社会的投資国家への変容？

■1 ヨーロッパにおける福祉国家の変化

　次に，本報告の2点目の目的である，現実には社会的投資国家にどのように変容してきているのかという点について話します。ここでは1つの論文を引用して，実際にヨーロッパの福祉国家がどう変化してきたかを見ていきたいと思います。以下は，公的支出の配分を「社会的保護」（Social Protection, 以下SP）と「社会的投資」（Social Investment, 以下SI）に分けて計算したものです。便宜的に，「現金給付」を社会的保護（SP），「現物給付」を社会的投資（SI）としてみています。医療の支出については除外されています。その理由は，SPなのかSIなのか位置づけが難しいということがあります。

　測り方の指標として「BWE：Budgetary Welfare Effort」が用いられていますが，これは福祉予算配分の指標です。現物，現金給付の各プログラムに対する公的支出を対象人口で割って算出しており，支出に関してはPPPs（購買力標準）を使っています。BWEで何がわかるかというと，「その福祉プログラムの潜在的対象者1人に対して各国が平均いくら出しているか」という指標です。

　図4-3はEUの国々の2000～08年，つまり「経済危機前の平均支出」です。矢印の移行先が2009～14年の「危機後」を示しています。ここからわかるのは，SIについては進んでいる国と進んでいない国がかなり離れているということです。デンマーク，スウェーデンは2000～08年でかなり進んでいます。オランダもSIが進んでいて，さらにSPも高い。オーストリアはSIよりもSPが高い。どちらも進んでいない国は南欧の一部，キプロス，マルタ，ギリシャと東欧諸国のほとんどです。つまり，ヨーロッパの中でも「社会的投資」と

第4章　ライフチャンスと社会的投資論　│　85

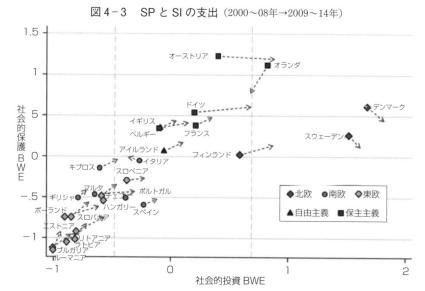

図4-3 SPとSIの支出(2000〜08年→2009〜14年)

出典:Ronchi [2018:469]

「所得保障」のあり方には差があるということです。

次に,「経済危機前後の変化」を見ます(図4-4)。2009〜14年の平均,2000〜08年の平均の差です。これを見ると,ほとんどの国が SI・SP ともに増加しています。社会的投資国家が進みましたが,所得保障である社会的保護の方も進んでいるということです。これは,先述したエスピン=アンデルセンによる理念どおりの発展が,経済危機前が主ですが,危機後も全体としてみると,あったと言えます。

では「経済危機後だけに絞って見た変化」はどうでしょうか。2014年と2009年の差です(図4-5)。経済危機後を見ると全体的に,所得保障への支出が低下していることがわかります。デンマークは増加していますが,それ以外の国では SP は減少している。その他の国は,2つのカテゴリーに分かれます。1つは「社会的投資は拡大したが,所得保障は縮小している」,つまり SI と SP がトレード・オフの関係になっているのが,このグループです。もう1つのグループは「社会的投資と所得保障がともに縮小している」,つまり社会的投資が減っただけでなく,全体的な福祉支出が削減しています。

図4-4　経済危機前・後を通した変化（2009～14年，2000～08年の差）

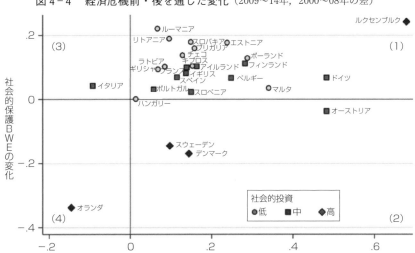

出典：Ronchi［2018：471］

図4-5　経済危機後の変化（2014年，2009年の差）

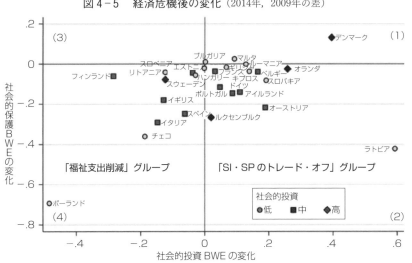

出典：Ronchi［2018：471］

第4章　ライフチャンスと社会的投資論　｜　87

② 新自由主義との親和性

　イギリスを見てみましょう。イギリスは，SI と SP の両方が減った「福祉支出削減」グループに入っています。イギリスでは，1997年に労働党政権が誕生し，そのときから社会的投資を前面に出した政策を実施してきて，2010年には労働党政権が終わり，その後，保守党・自由民主党の連立政権になりました。2015年以降は保守党の単独政権となっています。

　労働党政権が公的支出を子どもや教育に支出することで，2000年代終わりには財政赤字が増加したことを背景に，保守党・自由民主党の連立政権の最重要施策として財政赤字の削減が掲げられ，その影響を受けて福祉関連の支出がカットされる動きがありました。「現金給付」は給付額が減額されたり，受給資格が厳しくなったりという動きがあり，またひとり親家庭への手当ても子どもが5歳になると求職活動が義務づけられるなどの要件がつけられました。具体的には地域のハローワークでの面談が義務づけられ，不履行の場合には給付をカットする制裁措置などが含まれます。

　このような現金給付の厳格化がなされる一方で，現物給付の方も選別主義への回帰がみられます。労働党政権の時は，すべての子ども，家庭を対象とした育児支援サービスの整備が重要政策として掲げられ，一定程度の整備がなされましたが，それも2010年以降は選別主義に逆戻りしています。公的支援の対象となるのは，「トラブルド・ファミリーズ」，直訳すると「問題のある家族」ということで，このような言い回し自体が誤解をまねく表現だと思うのですが，そういった家族に福祉の対象を絞りこんで支援を最小限にする形に変わってきています。

　さらに保育，幼児教育のサービスに関して，公的支出はもともとそれほど大きくなかったのですが，市場にその役割を委ねる「市場化」の動きも，2010年以降さらに強まっています。このような流れを背景に，イギリスでは公的支出が「現金給付」「現物給付」ともに削減されてきたのが，ここ10年の傾向です。これを見ると，やはり今まで述べてきた EU の社会的投資論ではもはやないのではないかという印象を抱きます。

　同じ「社会的投資」を看板として掲げていたとしても，より新自由主義的アプローチに近づいている。それは選別主義を増やしていき，公的責任が最小に

なる，また「トラブルド・ファミリー」といった言い方を通じて自己責任や家族の責任がさらに強調され，それに対して介入していく「新自由主義的アプローチ」にだんだんと親和的になってきているのではないかと感じています。このようなイギリスの事例から言えるのは，社会的投資戦略にとって，財政や政治という側面が，背景として重要なのではないかということです。

　ここまでをまとめると，3点になります。1つ目は，社会的投資の実施の水準，開始の時期はヨーロッパ諸国の中でも異なっているということ。2つ目は，「所得保障から社会的投資への変容／転換」と言われたりすることもありますが，現実は必ずしもそうではない。それはどういうことかというと，社会的投資への支出が増大することで所得保障が縮小すると捉えられていることがありますが，少なくともEU諸国では，必ずしもそうはなっていないということです。特に経済危機以前，ないし2000～14年全体で見たときは両方とも増加しながら，社会的投資型福祉国家が発展していった経過がありますので，これを見ると，エスピン＝アンデルセンが述べていた理念的な面が，ある程度，実現されたといえます。

　3つ目は，これも重要なことですが，経済危機，緊縮財政下においては所得保障と社会的投資の間の財政がトレード・オフ関係になる可能性があるということです。そうなるとギデンズが述べていた「社会的投資が所得保障を代替する」方向もありえます。あるいは，先に紹介したイギリスの例のように両方が減っていく，「福祉削減」になっていくこともあります。看板として社会的投資を掲げるかどうかとは別に，実質的には「新自由主義との親和性が高まる」ことも起こりえるということです。

3　社会的投資とライフチャンス保障

■ ライフチャンスの捉え方

　以上のように社会的投資論の理論と現実を見てきて，ここからは「ライフチャンス」とあわせて考えていきたいと思います。「ライフチャンス」という概念を先鋭的に論じたドイツの社会学者，ラルフ・ダーレンドルフは，ライフチャンスを「オプションとリガーチャーの関数」から生ずるもので，社会が個

人に付与している行動の機会であると定義しています [Dahrendorf 1979]。簡単に言えば，オプションとは，社会において私たちがもっている「選択可能性」，「行為の選択肢」を指します。他方，リガーチャーとは，帰属を意味する言葉で，「結びつき」や「つながり」と捉えられます。具体的には，家族，身分，種族，教会といったものがこれに当たります。

また「関数」の意味するのは，「オプションを欠いたリガーチャーは抑圧的であり，リガーチャーを欠いたオプションは無意味」であるということです。したがって，結びつきの減少は「あるところまでは」選択の増大を伴うものであっても，「その点を越すと」選択に意味がなくなりはじめます。前近代社会では，カーストや奴隷制をはじめとする「逃れられない身分」，つまり「その人がどこに属しているか」が「人が何をなしうるか」を規定していました。そうした前近代的な「結びつき」が破壊されることによって選択の可能性は拡大されてきました。しかし，そうした「結びつき」が完全になくなってしまった「社会的砂漠」状態では，自由な選択も意味をなしません。

ダーレンドルフの定義に従えば，私たち一人ひとりが，「選択」と「結びつき・つながり」の両方を（最適なバランスで）得られる状態を「ライフチャンスが保障されている」状態として捉えることができると思います。また，ダーレンドルフは，「選択」と「結びつき・つながり」は必ずしもゼロ・サムの関係にあるのではなく，両者を増大させることによっても，ライフチャンスを増大させることが可能だと述べています。

以上を踏まえて，社会的投資論，社会的投資国家がどのようなライフチャンスを想定してきたかというと，これまで述べてきたとおり，親の貧困や社会的不利を子どもが引き継がないこと，急速に変化する経済や労働市場に適応できる能力を高めるための教育，職業訓練機会の平等，またそのような状況に陥ったとき，つまりリスク遭遇時の所得保障などです。

実はイギリスの保守党政権も「ライフチャンス」という表現を頻繁に使っていて，政策文書にも出てきます。当然ですが，こうした流れのなかで「これでは不十分ではないか」という批判が出てきます。例えば，「参加する場は経済活動のみなのか」という批判です。また，「トラブルド・ファミリーズ」という表現にみられるように「能力が発揮されないことに対して本人の責任だとい

う自己責任に矮小化される」という批判です。そういったことが問題として捉えられ，それには介入しないといけないとなった場合，堅田先生（第2章）や桜井先生（第3章）が本セミナーの報告でおっしゃっていたように，個人の日常生活を監視したり，指導したりという側面が強まってくる懸念もあります。

② 社会的投資論の（潜在的）弱み

そういった批判も含めて社会的投資論は「潜在的な弱み，脆弱性」がある理論だと私自身は考えています。1つは，社会的投資論のなかでは「社会参加」「包摂」にも触れられますが，やはり労働市場がメインになっていて，それに向けた一人ひとりの能力を開発していくことが中心となってしまう傾向にあることです。では現実に「働くことが難しい人はどうするか。教育とか訓練を受けたが，働けない人はどうなるか」という問題が出てきます。それに関しては，「労働市場への参加に限定されない社会的包摂」という目標が必要になってくるわけです。

もう1つの弱みとして「構造的な不平等」が挙げられます。つまり，就労するための支援，教育を受ける機会が社会的投資でめざされますが，「就労すればそれでいいのか，学校にいけばいいのか」という問題です。就労については，労働市場そのものが不平等なシステムである場合があり，特に日本では正規雇用と非正規雇用の二重構造になっています。賃金の男女格差もヨーロッパに比べると格段に大きく，「過労死」という言葉が世界標準語になるほど，労働市場そのものが過酷だということもあります。

さらに学校システムに関しても，公立の学校教育だけで能力が十分に発揮できる教育を受けられるのか。今だったら塾とか予備校に行くことが普通になっていますし，それ以外でも，いじめや体罰の問題などもいまだに根強い。小学校の先生がしんどくなってしまい，精神疾患による休職中の先生が多いというようなニュースなども聞きます。そうした現状を考慮すると，受け皿である学校や労働市場のシステムそのものに問題がある場合，いくらここに戻るように支援しても意味がないのではないか，という懸念は拭えません。こうした面は就労自立支援サービスの現場でも，日々直面することだと思います。

では社会的投資論が，こういう問題に触れないのはなぜなのか。それは，社

会的投資論のウリ，特徴は「予防的，未来的」という，世代間の長いスパンで投資するところにあります。反対に今の「社会的包摂」とか構造的なシステムの問題，つまり「いま・ここ」の問題は，社会的投資論では後退してしまうのではないかと考えました。

　ただし「ライフチャンス保障」を考えるとき，ライフチャンスにはこういう視点も含まれるべきだと思います。反対にいえば，こういう面に働きかけなければ本当の意味でライフチャンスは保障されないのではないかと思います。しかしだからといって，社会的投資国家がやっぱりだめだ，機能しないと決めつけてしまうのは早計のようにも思われます。逆に考えてみると，従来型の経済的生活保障，所得再分配の政策がこうした点に働きかけられるのかというと，それもまたむずかしいと思うわけです。したがって，社会的投資論には弱みもあると思いますが，最低生活保障をベースに，さらに「人に投資する」という基本的な理論として捉えたとき，従来型よりは社会的投資アプローチに分があるのではないかと考えています。

❸ キャパシティとケイパビリティ

　そのような思考から，どうしたら社会的投資論が，よりよいものになるかを考えてみたいと思います。「ライフチャンス」を本当の意味で保障する社会的投資論のあり方はないのか，という考えを試論的にやってみました。そこで注目すべきは，「人的資本」として投資する「能力」とは何を意味するのかという点です。

　社会的投資論では主に「キャパシティ」という言い方をします。人のキャパシティに投資をする。主に認知能力，言語，算数とか，仕事を得るための専門的スキルなど，労働市場に入って生産的な活動を行うための能力という捉え方が一般的です。そうではなく，キャパシティも必要だけれども，「ケイパビリティ」を向上する視点が必要ではないかと私は考えています。「ケイパビリティ」とは何かというと，アマルティア・センが経済発展と個人の福祉を考えていくなかで主張していることですが，福祉の向上は経済的な指標だけでは測れないという考えに基づきます。

　センは，「人的資本に関する研究では，人間の生産可能性を増大させること

92　　第Ⅰ部　就労自立支援をどう捉えるか

が関心の中心となる傾向にある。一方，人間のケイパビリティに着目する視点は，人々が自ら価値があると評価するに値するライフ（自分はこれを価値があると考えるライフ）を自律的に選択し，真の選択肢を拡大する能力を関心の中心とする」[Sen 1992] と言っています。センも「キャパシティではなく，ケイパビリティ」と言っているわけではなく，「キャパシティも大事だ。だけどケイパビリティも大事で，この2つは福祉の違う側面を測る」と言っています。

　それが示唆することが私は大事だと思っていまして，1つは「経済的な側面など，単一的な価値基準のみで本人の福祉を測定することはよくないのではないか」ということです。労働市場参加はライフのなかでは重要な側面ですが，センにしてみれば，あくまで1つの側面でしかない。「その人個人にとってどういうライフが福祉向上につながるのか，その人は今，どういうことができる状態にあって，どういうことができないのか。どういうことができるようになりたいのか」など，その人個人のライフがどういうものかを捉えていく必要があると思います。その点は，新自由主義的な自己責任論に陥らないためにも重要な視点だと考えています。

　それを踏まえて，「ケイパビリティ」視点を含む社会的投資論はどのようなものになりうるでしょうか。このように考えると，先に脆弱性として指摘した2点にも一定の広がりが生まれてくるのではないかと思っています。1つは「労働市場への参加に限定されない社会的包摂の広がり」と，もう1つは「構造的な問題への視点」です。個人のケイパビリティに着目するとしても，どういうシステム，どういう環境が個人のケイパビリティを阻害しているのか，という側面も視野に入ってくるわけです。そのような形で社会的投資論を少し広く見ることで，「未来的，予防的」なところにとどまらず，「いま・ここ」の福祉向上にも働きかける余地はあるのではないかと思っています。

　「就労に限定されない社会的包摂，構造的不平等への視点の弱さ」が指摘されたのですが，それに対して，ケイパビリティの視点を用いることで当事者の尊厳，主権，自立的選択がより強調できるのではないかと考えます。したがって，社会的投資論の機能として示した「フロー」「ストック」「バッファ」の3つに「ケイパビリティ」が入り，この4つに関する項目で投資が行われていく形になれば，よりよい「ライフチャンスの保障」につながっていくのではな

いでしょうか。これに関しては，本報告の3点目の目的である，マクロとミクロの接点，ソーシャルワークのあり方にも示唆する部分だと思いますので，最後にそれに触れたいと思います。

4　ソーシャルワークの位置づけ：マクロとミクロの接点

　ここで考えたいのは「就労自立支援サービスは社会的投資なのか，あるいは事後的なサービスなのか」という点です。おそらく現場では事後的な対応の側面が強いのではないかと感じます。例えば，生活困窮者自立支援は「予防」の目的もあると言われますが，実際に支援の対象となる人たちは，すでに何らかの困難を抱えていて，それに対する「事後的サービス」の意味合いも濃いのではないかということです。そのため一見，予防を主とする社会的投資論とは相容れないようにも思うのですが，実はそうでもないというのが私の意見です。特に，「ケイパビリティの視点をもった社会的投資論」として見ると，ソーシャルワークの役割が重要な意味をもってくると考えています。さらに「社会的投資アプローチ」が，今あるソーシャルワークの役割や質の向上にも一役買える，有用性があるのではないかと思います。

　では，ケイパビリティ視点のソーシャルワークには，どのようなことが求められるでしょうか。ここでは「相談援助サービス」「ソーシャルアクション」「アウトリーチ」の3つを挙げたいと思います。まず相談援助サービスに関しては，現代の貧困，社会的排除ということで失業，貧困だけが原因ではない複合的なニーズがあります。障害，家族関係，依存症の問題などニーズが多様化していて複合的な形になっているなかで，それをアセスメントするのがソーシャルワークの重要な役割であり，専門的なスキルが必要となります。そこでは，その人にとってよいライフは何か，その人だけの支援をつくる，その人の到達目標を立て，さらに継続して伴走していく必要があります。

　「当事者主権」では「本人の主観的な価値観，自己決定」も大事になってきます。本セミナーの以前の報告では「監視，介入していく側面が強くなるのではないか」という懸念も出ていましたが，これに関して私の考えは，支援する側に立つ人が，本人に関わっていくなかで本人が直面している生きにくさ，し

んどさの原因がどこにあるかを知らないと働きかけはできないわけで，それを監視，介入と捉えるか，あるいはそれを知っていくことで本人のケイパビリティを向上させるようにもっていく，さらにソーシャルアクションで，社会に存在するしんどさの原因を取り除くという方向にもっていけるか，といった捉え方の違いになるのかなと思います。私自身は，「なぜそうなっているかを知らない限りは働きかけができない」と考えています。

次に，「ソーシャルアクション」です。構造に働きかけるといっても経済，教育のシステムをソーシャルワーカーが変えることは簡単ではありません。何ができるかを考えたとき，「サービスの評価枠組みを構築する」ことが大事な役割ではないかと思います。特に「ケイパビリティ」の視点を備えて社会的投資論を考えた場合，社会的リターンが何になるかが重要になります。それを明示すること，例えば評価枠組みの中に当事者主権や主観的な福祉に関する項目を入れるとか，そのような評価枠組みの構築を通じて，ソーシャルアクションの形態にもなりうるのではないか，つまり構造に働きかける一形態にもなりうる可能性があると思っています。

1つの具体的な方法は，「インクルーシブリサーチ」です。個人的な話になりますが，知的障害のある方と研究者が一緒に研究をするという形態があって，それに関わらせていただく機会がありました。知的障害のある方はこれまで研究の対象になることは多かったのですが，インクルーシブリサーチでは研究者としてイニシアティブをとって研究を先導していきます。自分たちにとって重要な問題を研究して自分たちの言葉で報告書を出す，世に発表するのが重要な視点になっていて，それを研究者と一緒にやっていくというものです。インクルーシブリサーチに参加させてもらって，それが構造への働きかけの1つになるし，評価枠組みを考える上でも大事なプロセスだと感じています。

最後に，「アウトリーチ」です。これはつまり，ライフチャンス保障のアクセスを広げること，こぼれ落ちを防ぐことです。以上のような3点は目新しいことではなく，ソーシャルワークの根幹の部分であって，すでに実際に実践されていることもあると思いますが，「社会的投資論」という視点からも，改めて強調できるのではないかと考えます。

さらに，ソーシャルワーク発展への社会的投資論の有用性です。ソーシャル

ワークとか，ソーシャルワーカーはこれだけの役割をもっている，有用な人的資源，人材だということを強調していき，質を上げていくことが鍵になってきます。そのためには，ソーシャルワーカーの専門性を上げていくための投資をしないといけない，そういう「社会的投資」という考え方もできるのではないでしょうか。そのような側面も，ソーシャルワークにとっては今後重要になってくるように思います。

おわりに

　ここまで見てきたとおり，「社会的投資論」は，即効性があるものでも，万能薬でもないということが私の1つの結論です。というのも，ライフコースの視点，世代間で考えることを目的にしているので，長期的で継続的な投資や評価が必要になってきます。

　また，社会的投資論における理論と現実が潜在的に乖離する可能性もあるということです。そこは「経済的生活保障か，就労自立支援サービスか」というセミナーのテーマでもありますが，その袋小路を乗り越える理論であるはずなのが，特定の政治や経済状況のもとでは新自由主義との親和性を高めたり，揺らぎや幅がある理論であると思います。

　さらに，「ライフチャンス保障」ということで考えると，「ケイパビリティ」という視点が必要ではないかということです。またそれがマクロとミクロの接点になるのではないかと考えました。社会的投資論を見ていくなかで「マクロ」としては持続可能な福祉国家，経済成長を両立させることが目標だったのですが，それにミクロの接点を加えると「ケイパビリティ向上」という視点から社会的投資アプローチをとっていくなかで，「ソーシャルワークに何ができるか」というところにつながってくるのかなと，そのような結論に，今のところ至っています。

　1）　インクルーシブリサーチ公開研究会 Jan Walmsley 氏による講演，2018年9月1日，同志社大学（同志社大学社会福祉教育・研究支援センター）。

【引用・参考文献】

濵田江里子（2018）「子どもの貧困対策にみるイギリスの社会的投資戦略の変遷」『社会への投資―〈個人〉を支える〈つながり〉を築く』岩波書店。

濵田江里子・金成垣（2018）「社会的投資戦略の総合評価」『社会への投資―〈個人〉を支える〈つながり〉を築く』岩波書店。

原伸子（2018）「福祉国家の変容とケアの市場化」『社会政策』9巻3号，44-61頁。

Esping-Andersen, Gosta (ed.) (2002) *Why We Need a New Welfare State*, Oxford University Press.

European Commission (2013) Towards Social Investment for Growth and Cohesion ― including implementing the European Social Fund 2014-2020, COM.

── (2015) Social Protection Systems in the EU: Financing Arrangements and the Effectiveness and Efficiency of Resource Allocation, Report of the Social Protection Committee and the European Commission, Luxembourg: Publications Office of the European Union.

Dahrendorf, Ralf (1979) *Life chances: Approaches to Social and Political Theory*, University of Chicago Press.（吉田博司翻訳（1982）『ライフ・チャンス―「新しい自由主義」の政治社会学』）

De Munck, Jean and Grégoire Lits (2017) 'From Human Capital to Human Capabilities. A broader normative foundation for the social investment perspective in Europe', A broader normative foundation for the social investment perspective in Europe. H2020 Re-Invest Deliverable Series ; 4. 1.

Giddens, Anthony (1998) *The Third Way: The Renewal of Social Democracy*, Polity Press.

Hemerijck, Anton (2015) The Quiet Paradigm Revolution of Social Investment, *Social Politics*, 22 (2), pp.242-256.

── (2018) Social investment as a policy paradigm, *Journal of European Public Policy*, 25 (6), pp.810-827.

Jenson, Jane (2009) Lost in Translation: The Social Investment Perspective and Gender Equality, *Social Politics*, 16 (4), pp. 446-483.

Ronchi, Stefano (2018) Which Roads (if any) to Social Investment? The Recalibration of EU Welfare States at the Crisis Crossroads (2000-2014), *Journal of Social Policy*, 47 (3), pp.459-478.

Sen, Amartya (1992) *Development as Freedom*, Oxford University Press.

第Ⅰ部　就労自立支援をどう捉えるか／第5章

貧困のなかの障害者／障害者のなかの貧困
■社会構造の壁と就労支援の意味

山村りつ（日本大学法学部准教授）

はじめに

　私は法学部の公共政策学科で福祉政策を教えていますが，研究では特に「障害者政策」をテーマとしています。今回は「貧困のなかの障害者／障害者のなかの貧困―社会構造の壁と就労支援の意味」というタイトルですが，セミナー全体のテーマである「就労支援」「自立支援」に対する問いかけに関してもこのなかで説明していきたいと思います。

　最初に私が今回のようなテーマに向き合うモチベーションをお話ししますと，いろいろな貧困研究，社会保障，所得保障の議論をするときに「障害者」という対象自体が出てくることが少ない。この発表に向けて，働くこと，所得保障などの本を読むと，そこから排除される人たちの例として，女性，若者，高齢者は出てきますが，「障害者」という言葉を挙げる本は1つも見当たりません。そのくらい障害者は貧困に関する議論から一番遠いところにいると感じます。それは，大学院に入って障害者政策の研究をしているなかでも実感としてありましたが，今回も改めてそういう存在だなと感じました。

　一方で私自身，現場にもいましたので「障害者の生活」と「貧困」が密接な関係にあることは体験として確信がありましたが，就労支援制度の研究をするなかで所得保障，貧困研究など「貧困」に関することと就労支援が，研究において今まであまり直接的に関わらずにきたと思います。ただ今回，別の機会で「半福祉・半就労」というテーマを考えるなかで，就労支援における自立と現金給付の関係が，障害者の生活をベースにしたとき，複雑かつさまざまな課題を生むものだということを実感しました。そういったことから，一度「障害者

98

の貧困」「障害者の所得保障」という課題に向き合ってみたいと思いました。

　今回は「貧困」「所得保障」に注目しつつ，「就労支援」や「自立支援」に対する問いかけについても考えてみたいと思います。私の結論を先にいいますと，障害者の場合には「権利保障としての就労支援」を考えないといけないのではないかということが，今回の発表を通じて考えたことの1つです。

1　障害者の貧困の把握

■1 課　題

　障害者の経済的な貧困は非常に見えづらいものです。これは研究のなかでの実感でもありますが，適当なデータや調査研究において検証されたものがあまりない。なぜかというと，そもそも全国的な調査が多くない。国が行うような包括的な全国レベルでの調査がほとんど行われていません。特に，「障害者に関する調査」として行われるものがほとんどない。所得に関する調査となると家計調査などですが，最近は家計調査よりも「障害者差別禁止法」との関係で「どういう差別体験があったか」という調査が多くなっています。

　2つ目の理由として，誰を障害者とするかについての課題があります。「障害者」の定義の1つには障害者手帳の所持がありますが，果たして手帳の所持が本当にそのまま障害者を指しているのか。例えば，法律で「障害者」として定義される人たちと手帳を持っている人たち，障害者サービスを受けている人たちとは微妙にズレがあって，必ずしも一致していない。つまり「誰を障害者として捉えるか」についてのコンセンサスを得ることが難しいため，誰の貧困を把握するのかも難しいということがあります。

　3つ目は，障害者の経済的な状況を把握すること自体が難しい。医療サービスをどれくらい受けているか，介護サービスをどれくらい受けているかは障害者の場合，比較的捉えやすいのですが，所得や経済状況となるとそうはいかない。障害者の場合，例えば働いてはいないけど年金や給付がある場合もあるし，施設などで工賃を得ている場合もある。でもいわゆる被用者ではないからどこで把握するかが難しい。さらに，障害者「個人」の所得なのか，障害者のいる「世帯」の家計なのかという難しさもあるし，仮に収入が把握できたとし

第5章　貧困のなかの障害者／障害者のなかの貧困　|　99

ても，障害をもっていることで発生する経済的コストがかかる。貧困という点から考えれば，それをどう評価するかも最終的には課題になってきます。

このように，障害者の貧困の状況を把握するためには多くの課題があって，それは簡単ではないということができます。

❷ 先行研究にみる障害者の貧困

いくつかの先行研究で「障害者の貧困」を実証しようとした例があります。その1つとして，「貧困率」を出すことがわかりやすいかと思います。ただ実は，日本の障害者の貧困率はOECD統計ですら出ていない状態です。そこで山田ほか［2015］では障害者の「貧困率」を算出しようと試みています。そのときに使ったのは「国民生活基礎調査」です。これは全国レベルの調査ですが，特に障害者にフォーカスしていませんし除外もしていない。ただ，世帯の中で「介護を必要とする障害者がいるか」を聞いています。

この調査を用いて，山田らは「介護を必要とする障害者がいる世帯」と「介護を必要としない障害者がいる世帯」に分けて「貧困率」を算出しています。表5-1はその結果を示したもので，「等価可処分所得」に基づく貧困率が，障害者のいる世帯が障害者のいない世帯の約2倍になっています。この数自体も問題ですが，OECDの労働人口全体に対するグラフ（図5-1）を見ると，障害者のいる世帯の貧困率と障害者のいない世帯の貧困率との比率が2.0を超える国というのは貧困率の上位3つの国に限られている。ここから，貧困率が2倍違うというのが世界的に見ても大きな差であることがわかってきます。ただ山田ほか［2015］の共同研究者である百瀬［2015］は「そもそも障害者というものをこの調査研究では把握できていない」としています。それは，そもそも「介護が必要な障害者」という限定があり，日常的に介護を必要としない人や手帳を持っているだけの人は外されてしまうこと。もう1つには「世帯の所得」と「障害者の所得」を分けることも，この調査ではできていないので，仮に障害者がいても世帯の所得が高い場合は障害者自身，どういう所得の状態にあるかはわからないということです［百瀬 2015］。

2つ目の例として「きょうされん」の調査をあげたいと思います。「きょうされん」とは共同作業所全国連絡会という団体の略称です。いわゆる共同作業

100　第Ⅰ部　就労自立支援をどう捉えるか

表5-1　要介助障害者の有無別の貧困率

	本人所得に基づく貧困率（%）		本人可処分所得に基づく貧困率（%）		等価可処分所得に基づく貧困率（%）	
	要介助障害者以外	要介助障害者	要介助障害者以外	要介助障害者	要介助障害者以外	要介助障害者
20〜39歳	46.6	89.2	47.3	78.5	13.8	28.8
40〜49歳	39.8	81.5	40.0	56.4	13.4	26.7
50〜64歳	52.6	81.6	43.5	59.2	14.6	27.5

出典：山田ほか［2015］および百瀬［2015］より一部修正

図5-1　労働人口全体に対する障害者の相対的貧困率の動向

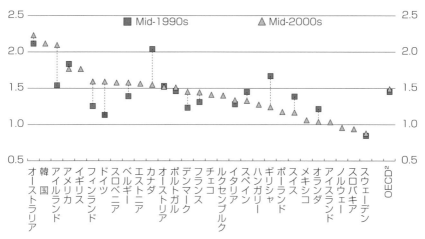

median adjusted disposable income.
included in the OECD average.
Source:OECE(2010), Sickness, Disability and Work: Breaking the Barriers: A synthesis of Findings across OECD Countries.

出典：OECD Economic Surveys; Germany 2016

所，授産施設の全国連絡会で，施設種別体系が変わった後は就労支援事業所などがその中心となっていて，そこが2015〜16年に行った全国調査です［きょうされん 2016］。これは，きょうされんに所属している施設の利用者を中心に，施設を通じて回答を集めたもので，障害者の貧困率が80%を超えているという結果を示しています。さらに「福祉的就労に従事する」が7割を超え，「生活

保護受給率」も11.4％高く，国民一般の生活保護受給率の1.7％と比べるとかなり高い値であることを示しています。またこの調査が評価できるのは，施設を通じて利用者に直接聞いているということで，障害者個人の収入がわかるという点です。年金や生活保護を中心に，個人の所得が低いなかで生活していることや，それを「親との同居率」が高いことと関連づけ，「所得が低いから同居せざるをえない。同居しているから所得が低くなる」と説明しています。

　一方で，こちらの調査にも課題があります。きょうされんに加入する施設の利用者ということで作業所に通う知的障害者が回答の7割近くを占めています。しかしながら厚生労働省が発表する障害者数によれば，知的障害者の数は他の障害に比べて10分の1となっていて，この高い知的障害者の割合によって調査結果に偏りが出ることが考えられます。

　これらの研究でわかるのは，貧困の把握ために障害者の調査をしようとするとき，「どうやって障害者にたどりつくか」というプロセスが限られることです。施設を通じて障害のある方が社会資源につながることでアクセスすることが1つですが，施設利用者に限定される偏りが出てきます。一方で，山田ほか[2015]のベースになった国民生活基礎調査などの全国的なデータをベースにすると，個人レベルの状況までは把握できないということが起きてきます。

2　自治体による調査を活用した貧困の把握

■1 自治体の障害者生活実態調査

　上記のような課題を踏まえて，今回はやや挑戦的で試験的な試みをしてみました。現在，都道府県や市町村では障害者福祉計画などの計画の策定義務が課されています。障害者計画は障害者基本法で，障害福祉計画は障害者総合支援法という法律でそれぞれ義務化されていて，いくつかの計画をまとめて総合計画とする例もありますが，いずれにしても何らかの計画策定が求められます。そしてその計画を立てるために今，障害者がどんな状況であるかを知る必要があるということで，それらの計画の策定に先だって自治体による生活把握のための調査が行われています。計画策定が義務ですから，調査もおおむねすべての自治体が実施していて，今回は東京23区の各区が行なった実態調査から障害

者の貧困を計測するという試みに挑戦してみました。

　ここでまず，なぜこの実態調査が適していると考えたかですが，その１つは単位が市区町村であるということです。各自治体がそこで登録されている手帳保有者，障害者サービスの利用者を対象としており，障害者サービスも自治体が管理しているため，地理的な重複はほとんど起きません。また，市区町村レベルになると範囲も狭まるので，手帳保持者とサービス利用者で重複が起きた際には調整ができ，理論上，サンプルの重複が起きにくいと考えられます。障害者の場合，重複障害もありますし，手帳がなくてもサービスを利用している人や，データをとる場所によって同じ人に２回聞いたり，聞かなかったりということが起きやすいのですが，市区町村が実施する調査ではサンプルが現実に即したものになるのではないかと考えられます。そのような調査データが各自治体で得られれば，全体として穴のないデータが得られるのではないか。そういった観点から，今回，自治体の実態調査をベースに「障害者の貧困とはどういうものか」を考えてみようと思いました。

　実際にはデータを入手できたのは23区中20区でした。それぞれの区で上記のような方法を基本として実態調査を行っていましたが，いくつか課題もあり，例えば質問の項目だけでなく回答方法もばらばらなので，そういった変数の調整の必要がありました。実施時期は障害者福祉計画を立てる時期にあわせておおむね2014〜16年まで幅があり，調査の翌年に結果を発表して計画に反映されるといった流れは共通でした。

２ 結果の概要

　その結果ですが，まず全部で約２万5000人分の回答が得られました。調査対象自体はもう少し多くなりますが，質問項目を就労に限るものに限定したり，障害種別の整理などの結果，こうなりました。また，すべての区で全数調査をしたわけではなく，特に数の多い身体障害者は多くは抽出調査となっていて，郵送法で行った結果，回収率にも幅がありました。

　障害種別は，細かく設定している区もありましたが，共通しているものとして身体障害・知的障害・精神障害・その他（発達障害や難病，内部障害を含む）の４つに整理しなおしました。その結果，身体障害者の回答数が多くなり，知

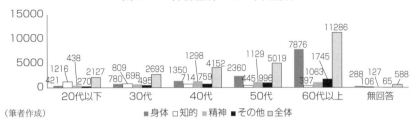

図5-2　障害種別ごとの年代構成

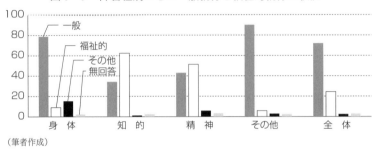

図5-3　障害種別ごとの一般就労と福祉的就労の状況

的障害者は絶対数は少ないが回収率は高い，精神障害者は回収率が最も低いということがわかりました。これは身体障害者はそもそも絶対数が多く，知的障害者は親が回答している例が多いなど，障害種別による生活の違いが出ていると考えられました。

　次に，就労や所得保障を考える際には年齢も重要なので，年齢構成を見ておきます（図5-2）。身体障害で最も多いのが60代以上です。それに対して知的障害は20代以下，というか実は18歳以下がもっと多くなります。そして精神障害者は40代，50代が多くなります。全体としては60代が多くなりますが，これは身体障害者が全体のほぼ半数を占めているので，その影響を受けることを考える必要があります。

　また図5-3を見ると，身体障害者と「その他」のほとんどが「一般就労」に従事しています。それに対して知的障害者と精神障害者に関しては「福祉的就労」が多く，特に知的障害者に関しては6割以上（20歳以上に限った値）が「福祉的就労」に従事しています。こういう内訳も，これまで数字で出ていな

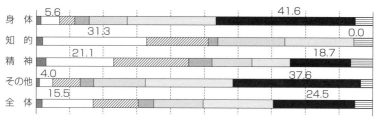

図5-4 障害種別ごとの月額所得の状況

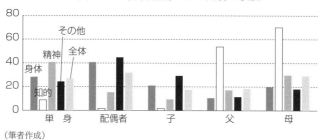

図5-5 障害種別ごとの同居の状況

（筆者作成）

かった部分です。なぜかというと，身体障害者の一般就労は福祉領域の調査では出てこないのに対し，知的障害者の福祉的就労は逆に福祉領域の調査でしか示されないものだからです。

次に所得の水準を図5-4でみてみると，福祉的就労と一般就労に分かれる障害種別によって大きく異なることがわかります。月額所得でおそらく経済的自立の可能性がある程度高くなる20万円を超える人が，知的障害に関しては0になっています。また知的障害者と精神障害者に関しては5割以上が月額5万円未満の所得しかなく，多くが福祉的就労に従事していることがここにも現れてくる。一般就労中心の身体障害者では「20万円以上」が4割で，一般就労か福祉的就労かでこのくらい変わってくることがわかります。図5-4で月額所得が低く出ていた知的障害者の主な収入は「年金」であり，精神障害者は「年金」も少なくはないですが，「生活保護」が突出して多くなっていました。

第5章　貧困のなかの障害者／障害者のなかの貧困　105

このようなデータは障害者関係の所得に関して調べて人にとっては予測がつく範囲ですが，ここでもう１つ，貧困を考える上で重要な「個人の貧困」か「世帯の貧困」かについてみます。図５-５に示すように，「同居」の状況にも障害種別による違いが出ています。

　身体障害者は配偶者がいる方が比較的多く，お子さんがいる方も多い。図５-４の収入から考えても，自分の給与による収入である程度の水準の所得を獲得し，家族と暮らしている様子がみえてきます。一方で知的障害者では，お母さんと暮らしている方が７割になります。収入の中心は「年金」で所得水準も低くなっていますが，親との同居の割合が高いので，低所得が生活水準の低さに必ずしも直結しないことが考えられます。それに対して精神障害者は単身者が多くなっています。また精神障害者に関しては生活保護の受給率も高く，所得水準も高くない。そのため個人の経済状況がそのまま個人の生活水準につながる可能性が高く，現実的に貧困生活と呼べる生活水準になっている可能性が高いのではないかと考えられます。

❸ 調査を振り返って

　「障害者は本当に貧困なのか」という問いが今回の調査の発端でもあって，障害者の生活の中にある貧困を確認したかったのですが，１つは障害種別による差が非常に特徴的であったと思います。ただ，その差はあっても，全体でも７割の月額所得が「20万円未満」で「10万円未満」が約半数という水準は，一般的にみて，身体障害者の場合であっても低い水準にあるといえるのではないかと思います。今回の調査の分析は興味深かったのですが，何よりも，ここまで区ごとの調査項目や変数が異なることが驚きでしたし，その調整が難しいものでした。個票を取り寄せて，もう少し深く分析をしてみたいと思っています。就労や所得状況，同居の状況以外にも多くの質問項目がありますし，「その他」の障害者にいろいろなタイプの障害者が入っていますので，まだまだ分析しがいがあるデータだと思います。

　また，改めて家族との関係が貧困を考える上で非常に重要であると感じました。知的障害者に見られるように所得が高い，低いだけではない貧困状態の見え方があって，何を問われているかによって，その都度，それらのデータをど

う扱うかを考えなければならないと感じました。きょうされんの調査からもわかるように，障害者の貧困について実態を明らかにする際，家族との同居状態を無視してはいけないし，それが貧困の実態を見えづらくしているということも，この分析を通じて感じたところです。

3　障害者の貧困の原因

■1 労働市場からの排除

　障害者の貧困の背景にあるものの1つが労働市場からの排除です。障害者には一般の労働市場に参画して自分で所得を獲得することが難しい状況があります。それはなぜかというと，1つには本人の機能上の課題があります。障害者によって体なり心なり，就労に関する活動を制限することが起きうるわけで，それが要因の1つではあります。ただ，社会的な要因による排除も重大です。例えばバリアフリーといった物理的な環境が整っておらず，障害者が働ける場になっていないことがその1つです。あるいは，障害者をどう労働力に転化するかに関するノウハウが，障害者自身にも雇用する側にもないという状況もあります。この点などは，海外の例では少なくとも日本よりノウハウが蓄積されている様子もありますので，日本でも少なくとも改善の余地があるのではないかと思います。もちろん，障害者に対する偏見や差別，障害者は働けないだろうという思い込み，そもそも障害者が働くということを思いつかないといった消極的な差別も含めた社会認識も重大な社会的要因で，それによって排除がなされていきます。

　もう1つ，社会的要因という点で，制度的な不備・不足もあります。自分から労働市場に入っていけないとき，それを後押ししてくれる制度なり支援があればいいのですが，今の日本の障害者就労支援体制は機能不全を起こしているところがあります。就労支援サービスを利用していた人が一般就労に移行した割合を移行率といいますが，それが2017年で4.3％，100人利用して4人しか一般就労できない程度の非常に低い割合という状況があります。もう1つが二極化の問題です。障害者就労支援サービスのなかでも，一部の事業では移行率が20％を超えている事業もありますが，他方で0の事業もある。それがいわゆる

「福祉的就労」と呼ばれるもので，一般就労ではなく賃金も発生しないが，就労のような活動をする事業に人々が滞留，つまりいつまでも一般就労できずその活動に従事し続けることになっています。

2 一般就労の限界

貧困と自立が今回のセミナーの1つの論点ですが，両者の間にはグレーゾーンがあるというか，貧困にも実際には幅があります。それと同じで，就労も就職したらそれで十分かというとそうではなく，就職もいろいろな形があります。

障害者の場合，例えば賃金が最低賃金ギリギリの額であったり，そもそもフルタイムで働くことが難しかったりといった課題があります。フルタイムでは働けないのでパートタイムやアルバイトになります。よく現場で聞くのは，障害者の就労の一般的な目安は1日4時間，3日までといったものです。計算すると週に12時間，それでは経済的自立は難しいことがわかります。

就職ができれば終わりではないというのは，その継続の問題でもあります。例えば，障害者の雇用数はここ10年以上，伸び続けていますが，一方で就職1年後の定着率が2016年では6割に満たないという現状があります［障害者職業総合センター 2017］。10人中4人は1年たたないうちに離職してしまうのです。就職するだけでなく就労を継続していく難しさ，それに対する支援が十分にできていないところがあります。これには就労支援サービスの機能不全の問題もあります。就職した後に障害者をサポートするシステムが，一部の時限的な制度を除くとほとんどありません。

3 所得保障の課題

ここまで就労支援の話を主にしてきましたが，貧困というテーマを考えれば，そもそも就労で解決しなくてもいいということもできます。つまり，きちんと現金給付があって最低生活費が保障されれば，就労しなくても貧困にはならないかもしれませんが，日本の現状ではその給付も所得保障として十分ではない状況があります。

その問題の1つは給付水準が低い［百瀬 2010］ことです。前節の調査で知的

障害者の主な収入源が「年金」となっていましたが，知識障害者はおおむね成人前に障害認定を受けるので，受け取る年金は基礎年金だけの可能性が高くなります。障害基礎年金の額は障害等級が2級の場合で月額6.5万〜7万円で，受給者の6〜7割は2級とされます。しかし，この額では年間100万円にも及ばず，自立した生活を送るのは難しいことがわかります。

　障害者が受け取る年金や手当のなかには労災による補償や厚生年金もあります。その場合には従前の賃金の100％ではないにしろ，ある程度，金額をもらっている可能性もあります。ただ，それを受けとる人は受傷以前に働いていた方で，ある程度社会的基盤ができている人がその受給者像です。それに対して，それまで働いてこなかった知的障害者や，長い間労働市場から離れていた精神障害者などのそうした基盤をもたない人々が，基礎年金や生活保護だけで生活しなければならず，しかもその保障額も決して十分ではない。そうなると，現在の貧困だけでなく，今後貧困に陥るリスクも一層高くなることが考えられます。

　さらに障害年金については，その対象範囲についての問題もあります。障害年金の認定方法が全国で統一されたことで1000人ほどの人が受給を打ち切られたというニュースがありましたが，それからもわかるように，障害年金の受給の根拠と障害の程度の区分というのは，実は非常に曖昧で取り方ひとつで変わってしまうということです。特に，障害者の経済的ニーズと障害の程度は必ずしも一致しないのですが，今は基本的には障害の程度で経済的ニーズを同定し，それに基づいて給付しています。また，そもそも認定方法に関しては身体障害者の方が比較的重く診断されるという指摘があり，今回の打ち切りの例からも，「どういう認定基準が妥当なのか」という議論がきちんとされていないことがわかります。それが大きな問題です。

　このように，給付による所得保障が十分にできていないにもかかわらず，代替となるべき就労支援は本人の努力や工夫だけではどうにもならないという課題がある。そういった複数の要因が重なって，障害者全体にみられる経済的貧困が起きているといえます。

4 カバーされる貧困

　最後に，障害者の経済的貧困がカバーされてしまうという状況について考えたいと思います。実際には存在する障害者の経済的貧困が，さまざまな要因によって隠されてしまう場合があります。その1つが家族による包摂です。特に知的障害者の例がわかりやすいと思いますが，家族の扶養の中に取り込むことで個人的に見れば経済的貧困は起きているのに表に出なくなるということがあります。単に個人所得と世帯所得の話だけでなく，家族が提供することによって本来はケアに払わないといない費用も家族内で負担されてしまうことになります。

　このような家族による包摂は，見方によってはそういった家族の存在として肯定的に捉えられる側面もあります。しかし，きょうされんの調査で指摘されたように，望んで家族扶養をしているのではなく，本人の経済的自立が叶わない状況でそうせざるをえない場合も少なくありません。さらに，家族による扶養はいつまでも保障されるものではありません。にもかかわらず，問題（個人の経済的貧困）が顕在化しないからといって，その問題がないかのように位置づけることは本来できないはずです。

　同様の負の作用はサービス給付によっても起こりえます。現在，障害者総合支援法のもとで就労支援から日中活動，外出支援など，生活のあらゆる場面で支援が提供されています。家の中のいわゆる ADL はホームヘルプサービスなどを利用し，日中はデイサービスに行き，金銭管理には日常生活自立支援事業を使う。そうやって支援を組み合わせていけば日常生活を送っていくことは可能ですが，それだけでわが国の障害者政策の基盤である障害者基本法に示される社会参加や自立の実現ができるでしょうか。このようなサービスによって成立する生活は，行き過ぎれば障害者の生活からノーマライゼーションに基づく社会性を剥奪するものになる可能性も考えることができます。いわば，経済的貧困に対する社会関係の貧困という側面といえます。そしてそれが進むと，経済的貧困も含めて障害者の生活上にある課題が顕在化しない，言い換えれば障害者に対する「理解がない」状況を生んでしまうことにもなります。

　障害者の生活においては，もちろんさまざまな支援サービスが必要で，それが社会関係を剥奪するものになるかどうかは兼ね合いが難しいところですが，

110　第Ⅰ部　就労自立支援をどう捉えるか

このような経済的貧困と同様に社会関係の貧困についても配慮が必要だと考えます。さらに，この点についてみた場合に，一般就労とそれを実現するための就労支援には大きな意味があります。

4 「外部」に出現する障害者の貧困

ここまで障害者というカテゴリーで分類されたなかにみる貧困，いわゆる「障害者のなかの貧困」に目を向けてきましたが，ここでその外側の部分にみられる貧困状態にある障害者について整理したいと思います。この発表のタイトルの「貧困のなかの障害者」の部分になります。

障害者の貧困を考えるとき，障害者といわれている人たちの貧困だけに目を向ければよいのか。この問いは，冒頭で述べたそもそも障害者とは誰を指すのかという問いにつながります。障害者政策上の対象者として障害者と定義づけられる人々だけが，果たして障害者なのでしょうか？

昨今，障害者福祉やその政策の領域ではないところで障害者の貧困が顕在化してきていると思います。2000年代から低所得や生活の困難を抱えている人たちに対する自立支援制度が進められています。例えば生活保護受給者の自立支援プログラムが2005年から本格化され，「『福祉から雇用へ』推進 5 カ年計画」では高齢者や女性，障害者など，多くの人々の就労と福祉受給からの脱却をめざしてきました。また2003年の「若者自立・挑戦プラン」はニートやひきこもりの若者への問題意識からきたものです。

このように，今までの対策は個別の対象群に対する対策として展開されていましたが，具体的な施策が実施されるなかで，その中に障害者もしくは障害者のような特性をもつ人がみられるようになってきました。本来は障害者を対象としたサービスや制度ではないため，研究発表や事例研究ではそういった人々は困難事例として扱われたりしています［内田 2018］。いずれにしても，障害者以外の領域の生活困窮者のカテゴリーの中に，障害がある人が登場しているということです。そして，その多くはそれまで障害者支援サービスなどに結びついたことがなく，場合によっては生活困窮者への支援のプロセスとして障害認定を受けたり障害者サービスの利用に至ったりしています。

表 5 - 2　被保護世帯における障害者のいる世帯の状況

世帯類型	全世帯類型	高齢者	傷病・障害	母　子	その他
世帯総数	1,609,004	837,407	408,708	94,096	268,793
世帯主のみあり	722,809	335,963	367,753	19,093	0
世帯主―世帯員ともにあり	61,135	16,913	40,955	3,267	0
世帯員のみあり	46,611	9,918	0	4,633	32,060
障害者のいる世帯の合計	830,555	362,794	408,708	26,993	32,060
障害者のいる世帯の割合（%）	51.62	43.32	100.00	28.69	11.93

出典：平成28年度被保護世帯調査（1-16：被保護世帯数，保護歴の有無・保護再開までの期間・世帯類型・障害―傷病の状況別）より筆者作成

　生活困窮に陥る人々のなかにいる障害者について，別の例でみてみましょう。現在，統計上では生活保護の被保護世帯調査では，世帯の類型は 4 類型に分けられています。高齢者世帯，傷病・障害者世帯，母子世帯，その他の 4 つです。この類型をみると，障害者のいる世帯は傷病・障害者だけのようにもみえますが，実際にはそれ以外の世帯類型の中にも障害者がいます。

　表 5 - 2 は，生活保護の被保護世帯調査から各世帯における障害をもつ世帯員のいる割合をみたものです。結論からいうと全世帯累計のうち51%の世帯で世帯主もしくは世帯員が障害をもっています。傷病・障害世帯は全体の約25%ですから，それ以外は他の 3 つの世帯類型で障害者がいる世帯ということになります。

　これを世帯類型別にみてみたいと思います。傷病・障害世帯はもちろん100%です。それに対して，高齢者世帯でもその 4 割に障害のある世帯主もしくは世帯員がいますし，母子世帯でも約 3 割にのぼります。その他世帯の場合には世帯員に障害がある場合のみになりますので割合は減りますが，このような状況を受けて，生活保護受給者の自立支援プログラムの対象にも障害者がみられています。

　また，ニートやひきこもりの支援として設けられた地域若者サポートステーションでも，利用者の精神障害や発達障害が指摘され［有吉 2011；大西ほか 2013］，約 4 割が何らかの障害をもつ若者となっているという調査結果もありますし［労働政策研究・研修機構 2015］，生活困窮者自立支援制度においても

利用者のなかに精神疾患の可能性のある者がいます［滝脇 2016］。そもそも，この制度では厚生労働省が「障害者施策と連携をとる」ことを明記しています。実際，この制度の自立支援プログラムでは障害者サービスも利用しているという状況です。

このように，生活困窮を抱える人々のなかにも障害者が一定数存在していますが，彼らに対する個別の制度における支援は，日常生活自立や社会生活自立をめざすという場合が多くなります。日常生活自立はいわゆる日常生活を自分で管理できるということです。これは食事や家事，生活リズムを整えることなどが自分でできるようになることで，社会生活自立はその活動が家の外，いわゆる社会的活動に広がるものだといえます。結果的に，生活困窮者に対する自立支援においても，障害者は一般就労をめざしていくのではなく，居場所支援としての支援がされてきています。また障害認定をとるなどして，結果的に生活困窮からの自立ではなく，障害者支援制度を活用した障害者としての生活へと送り込んでいくようなものになっているともいえます。

5　障害者の就労支援サービス再考

■1 貧困対策と就労支援

最後に，障害者にとって就労とは何なのかについてここで考えてみたいと思います。ここまで障害者と貧困について考えてきましたが，セミナーのテーマの1つが就労自立支援サービスの再考ということで，一般にこの両者の関係には，課題とその対策という関係性があることは議論の余地がないと思います。ただ，その場合の貧困は経済的貧困であるし，就労支援は経済力を得るための手段という位置づけになるかと思います。

一方で，障害者にとって就労の目的はそれだけではないといえます。もちろん，就労を通じてお金を稼ぐことも重要ですが，障害者自身とその生活を社会化すること，そしてその手段としての就労の意義が，障害者の場合には非常に重要になります。この社会化というのが，本当の意味での社会参加や自立を実現していくことになるといえます。

私が博士論文を書いた際の調査で，就労支援施設で訓練や作業しながら就労

自立をめざしている方に「なぜ就労したいのか？」と聞くと，「だってそうい
うものでしょう。大人になって成人して社会人になるって，そういうことで
しょう。電車の中でスーツを着て疲れたと言っている人を見て羨ましいと思
う。そうなりたいと思う」，そういった回答が返ってきました。これが象徴す
るように，障害者にとって一般就労は，自分が「排除」された社会にもう一度
戻るための手段でもあるし，就労自体が当たり前の生活の象徴のようなものだ
といえます［山村 2011］。

　言い換えれば，障害者の場合には就労が必ずしも所得保障や，経済的貧困か
ら脱却するための手段に限られない，前段の課題と対策という以外の関係性も
存在するということです。一般的な貧困対策としての就労支援があることは否
定しませんが，障害者の場合，特に障害に対する社会的障壁によって一般就労
が難しい現状では，就労の目的が他とは違う場合が多い，社会参加や社会化の
手段としての意義が大きいといえると思います。さらに，そのために必要な就
労は福祉的就労などではなく，あたりまえに働く一般就労ということが必要だ
し，そこに社会との接点があることが重要だといえます。

❷ 労働における排除と就労支援

　障害者が就労によって社会参加を実現していくと述べましたが，しかし一方
ではその労働市場から障害者は排除されています。そこには社会的要因が大き
く関わっており，その意味でいわゆる技術的指導などのミクロ的な就労支援だ
けでなく，それらの社会的要因を取り除くようなマクロの次元での就労支援も
必要だと思います。

　同じように，一般就労ではなく福祉的就労という枠を設けてあたかも就労を
実現したかのように扱うことも，見方を変えれば労働からの排除といえます。
特に福祉的就労の位置づけについてはあいまいで，その状態を「労働権を侵害
されている」状態とする人もいます。フルタイムで働いても労災への加入もあ
りませんし，最低賃金ももちろん保障されない。労働環境についてのさまざま
な規制の対象から外れ，何の保障もないなかで働くという状況になっていま
す。福祉的就労を「就労」と呼ぶのであれば，そういった働き方に対する制度
的な規制や管理も，制度的には就労支援の範疇として取り組まれるべきではな

いでしょうか。

　そういう意味で，障害者政策における就労支援には権利保障の側面もあるといえます。「社会参加と自立」は日本の障害者福祉政策が掲げる基本理念ですが，それは「社会参加と自立」が尊厳ある生活の要素としその獲得を障害者の権利と位置づけるものと理解できますし，それを実現できない社会的障壁をその権利の侵害と考えれば，そのような障壁を取り除くことは障害者の権利を保障することでもあるわけです。

　つまり，就労は障害者の社会参加や自立を実現するための手段であるし，就労支援はその就労を実現する手段になりうる。権利保障の手段として，就労支援を正当化することができるのではないかと思います。ただその場合，いくつか課題もあります。就労を支援すればいいということなら，現在でも就労支援はしています。2005年に障害者自立支援法（現・障害者総合支援法）ができてから，一般就労への後押しは非常に強くなっています。ただ，1つにはそこで本当に一般就労が実現できることが必要ですし，もう1つにはそこでめざすべき就労のあり方が，きちんと理解され確認されないといけないだろうと思います。つまり，単に所得保障や経済的貧困への対策としての就労ではなくて，障害者にとっての就労の目的や意義に適った就労であるべきだと思います。

❸ 就労支援サービスの意義

　最後に，今回のセミナーを通じて問われている課題について，就労支援サービスの意義について私の考えを述べたいと思います。

　ここまでのセミナーでの皆さんの講演のなかで示されてきた，就労支援サービスに対する否定的な見解，就労支援よりも給付をきちんとすべきだといった意見は，就労を所得保障の手段として位置づけて，所得保障の一環として就労支援をしようとする論理のもとに立ったものだと考えます。この立場に立って，「就労による所得保障」について考えれば，私は否定的，つまりそのために就労支援サービスを提供するよりもきちんと現金による所得保障をすべきと考えます。その論理に基づくのであれば，保障すべきは就労支援サービスではなく就労そのものです。誰もがその就労によって妥当な生活を実現することができるような就労を，支援によって必ず得られるようにすべきです。

しかし，現実の就労支援はそうではありません。特に障害者の場合，就労が難しいだけでなく一般就労が実現しても経済的自立が難しい場合もあり，所得保障や経済的自立の手段として就労を位置づけることには無理があると思います。就労した結果，所得や経済的自立が伴ってくる可能性はありますが，最初からそれを目的として就労をめざすには，就労そのものが不確かで不十分です。障害者がおかれたそのような状況で，所得保障や貧困対策として就労支援を行うということには否定的ですし，そもそもきちんと現金給付を行うべきというのはもっともです。

　ただ，そのような議論はすでに障害者福祉や政策の領域ではずっと言われてきたことであって，それとは別の部分，つまり就労の社会的意義という観点において就労を志向し，そのために支援を提供するということが，現在は求められているのだと思います。社会的自立の実現のための手段として一般就労をめざすことは，もっと強く意識されてよいことだと思いますし，実際にそのためにミクロ・マクロの両面から就労支援を行っていく必要があるのだと思います。だからこそ，所得保障とは別枠での就労支援の位置づけが，障害者支援においては必要になるのだと思います。

おわりに

　今回，障害者の貧困の実態を探ることから始まり，所得に関すること，障害者の家計に関することを検討するなかで，就労支援のあり方といった部分でここまで述べてきたような結論に落ちつきましたが，もちろんまだまだ障害者の生活の実態，貧困の実態は全部わかっているわけではありません。市区町村による障害者の生活実態調査もまだまだ分析が必要ですし，その意味で今回，新しく非常に重要な課題を頂いたと思っています。なぜ就労支援をするのか，何のための就労支援か，何が本当に必要なのかといった根本的な問いについて，きちんと説明できるようになるためにもこの課題に向き合っていきたいと思います。

【引用・参考文献】

有吉晶子（2011）「地域若者サポートステーションが果たす発達障害者の就労支援での役割」『発達障害研究』33巻3号，262-270頁。

内田充範（2018）「生活保護自立支援プログラムが構想した自立の三類型―釧路モデルを基盤とした総合的・継続的・寄り添い型支援への展開」『山口県立大学学術情報』11，99-109頁。

大西信行・萩典子・東川薫ほか（2013）「地域若者サポートステーションが担う精神障がい者への就労支援」『四日市看護医療大学紀要』6巻1号，39-44頁。

きょうされん（2016）『障害のある人の地域生活実態調査の結果報告』http://www.kyosaren.or.jp/wp-content/themes/kyosaren/img/page/activity/x/x_1.pdf

障害者職業総合センター（2017）『障害者の就業状況等に関する調査研究』No.137。

滝脇憲（2016）「地域における生活支援の現状」『社会政策』7巻3号，56-64頁。

百瀬優（2010）「国際比較でみる日本の障害年金」『障害者問題研究』37巻4号，43-52頁。

――（2015）『障害者の所得状況と求められる所得保障政策』日本障害者協議会連続講座2015（於・東京しごとセンター講堂）

山田篤裕・百瀬優・四方理人（2015）「障害等により手助けや見守りを要する人の貧困の実態」『貧困研究』15巻，99-121頁。

山村りつ（2011）『精神障害者のための効果的就労支援モデルと制度―モデルに基づく制度のあり方』ミネルヴァ書房。

労働政策研究・研修機構（2015）『JILPT　調査シリーズ　No.138　大学等中退者の就労と意識に関する研究』太平印刷。

第Ⅱ部

就労自立支援サービスの
実践と成果

第Ⅱ部　就労自立支援サービスの実践と成果／第6章

生活困窮者支援とソーシャルワーク
■就労自立支援サービスを中心にして

後藤広史（立教大学コミュニティ福祉学部准教授）

はじめに

　私は，大学院の修士課程のときからNPOの非常勤ソーシャルワーカーとして山谷地域で働いていました。ホームレス状態にある人々へのアウトリーチ，福祉事務所への生活保護申請の同行支援，アパートに入居した後の生活支援などを行ってきました。約6年間，そういった仕事をしながら研究をしてきました。本日はこの経験もふまえつつ「生活困窮者支援とソーシャルワーク―就労自立支援サービスを中心として」というテーマでお話をさせていただきます。

　まず，本報告に入る前に，「生活困窮者」と「ソーシャルワーク」という概念について整理をしておきたいと思います。というのもこの2つの概念が，非常に多義的であるからです。まず，前者から整理をしていきたいと思います。

　図6-1は社会構造の変化と，それを背景として生じる生活困窮者が抱えるさまざまな生活課題を図式化したものです。

　この図にあるように，日本社会は終身雇用・核家族のライフコースを基盤とした社会保障・福祉サービスを整備してきました。しかしながら，雇用環境の変化や人口構造の変化等がこれらとミスマッチを起こし，経済的困窮にとどまらないさまざまな生活課題を複合的に抱えた人々，すなわち生活困窮者を生み出しています。なお，それらの生活課題のコアにあるのが社会的孤立であることをこの図は示しています。つまり，「生活困窮者」とは「経済的困窮＋社会的孤立に代表されるさまざまな生活課題を複合的かつ重層的に抱えた人々」といえます。そして特にこの後者の生活課題の解決・緩和のためにソーシャルワーク，あるいはそれを担うソーシャルワーカーの活躍が期待されているとい

121

図6-1 社会構造の変化と問題の出現

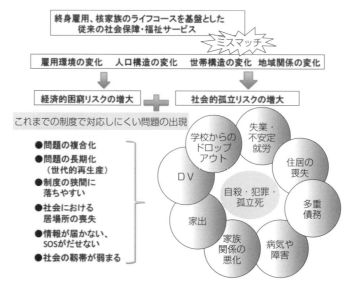

出典：みずほ情報総研株式会社［2012：7］
（総合相談・支援プロセスワーキングチーム岩田正美委員作成資料）

えます。

　なお，本報告では，生活困窮者のなかでもホームレス状態にある男性に焦点を当てて報告したいと思います。その理由は，彼らの抱える問題がまさに複合的かつ重層化していること，生活困窮者のなかでもとりわけ社会的に孤立した状態にあると考えられるからです。

1 ソーシャルワークとは

　「ソーシャルワーク」は多義的な概念で，さまざまな定義が存在します。岩永理恵先生は「日本においてソーシャルワークとは，あるべき実践像を表す概念のように思われる」［岩永 2017：2］と述べています。本報告もこの指摘に倣い，ソーシャルワークとは何かという原理的な問いには立ち入らないことにします。ただし次の点については，強調をしておきたいと思います。それは，本報告のサブテーマである「就労自立支援」におけるソーシャルワークにおい

ては，ケースワークのような1対1の支援だけでなく，雇用環境に働きかけるようなマクロな支援も含まれるということです。岡村重夫先生は，「もし問題の徹底的な解決をめざすのであれば，対象者個人に対する援助と同時に問題の発生の根源である地域社会の社会構造や社会関係の欠損に迫るような福祉活動が必要となるだろう」[岡村 1974：2-3]と指摘し，マクロなソーシャルワークの必要性を述べています。就労自立支援が奏功するためにはケースワークだけではなく，雇用環境に働きかけるといったマクロレベルのソーシャルワークも重要になると思います。

2 生活困窮者就労自立支援の「場」：ホームレス自立支援センターと本報告の焦点

　表6-1は生活困窮者の就労自立支援に関わる主な法律や具体的な事業を示したものです。

　生活保護法では，従来，ケースワーカーによるケースワークが行われていましたが，それだけでは不十分だということで「被保護者就労支援事業」，「被保護者就労準備支援事業」が始まっています。2015年から生活困窮者自立支援法が施行され，自立相談支援事業，就労準備支援事業，就労訓練事業，ホームレス自立支援センターなどが整備されています。これらのうち本報告では，下線部，すなわち「生活困窮者自立支援法」に基づく「ホームレス自立支援センター」の実践を中心に生活困窮者の就労自立支援について論じたいと思います。

　ホームレス自立支援センターは，社会福祉の領域でもやや馴染みの薄い施設ですので，事業の概要について簡単に説明しておきたいと思います。ホームレス自立支援センターとは，2000年前後に大都市を中心に設置されてきた施設で，「ホームレスに対し，宿所及び食事の提供，健康診断，生活に関する相談及び指導等を行い，自立に向けた意欲を喚起させるとともに，職業相談等を行うことにより，ホームレスの就労による自立を支援すること」を目的としています。

　2017年現在，全国で18施設運営されています。それぞれ規模や運営の方法に違いはありますが，どのセンターもおおむね6カ月の利用期限が設けられています。入所後のアセスメントの結果，就労を阻害する要因がなければ，利用者はその間に就職して転宅資金を貯め，アパート等の一般住宅への転宅をめざし

表6-1　生活困窮者の就労自立支援に関わる主な法律・具体的な支援（事業）・その対象

法　律	具体的な支援（事業）	対　象
生活保護法	ケースワーカーによるケースワーク	生活保護受給者
	・被保護者就労支援事業（就労支援員による就労に関する相談・助言，個別の求人開拓やハローワークへの同行等の支援）	生活保護受給者のうち，就労意欲が比較的高く，健康状態・家庭環境等の就労を阻害する要因が比較的少ない者
	・被保護者就労準備支援事業（日常生活習慣の改善等の支援）	生活保護受給者のうち就労に向け一定の準備が必要な者
生活困窮者自立支援法	・自立相談支援事業（就労支援員による支援）	生活困窮者（現に経済的に困窮し，最低限度の生活を維持することができなくなるおそれのある者）
	・就労準備支援事業（日常生活習慣等の改善の支援） ・就労訓練事業（中間的就労）（一定の継続を想定した支援付きの就労訓練）	生活困窮者のうち直ちに一般就労を目指すことが困難な者 就労に向け一定の準備が必要な者
	・ホームレス自立支援センター（一時生活支援事業）（一定期間宿泊場所を提供し，健康診断や身元の確認，ならびに生活に関する相談や指導，さらには就業の相談や斡旋などを行うことにより，その自立を支援）	ホームレス状態にある者で就労自立が見込める者
求職者支援制度	・求職者支援訓練／職業訓練受講給付金（給付） ・ハローワークによる支援	特定求職者（雇用保険の適用を受けられない者）
その他	・生活保護受給者等就労自立促進事業（ハローワークが中心となり，福祉事務所と連携し，対象者に合った就労支援プランを作成）	「生活保護受給者」の他，「児童扶養手当受給者」「住宅確保給付金受給者」「自立相談支援事業連携生活困窮者」
	・地域若者サポートステーション（サポステ）（キャリアコンサルタントなどによる専門的な相談支援，協力企業への就労体験などの支援）	働くことに悩みを抱えている15歳～39歳までの若者
	・母子家庭等就業・自立支援センター（就業相談から就業支援講習会の実施，就業情報の提供等一貫した就業支援サービスの提供）	母子家庭の母等

出典：厚生労働省［2017］，志賀［2017］を参考に報告者作成

ます。

　本来的には，ホームレス状態にある人々の支援は生活保護でも対応可能なわけですが，この事業が始まった背景には，ホームレス状態にある人々の生活保護の利用をなるべく遠ざける意図もあったという指摘もあり，その意味で「特殊政策の一つ」[岩田 2004] という捉え方もあります。

　ホームレス自立支援センターにおける，近年の入所者の特徴について3つ述べておきます。「低年齢化」，「路上生活歴の短さ」，「障害を有する可能性のある人々の増加」です。自立支援センター入所者について，全国（2011年度，男性のみ）・東京（2014年度，複数計）・大阪市（2015年度，1カ所）の調べでは，平均年齢はそれぞれ46.3歳，42〜47歳，40.2歳で，39歳以下の割合は29.4%，37.6%，47.0%となっています。大阪市では，39歳以下の割合が約5割に迫ろうとしています。

　また，大阪市の「自立支援センター入所者の路上生活歴」をみると，「3カ月未満」15%，「6カ月未満」12%，「1年未満」7%，「3年未満」9%，「5年未満」2%，「5年以上」7%で，「1カ月未満」(44%) と「路上生活歴なし」(4%) が併せて約5割となっています[自立支援センター「舞洲」事業報告 2016]。ホームレス自立支援センターは，現在，まさに路上で生活している方が入所してくるというイメージをもたれがちですが，多くの場合，ネットカフェなどで生活していた方が，その生活が維持できなくなりすぐに入所となるケースが多いことがわかります。

　現在，ある自立支援センターで継続的に調査をさせていただいています。2015〜18年度の退所者367名のフェースシート，ケース記録の内容を量的データに変換して分析をしています。本報告では，この調査の結果なども用いて報告を行います。ただし，分析内容は本報告者個人の見解ですので，施設の見解ではないないことをお断りしておきます。また報告者はデータの設計には関わりましたが，入力は支援者が行い，倫理的な配慮をしています。

第6章　生活困窮者支援とソーシャルワーク　125

1 ホームレス状態にある人々の現状

1 狭義のホームレスの実態

日本の法律では，ホームレスを「都市公園，河川，道路，駅舎その他の施設を故なく起居の場所とし，日常生活を営んでいる者」と定義しています。つまり路上生活者と同義です。ネットカフェに暮らしている人も安定した住居を喪失しているという意味では，ホームレス状態といえるので，日本のホームレスの定義は極めて狭いといえます。そのためここでは法律上のホームレスを便宜的に「狭義のホームレス」と呼びます。

図6-2は，「狭義のホームレス」の総数，東京都23区と大阪市の数の推移を示したものです。折れ線は両都市の合計が総数に占める割合です。

みるように，2017年の調査では，その総数は5534人となっていますが，全国調査が開始された2003年から一貫して減少傾向にあります。2003年には，東京23区と大阪市に約50%の「狭義のホームレス」がいました。その後その割合は漸減傾向にありましたが，2012年以降，その割合が増え，高止まりしていることがわかります。

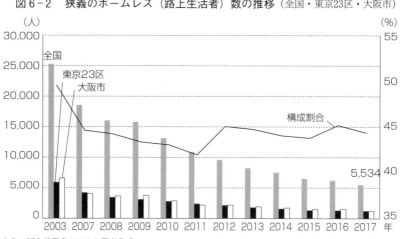

図6-2 狭義のホームレス（路上生活者）数の推移（全国・東京23区・大阪市）

出典：厚生労働省HPより筆者作成

ただしこれらの数値については調査方法上の問題が指摘されています。東京都内で深夜に行われた調査によれば，公的な調査の数字の約2.8倍の「狭義のホームレス」が確認されています［土肥ら 2016］。

❷ ホームレス（路上生活者）の構成

　表6-2は，「狭義のホームレス」の大規模な調査結果の中から，「性別」「年齢」「学歴」「結婚歴」「最長職の立場」（上位3つ）「路上生活歴」（今回）という変数を取り上げ，時系列で並べたものです。

　ここからわかることは，「狭義のホームレス」は，一貫して男性の割合が高いこと，高齢化が進んでいること，学歴が相対的にあがっていること，未婚率が上昇していること，最長職の不安定化が進んでいることです。今回の報告の内容と照らして注目しておきたいのは，「未婚率の増加」と「最長職の不安定化」です。この傾向は，換言すれば「ホームレス状態に至る以前の生活において安定した生活経験を有するものが減少している」ことを示唆しています。このことは「就労自立支援」を考える上で，非常に重要な点だと思います。

❸ 広義のホームレスの実態

　次に，ネットカフェ等に寝泊まりしている人に代表されるような「広義のホームレス」の実態についてお話しします。2007年に厚生労働省が調査した結果，全国で約5400人が住居を失いネットカフェで暮らしていることがわかりました。最近では東京都が調査を行い，ネットカフェに暮らしている人で住居を喪失している人が約4000人，そのうち不安定就労に就いている者が約3000人いることがわかりました［東京都福祉保健局 2017］。これから述べるのは後者の東京都の調査結果です。

　東京都のネットカフェで生活している人は，「男性」が97.5％，「女性」2.5％。年齢は「30〜39歳」が多く，次に「50〜59歳」が続きます。述べたように「狭義のホームレス」は高齢層に偏っていましたが，「広義のホームレス」は若年層にも山があり，2峰性の傾向がみられます。学歴は「高校卒」が多く，「高校中退」「中学卒」「大学中退」と続きます。一般的な高校進学率からみると学歴がかなり低いことがわかります。「住居喪失」の理由は「仕事を

第6章　生活困窮者支援とソーシャルワーク　│　127

表6-2　ホームレス（路上生活者）の実態調査結果（抜粋）

		東京調査	全国	全国	全国	全国
		N＝710	N＝2163	N＝2000	N＝1484	M＝1435
		2000年	2003年	2007年	2012年	2016年
性別	男	97.7	95.2	96.4	95.5	96.2
	女	2.1	4.8	3.6	4.5	3.8
年齢	15～39歳	6.7	4.5	4.4	4.3	3.4
	40～49歳	19.6	14.7	10.6	12.3	8.9
	50～59歳	47.9	45.4	48.0	29.5	22.0
	60～69歳	25.4	35.4	34.8	40.7	46.3
	70歳以上				12.2	19.7
	平均年齢	54.0	55.9	57.5	59.3	61.5
学歴	義務教育まで	60.2		55.5	50.1	50.8
	高校卒	28.8		32.0	38.3	38.0
	それ以上	8.4		5.7	9.9	10.3
結婚歴	既　婚	47.1	53.4	46.4	38	33.9
	未　婚	52.9	46.6	53.7	58.5	64.3
最長職の立場	常勤職員・従業員（正社員）		56.7	59.7	57.6	54.9
	日　雇		23.3	17.3	18.5	17.5
	臨時・パート・アルバイト		7.8	11.2	14.4	18.7
路上生活歴（今回）	1年未満		37.1	12.0	20.2	22.2
	1～3年未満		25.6	16.8	17.7	12.2
	3～5年未満		19.7	18.9	15.8	10.5
	5～10年未満		17.3	25.8	20.2	20.5
	10年以上		6.7	15.6	26.0	34.6

＊全国調査は，サンプルセレクションバイアスがある点に留意。
出典：都市生活研究会［2000］，厚生労働省［2003；2007；2012；2016］より筆者作成

辞めたため」とする回答の割合が高いですが，「家族との関係が悪く，住居を出た」とする回答も一定数みられます。寝泊まりに「路上」を利用しているのは43.8％です。当然のことながら，こうした人々は，ネットカフェでずっと寝泊まりしている（できる）わけではなく，お金がなくなれば路上で寝泊まりす

ることもあるわけです。つまり「狭義のホームレス」なのか「広義のホームレス」なのか，というのは，ある一時点の便宜的な区分でしかないといえます。大都市に限っていえば，ホームレス自立支援センターに入所してくる層は「広義のホームレス」の若年層です。

2　就労自立支援をめぐる諸論点

■ カテゴリー別に構築される福祉政策とソーシャルワークの「個別化の原則」

　さて，ここからは，ホームレス状態にある人々に対する就労自立支援をめぐる諸論点を提示していきたいと思いますが，その前に，大きな枠でソーシャルワークという営みを考えるときの論点を提示しておきたいと思います。それは，「カテゴリー別に構築される福祉政策」と「個別化の原則を有するソーシャルワーク」の関係をどう捉えるかということです。

　日本では，2002年に「ホームレスの自立の支援等に関する特別措置法」が施行され，ターゲッティング政策として，「ホームレス」を一般的な貧困対策とは「別立てで」支援することになりました。ただし，「ホームレス」というのは状態を指し示す概念ですので，その中には，いろんな人が含まれるわけです。例えば，幼少期に家庭環境の不利があり，それが持続している人，また障害者であったり，高齢者である人もいます。このようにいろんな人たちがホームレスとして存在しています。しかしながらいったん福祉政策側が，こうした雑多な人々を「ホームレス」としてカテゴライズしてしまうと，その施策の範疇の中で支援が展開されていきます。一方で「ソーシャルワーク」は「個別化」の原則があり，その人がホームレスなのか，高齢者なのか，障害者なのかということは原則的に意味をもたず，まさに個別に抱えている生活課題に対して支援しようとします。しかし，使える社会資源等々は，政策が決めたカテゴリーの範疇に制限されるという矛盾が生じます。

　この点について以前報告者は，若者の貧困問題に関する論文で次のように指摘しました。「若者の貧困問題という立論の仕方から，支援のあり方に資するような研究をすることには困難が伴う。なぜなら社会福祉の支援においては，利用者の抱える生活課題はすべて個別的なものであり，それゆえその支援も個

第6章　生活困窮者支援とソーシャルワーク｜ 129

別的に行われなければならないという『個別化の原則』が基本にあるからである。その意味では，支援的な観点からすると，あるカテゴリーで問題を論じることに積極的な意味はないことになる。ここに社会福祉学研究の固有の難しさがある」［後藤 2017］。

　この点は，本報告のテーマを超えて，ソーシャルワークを論じる上での普遍的な論点の１つになるのではないかと思っています。これから述べる，ホームレス状態にある人々に対する就労自立支援に関わる諸論点にも，この点は通底するものと考えています。

❷「今のままでいい」「わからない」などをどう捉えるか

　さて，話を本報告のテーマに戻します。これまで行われた狭義のホームレス（路上生活者）の実態調査における，「今後の希望」のうち，「今のままでいい」と「わからない」と回答した割合の推移をみると，「今のままでいい」と回答する割合が年々増加しています。2003年には13.1％であったのが，2016年では35.3％になっています［厚生労働省 2016］。なぜ「今のままでいい」のか。その理由として割合の高い回答は「今の場所に馴染んでいる」が32.8％。「アルミ缶，雑誌集めなどの都市雑業的な仕事があるので暮らしていける」が27.2％となっています。

　図6-3は，住居喪失者（広義のホームレス）の「相談できる場所を利用しない理由」（複数回答）について示したものです。

　みるように，「特に相談する必要がないと思うから」が40％にのぼっています。ホームレス状態にある人々への就労自立支援を検討する際，これらの結果をどう解釈するかは非常に重要だと思います。報告者は，こうした回答の背景にある理由として次の３つの観点から整理できるのではないかと考えています。具体的には，①（就労）自立の意志をもち，合理的かつ主体的に行為する個人を想定することの限界，②福祉制度・ソーシャルワーカー（ケースワーカー）への不信感，③社会福祉が想定してこなかった「就労自立」の体現です。

❸ 合理的かつ主体的に行為する個人を想定することの限界

　ソーシャルワークは伝統的に利用者の主体性を重視してきました。岡村重夫

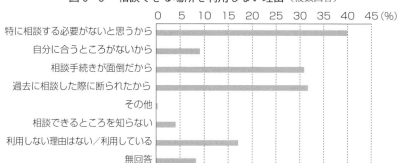

図6-3 相談できる場所を利用しない理由（複数回答）

出典：東京都福祉保健局［2017］より筆者作成

先生がその代表です。岡村先生は，その著書の中で「個人は自分の生活上の困難の解決について責任を回避するのではなくて，むしろあらゆる機会や制度を利用したり，選択して解決にあたるという自主的な態度を持たなければならない」［岡村 1983：100］と述べています。この前提には，社会福祉の利用者を「主体的人間像」ともいうべき強い人間として捉える思想があったものと思います。

　ここでホームレスの話に立ち返って，ホームレス自立支援法制定時に「ホームレスの人たちがどんな利用者として想定されていたか」について確認してみたいと思います。この法律には，次のように書かれています。「自立の意志がありながらホームレスとなることを余儀なくされた者が多数存在し，健康で文化的な生活を送ることができないでいるとともに」，これが第1条。続く第3条の2には，「ホームレスの自立の支援等に関する施策については，ホームレスの自立のためには就業の機会が確保されることがもっとも重要であることに留意しつつ」と書かれています。つまり，想定されている「ホームレス者像」というのは「就労する意志をもち，それに向けて主体的に社会制度を利用する個人」が想定されている。まさに岡村先生が前提としたような主体的人間像としての強い個人が想定されています。

　しかしながら，そもそも人間の希望や意志というものは，その時々のおかれた環境や周りの人間との関係性によって日々変化するものではないでしょうか。

丸山里美先生は「女性ホームレス」の調査を通して次のような結論を書いています。「女性ホームレスにとって主体的な意志に基づいて野宿を続けることも，意識的にせよ，無意識的にせよ，生活戦術を用いながら野宿を生きぬいていくことも，福祉制度を受け入れて野宿を脱することも，それぞれたえず生起され続けていく関係性の中で営まれている日々の実践の一場面として現れているようなことがらだった」。「これまでの研究では，野宿者の主体性や抵抗の姿に着目しようとするあまり，一貫した自立的な意志のもとに，合理的に行為を選択している主体が前提とされてきたのではないだろうか」[丸山 2013：200]。この言に倣うのであれば，「今のままでいい」「わからない」「特に相談する必要はない」といった回答は，100％額面どおりに受け取ることはできないかもしれません。とはいえ，そこには，少なからず彼らの本音の部分もあると思います。これから述べる2つの理由は，この文脈での理由です。

❹ 福祉制度・ソーシャルワーカーへの不信感

　2つ目は，「福祉制度」や「ソーシャルワーカー」への不信感があるのではないかということです。報告者が「狭義のホームレス」に「生活保護を利用しない理由」について調査したところ，「福祉事務所に相談にいったが対応が悪かったから」（18.4％），「過去に施設でいやな思いをしたから」（10.3％），「悪い噂を聞くから」（10.7％）という回答が一定数ありました[後藤 2010]。この結果は，「今のままでいい」「わからない」「特に相談する必要はない」といった回答の背景に，「福祉制度」や「ソーシャルワーカー」に対する不信感があることを示しています。

❺ 社会福祉が想定してこなかった「就労自立」の体現

　最後の理由は，社会福祉が想定してこなかった「就労自立」をしているということです。厚生労働省や東京都の調査をもとに「路上生活者」（狭義のホームレス）と「住居喪失者」の就労状況をみると，「路上生活者」のうち「仕事をしている者」は55.6％います。内容としては廃品回収が多く，月平均で3.8万円稼いでいます。ネットカフェの調査の住居喪失者（広義のホームレス）は「仕事をしている者」が86.5％で，「10～15万円未満のお金を稼いでいる」割合が

約5割にのぼります［厚生労働省 2016；東京都福祉保健局 2017］。「就労自立」という言葉の定義にもよりますが，働いて稼いで食べていくという点に限って言えば，この人たちは究極的に「自立」しているとも言えます。こういう人たちが，「今のままでいい」「わからない」「特に相談する必要はない」といった回答をするのは無理からぬことと言えるかもしれません。

3　就労自立支援をめぐる評価

　次に，就労自立支援の評価をどのようにするのかという点についてお話ししたいと思います。結論的に言いますと，この評価はとても難しい。というのも「外部環境」という変数の影響をコントロールできないからです。この点についてホームレス自立支援センターを例に詳説したいと思います。図6-4は自立支援センターで展開する就労自立支援における外部環境の影響を図示したものです。

　まず，社会の外部環境としての「雇用情勢」があります。例えば，失業率や産業構造の変化に伴う労働需要の変化などがそれにあたります。そして，それらの影響を受けて，生活に困窮し，ホームレス状態に至った方が福祉事務所に相談に来ます。福祉事務所では，その人がどのような場所で支援を受けるのがよいのかを判断をします。居宅での支援がよいのか，施設での支援がよいのかといったようなことです。しかし，それはあくまでも理想で，現実的には福祉事務所の判断は，地域の資源の配置状況（どれだけ使える資源があるか）や施設の定員の充足状況によって容易に変わります。したがって，本来的には就労自立できる見込みのある人が入所するはずの自立支援センターに，その見込みが薄いホームレスも入所することもあります。

　この点については，報告者の調査でも明らかになってきています。報告者が調査している自立支援センターでは，障害を有する方の入所が増えてきています。2015年4月から2017年3月末までに退所した367人のうち，入所中に精神科医の診断を受けたことのある者は68人（18.5％）で，診断名は知的障害（疑いを含む）10.6％，ASD（同）62.1％，ADHD（同）19.7％でした（一部重複あり）。

第6章　生活困窮者支援とソーシャルワーク　│　133

図6-4　施設における就労自立支援に影響を与える外部環境

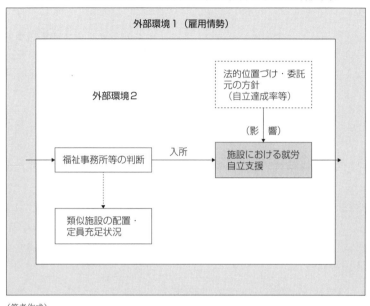

(筆者作成)

　自立支援センターは就労自立をめざす施設ですが，実際には，こうした就労阻害要因を抱える方も，先に述べたような構造から入所してくるわけです。
　さらに，ホームレス自立支援センターは，「生活困窮者自立支援法」の枠の中で運営されているので，委託元が定める就労自立率の達成目標，委託先そのものの方針などにも影響を受けます。そしてそれらが支援のありように反映されることもあります。報告者が調査をしている自立支援センターでは，就労自立率60％というのが委託元の方針として示されています。そうなると，ソーシャルワーカーが委託元の意向に沿って支援をしていく可能性もあります。結果として，本来めざすべき支援の方針が歪められたり，利用者にとって好ましくない就職先であっても，就労自立率を上げるために，そこに向かって支援をせざるを得ないといった事態が生じてしまうかもしれません。
　最後は出口の問題です。就職スキル，面接スキル等々についての就労自立支援はできるわけですが，その後，雇うか雇わないかという最終的なジャッジは会社とその背後にある雇用情勢に依存します。岩田正美先生は「社会的排除対

策が長期失業や『福祉依存』を問題にするとき，近年の合言葉にすらなっている『ワークフェア』としての就労自立を基本的なツールとする場合，全体として進む不正規雇用の拡大のもとで，安定した職場を確保しようとする方向自体に基本的な矛盾がある。逆にそうした社会の中でホームレスのような貧困層を生み出す契機が大きくなっていることに注意しなければならない」と述べています［岩田 2004：258］。

　このように，こうしたさまざまな外部環境の影響を捨象して，就労自立支援の成果だけを取り出して評価することはとても難しいと思います。

4　就労自立の「かたち」

　自立支援センターで調査をしていて感じる就労自立支援の評価の困難として，支援者と利用者で想定している就労自立の「かたち」が異なることがあるという点があります。報告者が調査している自立支援センターの退所類型をみると，先の367人のうち「就労自立」して退所した人は185人（50.4％），「無断・自主退所」した人は100人（26.6％）です。自立支援センターの目的から考えて最も望ましいのは「就労自立」ですが，「無断退所」や「自主退所」も少なくないことがわかります。しかしながら，「無断退所」や「自主退所」した人が，どのような状況で施設を出ていったかという細かい点に着目する必要があります。なぜなら，こうした退所をしている人たちの中には，仕事が継続しているにもかかわらず施設を出ていく人もいるからです。

　支援をする側は，正社員として仕事に就き，アパートなどの安定した住まいを確保し，そこで長期的な生活を営むことを就労自立支援のゴールとして設定するわけですが，利用者の中には，そういう支援側のゴールを自身のゴールとして考えない人もいます。仕事が継続しながら施設を出ていく人たちの中には，再びネットカフェ等で生活をする人もいます。この場合，就労自立支援の評価をどう考えるかというのは，難しい問題だと思います。

　先に，「就労自立」した人は50％くらいと述べましたが，このうち「正社員で就労自立した人」は31.4％で，「派遣・請負・契約」が25.4％，「アルバイト・パート」が20％です。正社員の方はアパートを確保していますが，「派

遣・請負・契約」は住込みとか寮などの場合も少なくありません。つまり，就労自立といっても不安定な就労で，かつ不安定な住まいに戻っている人もいるということです。言い方は悪いかもしれませんが，「自立支援センターの就労自立支援が不安定層の再生産になる」ということも残念ながらあるわけです。当然これは支援の中身の問題というよりは，雇用情勢の問題です。

　また，報告者も加わった，更生施設を経てアパートに移った人々に行った調査では，働いている人の7割が「1人の職場」であるということが明らかになりました［後藤 2013］。社会福祉の文脈でなぜ就労自立支援を重視するかと言えば，本人が収入を得られるということ以外に，「社会とのつながりを回復することにつながるから」ということがあると思います。それが，就労自立支援を行うことの正当性の1つの論拠にもなると思いますが，この結果はその正当性を揺るがしかねないと思います。就労自立支援はもちろん重要ですが，その評価を考える上では，就労自立した先にある生活の水準もやはり問うていかなければなりません。

　また，就労自立支援の成果を図る上では，「就職自立できたか」だけではなく「就労自立した生活が継続しているか」という点も大事です。報告者が調査をしている自立支援センターで就労自立した196人のうち，その後「所在の確認がとれなくなった人」は90人（45.9％）いました。ただし入院などもあるので，所在の確認がとれなくなったことをもって，「就労自立した生活が継続していない」とは言い切れません。しかし，実際問題として，自立支援センターは「再利用者」が増えています。調査している自立支援センターの「再利用者」は3割にのぼります。この傾向は全国でも確認されています［後藤 2017］したがって，就労自立支援の成果をはかるとき，スパンの問題をどう考えるかも重要だと言えます。

おわりに：就労自立支援ができるために

　最後に，「就労自立支援」を「ソーシャルワーク」の文脈で展開できるための論点を提示して終わりにしたいと思います。その際「理念」「制度」「実践」という3つの側面から考えてみたいと思います。

まず「理念」ですが，これは「就労支援」なのか「就職支援」なのかということです［工藤 2018］。結論から言うと，今の社会福祉の就労支援は「就職達成率」を早急に求める「就職支援」に転化しているのではないでしょうか。社会福祉の文脈での就労自立支援とは，「就職支援」ではないという理念をまずはもたないといけないと思います。

　次に「制度」ですが，先に述べたように，「就労自立支援」が就職支援に転化しないための制度設計が必要だと考えます。ホームレスの「就労自立支援」の文脈で考えると次のような方向性がありうると思います。本報告では，自立支援センターを題材にホームレスの就労自立支援について論じてきましたが，そもそも彼らの就労自立支援をするにあたって，なにも施設で行わなければならない理由があるわけではありません。例えば，まずは住宅を確保して（Housing first），そこから自立支援センターを活用して就労自立支援を展開していくという方向性もあると思います。そうすることで，支援者は「期間内に就労自立させなければならない」というプレッシャーから解放されるでしょう。もちろん既存のような施設での就労自立支援がなじむ層もいるでしょうし，一概にどちらがよいとは言えませんが，これまで述べてきた問題点を克服するものとして，このような選択肢があってもよいと思います。

　最後に「実践」ですが，今後，生活困窮者，特にホームレス状態にある人の就労自立支援の方法論を考えていくときに参考となるのは，障害者領域やひきこもりの方たちの就労自立支援の実践で蓄積されてきた知見ではないかと思います。最近，『こころの科学』という雑誌で「ケアとしての就労支援」という特集が組まれました。この中では，「就労自立支援」は，まずは「社会的孤立の解消」，すなわち「人間関係の回復」から始めることが必要であると述べられています。ここでいう「人間関係の回復」には2つの意味があって，1つは「利用者同士の良好な関係性」の構築です。具体的には，実際に就労自立していったOBの方を含む「ピアサポート」的な関係性を構築するということです。これによって就労へのモチベーションが構築できるとされています。もう1つは，「支援者との良好な関係性」の構築です。たとえ就労自立後に「失敗」しても相談できる関係性をどれだけ構築できるかということです。

　その意味では，特に前者の点と関わって，就労自立支援の中にグループワー

第 6 章　生活困窮者支援とソーシャルワーク　137

ク的な支援を取り入れていくことが必要なのかもしれません。総じていえば，
これまでのソーシャルワーク研究はケースワークの研究が多く，グループワー
クに関する研究はAA（アルコール依存症）などの依存症の支援に関わるものが
多かったように思います。しかし，障害者領域や，ひきこもりの方たちの就労
自立支援の実践で蓄積されてきた知見を踏まえると，生活困窮者の就労自立支
援もグループワークの文脈の中で研究を進めていく必要があるのかもしれませ
ん。これが今後の実践面の課題であると考えています。

【引用・参考文献】

岩田正美（2004）「新しい貧困と『社会的排除』への施策」三村文夫監修（宇山勝義・
　　小林良二編）『新しい社会福祉の焦点』光生館，235-259頁。

――（2008）『社会的排除―参加の欠如・不確かな帰属』有斐閣。

岩永理恵（2017）「生活保護・貧困問題とソーシャルワーク―貧困・社会的排除に立
　　ち向かうソーシャルワーカーへの期待」『ソーシャルワーク実践研究』5，2-11
　　頁。

岡村重夫（1968）『全訂　社会福祉学総論』柴田書店。

――（1974）『地域福祉論』光生館。

――（1983）『社会福祉原論』全国社会福祉協議会。

工藤啓（2018）『就労支援のジレンマを超えて―若者と社会をつなぐ』斎藤環・松原
　　俊彦・井原裕監修『ケアとしての就労支援』日本評論社，24-31頁。

工藤啓・西田亮介（2014）『無業社会―働くことができない若者たちの未来』朝日新
　　聞出版。

厚生労働省（2003-2016）『ホームレスの実態に関する全国調査』。

――（2007）『住居喪失不安定就労者等の実態に関する調査報告書』。

――（2017）「就労支援のあり方について」（社会保障審議会生活困窮者自立支援及び
　　生活保護部会　第2回資料）。

後藤広史（2010）「大都市ホームレスの実態と支援課題―生活保護制度を中心に」『貧
　　困研究』4，108-117頁。

――（2013）『ホームレス状態からの「脱却」に向けた支援―人間関係・自尊感情・
　　「場」の保障』明石書店。

――（2016）「若者の貧困問題と支援のあり方―ホームレス自立支援センターの利用
　　者に着目して」『社会福祉研究』127，2-10頁。

――（2017）「ホームレス自立支援センター再利用者の実態と支援課題」『研究紀要
　　（日本大学人文科学研究所）』93，1-15頁。

桜井啓太（2017）『〈自立支援〉の社会保障を問う―生活保護・最低賃金・ワーキング

プア」法律文化社。

志賀文哉（2017）「就労支援の現状と課題―生活困窮者等の支援の観点から」『とやま発達福祉学年報』8，15-20頁。

自立支援センター「舞州」報告書（2017）「『転換期を迎えたホームレス自立支援のあり方』に関する調査研究報告書」

土肥真人・杉田早苗・河西奈緒・北畠拓也（2016）「『社会と自然の結節点としての公園』というビジョン―東京五輪・パラ五輪を巡るふたつの動き」『都市問題』107巻12号，77-89頁。

東京都福祉保健局（2017）『住居喪失不安定就労者等の実態に関する調査』（http://www.metro.tokyo.jp/tosei/hodohappyo/press/2018/01/26/14.html，2018年06月28日アクセス）。

都市生活研究会（2000）『平成11年度　路上生活者実態調査』代表：岩田正美（日本女子大学）。

丸山里美（2013）『女性ホームレスとして生きる―貧困と排除の社会学』世界思想社。

みずほ情報総研株式会社（2012）『生活困窮者支援に係る総合相談・伴走型支援の仕組みとプロセスのあり方に関する調査・研究―総合相談・支援プロセスワーキングチーム報告』平成24年度　セーフティネット支援対策等事業（社会福祉推進事業）。

第Ⅱ部 就労自立支援サービスの実践と成果／第7章

生活困窮者自立支援と地域共生社会へ
■大阪府箕面市・北芝の挑戦

池谷啓介（特定非営利活動法人 暮らしづくりネットワーク北芝事務局長）
簗瀬健二（同生活困窮者自立相談員）

1　北芝のまちづくりの変遷

　箕面市は人口13万人で，1970年代以降，大阪のベッドタウンとして住宅開発が進んだ町です。3分の1が市街地，あとの3分の2が山で国定公園になっています。市街地の中心部，新御堂筋と171号線が交差するところに北芝があります。ターゲットにしている活動エリアは，200世帯，500人くらいのまちのコミュニティと思ってください。適正な規模のまちの中での活動です。そのベースになっているのは被差別部落です。まちとしてはそれを上手に発信しながら，乗り越えていこうとプラスに捉えて「誰もが安心して暮らせるまちをつくろう」という，まちづくりをしています。2023年度には地下鉄が延伸され，千里中央まできている御堂筋線の地下鉄が2駅増えて箕面萱野駅ができる。その駅から歩いて数分のところにあるので，これからどんどんまちが拡大していくと思います。

■1 1969～94年：同和対策特別措置法による整備

　歴史を振り返りますと，1969年は北芝にとって1つの大事な年です。1965年，同和対策審議会答申が出て，1969年に同和対策特別措置法が施行され，同時にまちの市民団体として部落解放同盟北芝支部が立ち上がります。そこから約二十数年間，どんどんハード整備にかかっていきます。国の事業としてのハード整備とともに，ソフト面でも教育，福祉，労働等が国の事業として動いていきます。同和地区の特徴的な環境改善としては，不良住宅地区を除却して

140

改良住宅地区を建設し，住環境を改善していくことで市営住宅が建っていきます。北芝も8棟126戸の市営住宅が建っています。道路整備，上下水道，公園，もう1つポイントになるのは隣保館です。社会福祉法の中の第2種社会福祉事業として隣保館事業が展開されます。

　北芝では1971年に隣保館を建設し隣保事業がスタートしていきます。隣保事業と生活困窮者自立支援は密接に関わっていますので，これからお話しする取り組みに隣保館がたびたび登場します。国の事業が進んで，教育，保育など，個人給付等を含めて同和対策事業が進んでいきます。それがまちづくりの1つ目にやってきたことです。不良住宅地区が改善され，市営住宅，改良住宅群になっていきます。まちの中がきれいになっていくことを，まちの人たちはリアリティをもって見ていくことになりました。

　1985年頃，まちの至る所でコンクリート化，アスファルト化が進んでいきます。地域住民たちは「誰もが安心して生活できるまちにしていこう」という「まちづくり行動計画」等をつくりました。大きなターニングポイントになったのが1988年，89年の教育実態調査でした。箕面市全域で行政が中心になり住民と学校の先生が一緒になって実態調査をやりました。

　1969年から89年の20年の間に，いろんな事業を積み上げてきました。しかし，結果として子どもたちの学力の向上につながらず，自尊感情の低さが露呈される結果となりました。「低学力と自尊感情の低さ」をもたらしたなかに「同和対策事業での行政依存，誰かが何かをしてくれるのではないかという，住民の甘えが生まれたのではないか」と当時のリーダーたちは反省をし，この反省点をバネにして次の軸の展開に向かいます。

　1990年代に入り，対症療法的に施策を打ってきた今までのやり方から，自己選択して自己実現する，自らがまちをよくしていく，自らを向上させていく方向に転換していこうと動き始めます。大きかったのは，「同和対策特別措置法の同和対策事業で進められた"個人給付"の返還をしていこう」という運動でした。箕面市では敬老祝金が市全域の高齢者に配られていました。同和地区の高齢者にはプラスαで数千円ずつ支払われていました。それを返していこう，「部落だから特別に個人給付をプラスすることをやめよう」というものです。自主返上の取り組みは全国でも珍しい動きですが，自ら自立してやっていこう

第7章　生活困窮者自立支援と地域共生社会へ　　141

表7-1　まちづくりの変遷

1969〜94年　ハード整備	1969〜94年　ソフト整備
・被差別と貧困のまち 　そこでまず求められたのは環境改善 ・国策としてのキャリアアップ型まちづくり 　（特別措置法） 　不良住宅除却，市営住宅建設 　道路・上下水道・公園整備 　生活福祉拠点の隣保館 　保育所・青少年会館 　青少年体育館・青少年グラウンド等	・北芝支部による住民要求運動の組織化 　→行政交渉 ・被差別と貧困課題解決のため 　一般施策に上積みする特別対策 　教育奨学金の支給 　市営住宅　低家賃 　皆保育と保育料の減免 　個人給付　現物・現金給付

1985年〜　北芝のまちを見直そう
・コンクリート・アスファルト・金網の街から「誰もが安心して生活できる空間へ」 　85年「まちづくり行動計画」 ・教育実態調査結果（89年）に愕然・反省 　10年以上も実施してきた学力向上活動の成果みられず，むしろ自尊感情の低さが顕著 　↓ 低学力と自尊感情の低さをもたらしている底流に，支部への依存，行政への依存と甘え

1995年〜　新たな活動スタイルの摸索
・行政闘争主導型・対症療法的手法の限界を反省 ・自己選択・自己責任・自己実現→自立層は個人給付を自主返上 ・新たな福祉施策の展開：既存の特別福祉施策の破綻　個人給付から雇用へ ・貧困層には地域独自共済制度で支援

出典：暮らしづくりネットワーク北芝

という流れです。当時は地元の住民の間で揉めることもあったようですが，1つひとつ，積み上げてやっていきました。

② 1995年〜：行政依存から自立へ

　1960, 70, 80年代とプログラムにそった同和対策事業の中で，隣保館の相談や生活保護などの生活保障も含めて，保育・教育問題に取り組んでいきました。

　保育は「皆保育」です。すべての人が受けられる取り組みとして，箕面市と交渉して地域に同和保育所を建て，そこで保育活動をする取り組みをしました。行政職員や福祉の専門家とともに研究会をもち，箕面のまちづくりに何が

142　第Ⅱ部　就労自立支援サービスの実践と成果

必要なのかを研究する場として，福祉の研究会，まちづくり研究会を市内で展開していきます。北芝という同和地区も周辺も含めて，どうしたらまちがよくなっていくか，地域福祉をどのように醸成していくかを研究する取り組みをしました。

　先ほどの敬老祝金制度の見直しについてお話しします。地域の高齢者が100人を超えていたのですが，特別措置法から出る給付金を返上し，その個人給付を原資に高齢者雇用対策事業を生みだそうと，行政と話し合いました。雇用産業で高齢者が生きがいをもち，地域で活躍しながら少しの収入が得られるシステムができないかということで「個人給付を返還するから雇用事業をつくってほしい」と行政に持ちかけましたが，行政側からは具体的な施策の提案はありませんでした。2年後の1997年，地域で独自に，ワーカーズコレクティブの手法で高齢者生きがい事業団「まかさん会」をつくり，「社会参加と地域貢献をやって少しの小遣い」を合言葉に月2〜3万円の収入になる軽作業の有償ボランティア的な事業を始めました。

　箕面市の都市公園，児童公園，道路清掃等の業務を行政から委託を受けて，入札制度に則った事業を「まかさん会」というワーカーズコレクティブ（高齢者のグループ）の手法で事業展開する。箕面市には「登録NPO制度」があって，簡単な定款とメンバーの登録をすると箕面市の登録NPOになれます。法的な法人格はありませんが，市内で教育，福祉の分野の委託業務を受けられるNPOの登録制度があります。それに登録して細かい仕事を受け，高齢者が元気を出して地域貢献し，お小遣いをもらうという事業を展開しました。

　これが北芝で自ら仕事をつくっていく原点になりました。高齢者いきがい事業「まかさん会」は今でも継続しており，今日も朝早くから道路清掃を高齢者が若者と一緒にやっています。行政依存や運動体依存になっていたものを自立支援に変えていこうという取り組みです。今やっている若者の就労支援も社会参画につながっていると思います。

❸「NPO暮らしづくりネットワーク北芝」の設立（2001年）と活動

　「誰もが住みよいまちづくりに」というスタイルへと，実践を通じて運動の方向を転換していきました。周辺の人も含めて「自分たちの手で住みよいまち

をつくっていこう」「まちをよくするにはどうしたらいいか」を考えていく。中央集権とか上意下達ではなく，ボトムアップ，「つぶやきひろい」とネットワークで住民自身が声を上げ，1つひとつ積み上げていく。

2001年，NPO法人「NPO暮らしづくりネットワーク北芝」が設立されます。地域の中で活動を展開しようとする個人やグループをバックアップするための中間支援団体としてスタートを切ります。

1999年，高齢者向けの配食サービスを始めようと，配食サービス「おふくろの味」が箕面登録NPOとしてスタートします。そのきっかけになったのは，地域で見聞きした単身高齢者の食生活の実態――スーパーのお惣菜や昨日の残り物を1人で食べている――でした。「それだったらあたたかくておいしいお弁当を配って，自分が将来，年をとって活動できなくなったら，誰かがおいしいご飯を届けてくれるといいのではないか」という思いで，このグループをたちあげて，最盛期には箕面市全域で80世帯に配食サービスを行っていました。7割以上は介護保険対象外の人で，2割が介護保険対象の方でした。しかし，社会福祉協議会やNPO，民間の配食サービスも，介護保険の改正により経済的にまわらなくなり，次第にやめていきました。うちの「おふくろの味」は頑張っていましたが，今は配食サービスを休止しています。

都市公園の清掃は，民間の清掃会社なら若者の作業員が3人くらいで機械を使ってやるところを，「まかさん会」では6,7人の高齢者がしゃべりながら休憩しつつやっています。ちょっとしたお小遣いになる有償ボランティアとして，生きがいをもって，自分たちの手で住みよいまちをつくろうというコンセプトでやっている取り組みです。

次に，教育の実態調査のなかで出てきた子どもたちの「自尊感情」の問題についてです。和太鼓チームが1995年に立ち上がります。学校で勉強してもなかなか学力が上がらないが，太鼓だと一生懸命叩いて上手になる。周りから「上手だね」と褒められる。「僕もがんばったらできるんだ」という場面をつくっていこうというのが1つのきっかけです。

実態調査では，勉強がどうやってもできないし，「どうせうちの子は何やってもあかんねん」という保護者も多かった。そこで子どもたちの太鼓グループ「鼓吹」をつくって，小学4年から50代のメンバー30人くらいでやっていま

144 | 第Ⅱ部　就労自立支援サービスの実践と成果

す。そのなかには同和地区の子どももいれば，そうでない子も入っています。切磋琢磨しながら仲間をつくって上手に太鼓演奏をする。「がんばったらできるんだ」と。功を奏して，今では太鼓チームからプロになって太鼓でご飯を食べている子どもが3人います。大分の「TAO」，奈良の「倭」という太鼓チームに入り，23，24歳の男の子2人，がんばってやっています。彼らも，当初はこのチームでなかなか自分を出せなかったのですが，中学生，高校生になると表現力が上がって自分を出せるようになってきたのです。

2　北芝の取り組み

　北芝の取り組みは，もともと地域，まちづくりをベースにしていますが，この分野だけではなく，あらゆることをやっています。隣保館や老人センター，市営住宅の指定管理を受けたり，今は止まっていますがヘルパー派遣事業，まち全体としては若者の居場所づくり，駄菓子屋さんとか，いろんなことをやっています。

■1「つぶやきひろい」
　毎月，「朝市」や「夕市」を実施しています。外でご飯を食べたり，飲んだりできる，地域の人が店を出すイベントです。特に1990年代から2000年代に入って「つぶやきひろい」で地域のニーズを1個，1個拾い上げてきました。まちづくりでは，地域の課題発見をテーマにそってワークショップをします。北芝の聴き取りの特徴は，「1人の高齢者がつぶやいたこと」をまちの課題として採り上げることです。ある高齢のおばあちゃんがスタッフに「最近，病院に行くのが大変やねん」とぼそっと言う。「今までは歩いて市民病院まで行っていたのが，足腰が悪くなって最近はタクシーを使う。箕面がやっている送迎サービスの予約をとっていかないとあかんことがあるねん。年金は1カ月3万円くらいしかないねんから，タクシーはちょっとしんどい。最近，困ってるねん」というつぶやきです。
　他の人に「こんな課題があるけど」と言うと，「私も，そんな課題がある」と何名か出てきます。こうした「つぶやきひろい」をもとに事業をつくってい

第7章　生活困窮者自立支援と地域共生社会へ　　145

くのが得意なまちで，それを上手に展開していきます。特に「ニーズ把握」か
らいろんな取り組みをつくっていくことが多くあります。最近では人が集まる
高齢者の居場所，子どもの居場所，生きがいづくりが中心で，聴き取りをグ
ループでやったり，個別悉皆型の訪問による聴き取りを数年に1回取り組んで
います。

❷ 福祉の取り組み

　福祉の取り組みでは，「高齢者が心地よく居場所にいられる取り組み」を掲
げています。具体的には，子どもと高齢者が交流できる路地裏の取り組み，高
齢者が自分たちにも活躍の場があると思えるような取り組みです。特に高齢者
福祉の分野では，それぞれのニーズにあわせることを考えています。認知症が
出てきた高齢者にあわせてのご飯会など，食を通した地域交流の場を，いろん
な世代を含めてやっていこうと，週に何回か，ご飯をみんなで食べる場をつ
くっています。

　最近，「子ども食堂」とかいいますが，子どもを主軸にした「地域食堂」的
なものもしています。そこに大人も来るようにしたり，夏休みは子どものお昼
ごはんを提供できる食堂をやったり，毎週月曜日の夜にご飯会をやる。地域の
おばちゃんたちが居酒屋をしたり，「キッズカフェ」や「モーニングカフェ」，
「こどモーニング」をしています。「ナイトデイ」は，デイサービスを夜の時間
にする取り組みです。「ナイトデイやるから来て」と言ってもなかなか来てく
れないので，スーツを着て「ホストクラブやるから来て」と言って誘っていま
す。昼のデイサービスは行かないけど，「ホストクラブやったら行く」とおば
ちゃんらが来てくれます。

　地域通貨を使った取り組みもあります。「まーぶ」という地域通貨は箕面市
内140店で使えます。子どもたちが地域ボランティアをすると獲得できて，箕
面のローソン，ユニクロ，スターバックス，100均など，お酒とタバコ以外は
ほとんど使えます。地域通貨について10年くらい研究していますが，これを
使って子どもたちが自分たちの未来に貯蓄できるようなものをつくろうとして
います。

　「気球に乗りたい」という小学5年生がいて，それを実現するために地域通

146 　第Ⅱ部　就労自立支援サービスの実践と成果

貨を使って，地域の子どもや大人たちでグループをつくって企画を立て，本当に気球を上げる仕組みをつくる。子どもたちが社会との関わりをたくさんできる取り組みをしています。地域通貨は金融庁に2015年度に登録しました。半年に１回報告していますが，地域通貨には全部番号を打ってあるので，どう回っているかを報告します。

　平和学習のように高校生に向けたイベント，高校生向けの地域での取り組みは少ないのですが，箕面周辺の北摂の高校５，６校の軽音楽部の生徒たちでバンドのイベントをやりました。居場所を自分たちで手を入れていこうという試みで，今日も広場をセルフビルドしました。自分たちで手を入れて，まちをつくっていくのです。伝統的な祭，盆踊りも丁寧にやっていこうとしています。７月に火祭がありましたが，若者が中心になって準備をし，地域の子どもたちが大きくなったら「あんなお兄ちゃん，お姉ちゃんになりたいな」という場面を祭や伝統的なつながりで見せていくことを意識してやっています。

　子どもからお年寄りまで，マイノリティも困窮者も，「誰もが安心して暮らせるまちづくり」をめざすため，いろいろ事業を展開しています。取り組みはすべてニーズが先にある「つぶやきひろい」から始まります。事業があるからやるのではなく，住民の困りごととかつぶやき拾いからスタートする事業を展開します。まず自分たちができることからやっていくことです。北芝のスローガンは「であい，つながり，げんき」です。まちが元気に，自分たちが元気になっていこうということで取り組みを進めています。

3　北芝の相談事業について

　福祉の事業に取り組む団体がまちづくりを始めたのではなく，そもそもまちづくりからスタートして活動するなかで福祉的な相談事業を展開しています。以下では，まちづくりのなかで生み出してきた資源やノウハウがいかに困窮者支援のなかで活かされているかということについてお話しします。

■ 生活困窮者自立支援事業

　被差別部落である地域においては，社会的排除を起因とする孤立や貧困，ま

た非識字の課題などに対して，生活困窮者自立支援事業が施行される以前から，支部や隣保館（らいとぴあ21）の総合生活相談という，ワンストップで寄り添い型の相談支援が提供されてきました。その隣保館を2010年から「NPO暮らしづくりネットワーク北芝」が指定管理を受け運営をしています。そして2011年から12年まで，内閣府のモデル事業で生活困窮者自立支援事業の前身となる「パーソナル・サポート・サービス事業」，2013年から14年まで「生活困窮者自立促進支援モデル事業」を受託しました。そして2015年からの「生活困窮者自立支援事業」を箕面市社会福祉協議会との共同実施という形で受託しています。これは，これまで北芝が地域として蓄積してきた寄り添い支援やまちづくりのノウハウと，社協が全市的にもっている「面としての力」を掛け合わせることを目的としています（図7-1）。

　生活困窮者自立支援事業は生活保護に至る前の「第2のセーフティネット」として位置づけられている事業です。この制度の目標は「生活困窮者の自立と尊厳の確保」，つまり個別のケースをいかに自立に向かわせるかというもの。もう1つ大事な目標は「生活困窮者自立支援を通じて地域づくりをする」ということです。課題が深刻化・複合化する前に困窮者をキャッチし，また出口として困窮者が参加し活躍できる地域をつくっていくことが目的として掲げられています。対象は「生活困窮者」という表現ではありますが，「経済的困窮」だけでなく「社会的孤立」の概念も入っています。ひきこもりも対象に含まれている。社会的孤立を解決するためには本人だけではなく，その人の環境にも働きかける必要があるので，より「地域づくり」が必要となってきます。

❷ 箕面市の実施体制

　生活困窮者自立支援事業はベースとなる「自立相談支援事業」と「住居確保給付金」という2つの必須事業に加え，自治体ごとに任意で取り組まれる任意事業があります。それが「就労準備支援」「家計支援」「学習支援」等ですが，箕面市はすべての事業を実施しており，いわばフルパッケージでの実施となっています。また箕面市の特徴として，他の自治体では「就労準備支援」担当の相談員がいたり，「家計相談支援」担当の相談員がいたりするし，事業受託者が異なっている自治体もありますが，箕面市では1人の相談員がすべての事業

図7-1　生活困窮者自立支援制度の実施に至るまでの流れ

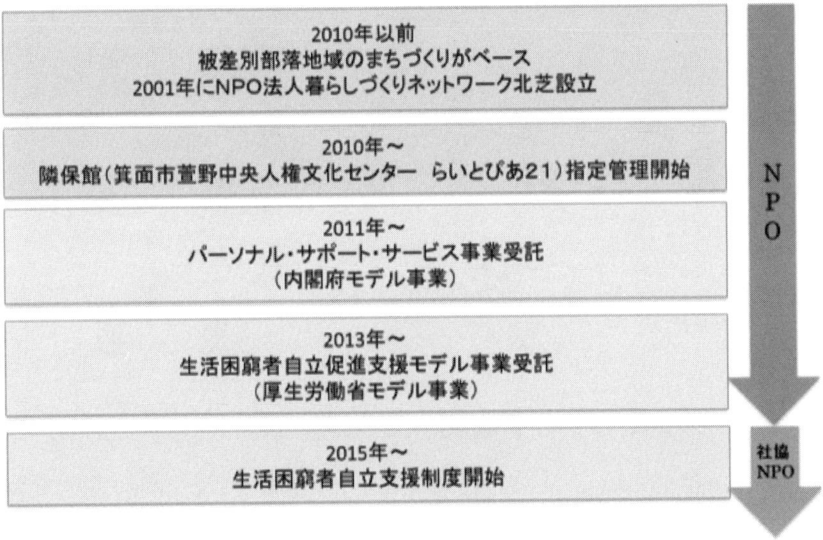

2010年以前
被差別部落地域のまちづくりがベース
2001年にNPO法人暮らしづくりネットワーク北芝設立

2010年〜
隣保館（箕面市萱野中央人権文化センター　らいとぴあ21）指定管理開始

2011年〜
パーソナル・サポート・サービス事業受託
（内閣府モデル事業）

2013年〜
生活困窮者自立促進支援モデル事業受託
（厚生労働省モデル事業）

2015年〜
生活困窮者自立支援制度開始

NPO

社協
NPO

出典：暮らしづくりネットワーク北芝

を担っています。相談員が仕事の相談を受けながら家計の相談も受ける。すべて生活では裏・表でつながっているので，1人の相談員が受けることで包括的な支援が行える。もう1つの特徴として2人体制で相談を受けていますので，あえて役割を分ける必要がある場合には役割分担するなど柔軟な対応ができているかと思います。学習支援事業は他の事業と所管が異なり，市教育委員会より他のNPOに委託されています。

❸「生活困窮者自立支援」のコンセプト

「困窮者支援」を行う上で大事にしているコンセプトは，「たてわりからの脱却」と「はざまへの対応」です。この法律は，今の制度の中で「はざま」におかれてしまっている人たちの対応が目的におかれています。労働，医療，教育，福祉，また福祉の中の高齢，障害，子育て，経済困窮などとこれまでの制度が各分野で独立して展開してきたがゆえに「たてわり」になっていたり，「はざま」が生まれています。それぞれが担う領域はあるので，既存の機関に

第7章　生活困窮者自立支援と地域共生社会へ　　149

図7-2　生活保護と生活困窮者支援窓口の対応フロー

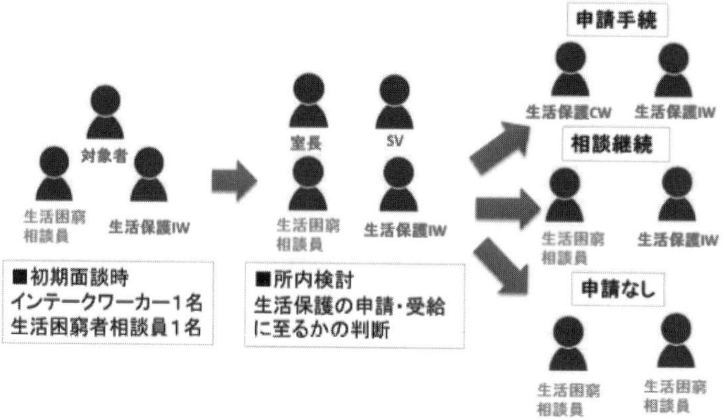

申請手続
生活保護CW　生活保護IW

相談継続
生活困窮相談員　生活保護IW

申請なし
生活困窮相談員　生活困窮相談員

対象者
生活困窮相談員　生活保護IW

■初期面談時
インテークワーカー1名
生活困窮者相談員1名

室長　SV
生活困窮相談員　生活保護IW

■所内検討
生活保護の申請・受給
に至るかの判断

出典：暮らしづくりネットワーク北芝

は，担うべき部分をしっかりやってもらって，その上ではざまになっている部分に対応するということを大事にしています。はざまになっている部分を見極めながら，それぞれの既存の制度があと一歩ずつ踏み出すような連携をしたり，そこに新たな資源が生まれれば，はざまは埋まると思います。柔軟に動けるように，他の機関が一歩踏み出していくと，はざまが埋まっていき，最終的に僕たちの役割がなくなるのが理想的だと思います。

　相談窓口の特徴として，箕面市には福祉部局が集合している総合保健福祉センターライフプラザという施設があるのですが，そこで生活保護の初回相談に同席しています。「生活保護を受けたい」という人に対して，生活保護の初回相談員さんがいますが，その方と一緒に面談に入るんです。相談内容によっては生活保護に当てはまらない人もいますが，保護の相談に来ているわけですから何らかの困りごとを抱えている人たちです。その方々を生活困窮者自立支援事業として支援する。生活保護になるのであれば生活保護のケースワーカーがつく。このように漏れのない支援体制をめざしています。隣保館も窓口となっていまして，隣保館で行う教育事業や生涯学習事業，またまちづくりのなかで取り組まれる朝市や地域のまつりなどのなかで困窮課題がキャッチされることもあります。放課後の居場所事業で関わってきた子どもが教育課程から就労に移行するときに課題を抱えたり，地域のお祭りに来ている住民から困りごとが

つぶやかれたりなどします。そのなかには、自らは相談窓口には来所しないような方もいて、福祉の相談窓口としてではない入り口から困りごとをキャッチしています。

　ただ相談の多くは本人や家族が直接窓口に来るのではなく、他の相談機関から来るものです。そのため、日々のケース対応のなかで連携を深めるだけでなく、「生活困窮者自立支援推進協議会」という会議を年に2～3回開催し、各課・窓口の部長・課長級、また民間の支援団体の方々も含めて、生活困窮者支援を進めていくための情報共有や連携強化を図っています。この推進協議会は部長・課長級が集まる会議ですが、関係機関と連携を深めるという意味でいえば現場の人たちとケース対応以外の場面でもっと顔を合わせたいということで、推進協議会から派生する「部会」を2つつくりました。「相談機能向上部会」と「社会資源・出口づくり部会」です。それぞれ所属する機関や制度をいったん横に置いて議論してもらって、そこで出たアイディアを推進協議会に上げて施策化を図っていくという形にしています。これらの関係機関に対するアプローチによって、困窮者発見の網を張ることも、法の目的にある「地域づくり」と捉えています。

　そして最終的に網を張らなければならないのが地域です。いかに地域に働きかけていくか、その方法の1つが就労支援の取り組みだと思います。そこには前半でお話ししたまちづくりのノウハウが活きていますので、それらを事例で紹介できたらと思います。

４「体験型」の就労支援

　箕面市の就労支援のスタイルは「セミナー型」ではなく「体験型」が主です。セミナー型では面接の練習や就活マナーを学んだり、自己啓発、自己理解を深めたりしますが、箕面市では労働部局主催でそういった内容のセミナーをやっていますし、若者だったら地域若者サポートステーションがやっているので、"はざま"ではないと思います。逆に実際の就労を「体験型」で、しかも小さな体験からステップアップできる場というのは限られています。またそういった場を提供してくれる協力者を増やすことが地域づくりであると捉えています。その取り組み自体が市民啓発になると思います。例えば、社会との接点

第7章　生活困窮者自立支援と地域共生社会へ　151

が長くなかった人が，ようやく外に出られたとしても，いきなりハローワークに行って仕事を見つけて働けるかというと難しい。そこには安心できる場で小さなステップを行きつ戻りつしながら，そのプロセスを通して少しずつ自信を取り戻していくことが必要だと思います。

4 「体験型」就労支援の実際

■ 中間的就労：20代のひきこもり

　中間的就労プログラムを利用した方の事例をお話しします。20代の男性で，足かけ6年くらい関わり続け，今も続いています。ひきこもりの方で，ご本人からではなく，ご家族からご相談がありました。本人は義務教育時代にいじめ被害があり，家庭内にもいくつか課題がありました。大学在籍時からひきこもり状態で，社会との接点は全くなく，失声症（発声器官に異常がないが声が出ない状態）という症状を抱えていました。

●本人との手紙のやりとりと支援

　はじめ本人は外出も，こちらから訪問して面談を設定するのも難しかったので，手紙でのやりとりからスタートしました。それが1年ほど続くのですが，その間も自宅でなにか社会とつながれるものはないかと考えました。当時は前年に東日本大震災があり，僕たちが指定管理する隣保館では，現地東北の新聞を取り寄せて震災に関する記事をピックアップし，館内に掲示するという取り組みをしていました。この記事のピックアップ作業を職員がやるのではなく彼にやってもらいました。家に新聞を持っていき，「気になる記事をピックアップしてください」と渡して，次回の訪問時に新しい記事と交換し，彼がピックアップした記事を館内に掲示する。仕事の一部を中間的就労プログラムとして切り出し，自宅にいながら作業でき，なおかつ社会と接点をもつプログラムが生まれました。

　1年ほどそのやりとりを続けたのですが，よくあることで，本人からの支援拒否によってやりとりが1年間ほど途絶えますが，その間は母とのやりとりに切り替えます。世帯全体で捉えたときに，本人に対する母の関わり方にもアプローチが必要でした。

その後，本人とのメールでのやりとりが再開し，半年間ほど続いたのちに，ようやく本人が家から出てこられるようになります。ただ人の目につくことのストレスから，相談員が車で送迎を行い，面談は夜間に設定し徐々に日中へと移行させていきました。はじめは個室で筆談による面談を行うのですが，物音に過敏に反応するなどの症状がありました。

●**中間的就労への挑戦とスタッフの努力**

　隣保館まで出てこられるようになったので，体験できる中間的就労プログラムの幅が広がっていきます。最初は信頼関係のある相談員と個室で実施できるものとして，判子を押す作業，ポスティングの中間就労の並び替える作業などを体験してもらいました。並行して，本人の要望もあり，精神科の受診を開始します。そこでドクターからは「声がでるようになるためには，信頼できる人とのかかわりを増やしていくこと」というアドバイスを受けて，担当の相談員以外と関わる場面をつくるようにしました。隣保館で行われたセミナーのテープ起こしを，セミナー担当の職員からレクチャーを受けてやってもらったり，地域通貨の事務作業を他のスタッフと一緒にやったり。隣保館が会場となる市の就労セミナーの設営を手伝ってもらったときは，片づけまでお願いしていたので，自然とその就労セミナーに参加する形になっていました。

●**社会的居場所事業：筆談からの脱却**

　「あおぞら」という社会的居場所事業をやっていました。PSS事業から始めた事業ですが，当時はNPOの独自事業として行っていたものです。彼は面談や中間的就労プログラムと並行して，居場所事業も利用し，相談員や他の職員に加えて当事者同士の交流の場ももっていました。当時「ポケモンGO」が流行っている頃で，「あおぞら」で彼と同代の子らがその話題で盛り上がっていたのですが，彼は筆談なのでみんなの会話の流れに乗り切れないんです。後でその場面を彼と振り返ると，「すごくもどかしいです」と筆談で答えてくれました。そんなことがあった頃，僕たちの関わりも5年目になっていたのですが，彼の声が出るようになります。きっかけは，中学時代の友達に久しぶりにメールをしたときに，相手から電話が返ってきてしまって，思わず「もしもし」と声が出たそうで，その後すぐ来て「声が出ました」と報告してくれました。きっかけは別でしたが，中間的就労プログラムや居場所事業に参加するこ

第7章　生活困窮者自立支援と地域共生社会へ　|　153

とを通して，彼の中に「もどかしい」という気持ちが積み重なっていたのだと思います。その後，地域の朝市などのイベントへの出店手伝いなどを通して，彼の活動は地域へと広がっていきます。相談員と個別の閉じた関係性のなかで被支援者の側に置かれ続けるのではなく，地域のなかで担い手として活躍していくことを通して自信を取り戻す体験をしてもらいます。彼はその後，短期の就労を経て長期就労へと至りました。

❷ 短期雇用職員登録制度

　箕面市には市役所短期雇用職員の登録制度があり，あらかじめそこに登録しておくと，例えば職員に欠員が出たり，繁忙期などで人手が欲しい課などから募集の声がかかります。これが，時間も固定し最低賃金の時給も出るので，体験を積み上げていって就労間近になった困窮者にとてもよいステップになっています。

　始まりは，ある担当課の職員から「うちで短期雇用している仕事内容って，封入作業だったり，データの打ち込み作業だけで，窓口や電話対応もないし，困窮者の方の就労支援にどうですか？」と声をかけていただいたことがきっかけでした。そこから他の課でも募集が出たときは個別に声をかけていただくようになり，それらのプロセスを経た方々の多くが安定した自立に向かっていきました。困窮者の方にとっても，履歴書に箕面市の短期雇用職員と書けることが強みだし，特に本人の自信にもなるので，次の仕事の応募に向かうことが可能になります。このような活用が生まれたのは，僕たちが困窮者支援を進めていくなかで，関係機関と日々のケースワークや推進協議会等を通して連携を強化してきたことの結果だと思います。

　現在では，これがシステム化されていて，一般に公募する前に，困窮者の事業を所管する生活援護室という部署に情報が来るようになっています。これも僕たちが助成金を使ってこの取り組みがいかに効果的だったかを研究事業として調査し，その成果をもって箕面市にアプローチしたことでつくられました。

5 「生活困窮者自立支援」のコンセプト

■1 複層的な相談支援

　北芝の困窮者支援の取り組みはまちづくりから始まり，地域のいろんな人たちが相談員としてではなく困窮者に関わってくれます。相談員もペア体制をとり，必要であれば相談員以外の職員や地域を巻き込みながら多角的な関わりをもてるよう，様々な場面をつくっています。

　相談者のなかには，以前どこかに相談したけどきちんと話を聞いてもらえなかったり，課題が複合化しているためにうまく伝えることができなかったり，縦割りのなかでたらい回しにされたり，または社会的に排除された経験をもっている人もいます。こうした経験のなかで相談することへの拒否感を抱いている方も多い。そういった方々から，面談室で対面で話をするというスタイルで本当の困りごとを聞き出すことはなかなか難しい。それよりも，例えば，他の窓口に同行する車の中で，お昼ご飯を横並びで作っているときに，または一緒にコーヒー出店をしている活動のなかで，そういった場面での方が本当の困りごとが出てきます。それには場面設定も大事ですが，いかに信頼関係がつくれているかが大きく関係していると思います。

　「夕市」で，ジンジャーシロップを手作りして出すのですが，それを相談者の方と一緒に作っていました。女子高校生ケースで，いろんな課題がある人ですが，1回目に会ったとき，学校側から聞いていた課題は本人からは出てこなかった。学校の先生も同席して面談室で話をしても出てくるはずはないなと思っていましたが，今回は「ジンジャーを作ろう」と誘い，手伝いにきて作ってもらうなかで，僕は席を外して女性スタッフと2人になる場をあえてつくりました。そうするとポツリ，ポツリと本当の困りごとが出てきたのです。

　本当の「つぶやき」を拾う，そのための場をつくることは，北芝がこれまで取り組んできたまちづくりの「つぶやきひろい」と似ています。ワークショップでニーズを集める場面をつくるだけではなく，日々の地域活動のなかで，道で歩いていて誰かと出会ったときとか，お祭りの最中に，祭りにしか来ない人から「実は上の息子が仕事を辞めて戻ってきて困ってるねん」という言葉が出

てくるように，いろんな場面で「つぶやき」を拾うことは，もともとのまちづくりでやってきたノウハウが「相談支援」とも重なっていると思います。

　僕自身は福祉の資格はなく，もともとは教育心理学を勉強して今の相談支援を行っています。専門的な知識はあるにこしたことはないのですが，困窮者支援をする上では，いかに本人との信頼関係を構築できるかが，専門的な知識よりもはるかに大事だと思います。なぜなら専門的な知識は他の相談機関の方がもっており，それぞれの制度の中身はそれぞれの部署がもっている。その知識をもっている方につなげることのほうが大事だと思います。制度につながりにくい方をつなげるには信頼関係が必要で，さらに言えば関係機関とも信頼関係を構築できる力が必要です。そういう関係者と相談者の間をつなぐハブのような役割を求められていると思っています。

2 連携ネットワークの活用

　関係機関を巻き込むという点ではさまざまな連携ネットワークをもっており，市内では先ほど説明した労働，教育，福祉，医療などの多分野を束ねる推進協議会を実施しています。もっと目を広げると全国に同じようなネットワークをつくれる団体があります。野宿者支援，ひきこもり支援，被災地復興支援など，一見関係ないように思えるものにも目を広げながら自分たちの活動のヒントになるものを見つけていきます。

　「就労支援」でいえば，阪神地域で伊丹，尼崎，箕面市の近くの市と，そこにあるワーカーズコープとかと一緒に「就業支援団体連絡会」をもっています。広域の会議で，他の団体がもってきてくれた仕事を困窮者支援につないだりしています。その連携のなかで実施しているプログラムを紹介します。ある新興住宅地の診療所は利用者に向けて月1回配布しているニューズレターがあります。郵送すると82円かかるところを，それ以下の金額で僕たちが就労プログラムとして実施すれば，お互いに win-win になります。困窮者を何人かつれて，車でその新興住宅地に行き，散らばってポスティングをして帰ってくる。それが外出機会になる人もいれば，定期的なリズムになる人もいる。往復の車中で，当事者同士で話したり，スタッフと会話することが，コミュニケーションの練習にもなる。配布前の並び替え作業は在宅でもできる。こういうプログ

ラムになるので使い勝手もいい。僕たちがつくりだしたのではなく，広域ネットワーク体をもつことによって，この仕事をいただいたということです。

6　若者支援の取り組み：「体験型」プログラム

■■ 「若者支援のチーム」の立ち上げ

　箕面市全域に対象を広げて相談事業を展開してきましたが，そのなかでひきこもりに代表されるような，今の社会に生きづらさを抱える若者が一定数いることが見えてきました。またそれは僕たちが隣保館を中心とした教育事業のなかで見てきた子どもらが，教育から就労へとスムーズに移行できない，または移行できても安定しない姿とも重なっていました。さらに義務教育を終えて以降の年代で，就労支援以外の支援施策がなかなかないこともわかりました。一方で，若者たちが中間的就労プログラムなどを通して地域の担い手として活躍し，そのことを通して自信や本来の姿を取り戻す姿も見えてきました。彼らが生きづらいのは彼らに課題があるのではなく，生きづらいと感じる社会に課題がある。だから環境に働きかける支援として地域づくりが必要だし，地域側も若い力を必要としている。そこで2014年から，NPO 暮らしで若者支援のチームを立ち上げました。

　どのようなプログラムかを整理すると，まず生活をサポートします。「マズローの欲求段階」でいう，ベースとなる生理的な欲求を満たした上でないと自己実現に向かわない。その人が衣食住を安定して享受する環境を用意します。衣食住だけでなく精神的に安心できる居場所を彼らに提供する。そのベースがあった上で体験を積む，体験には就労という切り口で中間的就労プログラムが多数組まれていますが，就労だけをゴールにしているわけではありません。体験を積み上げていくなかで，自立に向かってもらう。これを「就労自立」という枠だけでは捉えなくて「その人，その人が生きやすい選択肢が自立だ」と思うので「選択を選びとる力を培う」ことが僕たちの役目だと思っています。

■■ 生活居場所サポート「コミュニティハウス」，社会的居場所「あおぞら」

　生活居場所サポートとして，「コミュニティハウス」をもっています。ここ

第7章　生活困窮者自立支援と地域共生社会へ　│　**157**

は地域に開かれた家で，ここで困窮者課題をもっていながら，はざまにおかれた人たちの生活，居住支援を行っていました。スタッフが衣食住を共にしながら彼らのサポートを行います。

　一般的なシェルターと異なるのは，地域に開かれていることです。場所を隠していません。ケースバイケースですが，前提として地域に開かれています。そこで生活する人たちと地域の方々が出会い，つながりが生まれる。この場所で会食をしたり会議をしたりしますが，そこに地域の人を呼ぶこともあります。地域のおじさんが，僕らが居住支援していた人を誘ってご飯につれていったり，旅行につれていったり，それが勝手に行われることもあります。それぞれがそれぞれの地域に帰っていくことに向けて，地域とつながること，その温かみを体験することができています。

　もう1つが，社会的居場所「あおぞら」です。パーソナル・サポート事業の時代に立ち上げたものです。生活困窮者自立支援事業になってから「居場所」が事業から外れ，別の制度を使っていた時期を経て，NPOの独自事業となり，寄附金で運営していたときもありましたが，今は残念ながら閉鎖に至っています。他の居場所事業と違うのは「対象を限定していない」ことです。「障害手帳がないと利用できない」「何歳から何歳まで」などという限定はしていません。もう1つの特徴は「プログラムを設定しない」ことです。来てもらった人たちにあわせてプログラムが成立していく。料理活動，手芸，本を読む，スポーツをしたり，ただしゃべったり，だらだら過ごしているように見えますが，そこに来ている人は10年，20年，引きこもっていたり，生活リズムが逆転していたりするので，そこで生活リズムを取り戻したり，人とのコミュニケーションを取り戻す練習を行っています。しかも当事者同士で互いにエンパワーメントしあう。誰かが就労すれば他の人たちが「自分もがんばらないと」と思ったり，相談員が「あなたはできるよ，自信をもっていいよ」と言っても，なかなか自信をもてないのですが，同じような立場の方が，ピア・カウンセリング的に「すごいね，あなたのこういうところはいいよね」と言ってくれると自信につながる光景も見られていました。残念ながら今はNPOでも運営できなくて閉鎖に至っていますが，ここに来ていた人たちは他の活動につながっていったので発展的解消と思っています。

158　第Ⅱ部　就労自立支援サービスの実践と成果

❸ 就労支援：地域通貨「まーぶ」，「共済サービス」を使った就労体験

　地域通貨「まーぶ」，「共済サービス」を使った就労（お手伝いに近い就労体験）があります。「まーぶ」という地域通貨は，箕面市内のユニクロでもスターバックスでも使えます。地域で困窮者がお手伝いをすることによって「まーぶ」をもらい自分のために使うことができる。子どもが体験を積むことを大前提の目的としていますが，この体験の必要性は困窮者にもあり，「まーぶ」が就労支援の動機づけと地域との媒介の役割を果たしています。100まーぶで100円の価値がある。ただ100まーぶの単位しかないので，ある若者が１万まーぶ稼いでユニクロで買い物しようとすると100枚持っていかなければならなくて店員さんから怪しまれたなんて話もありますが，お手伝いをして稼いだ「まーぶ」で自分の服を買うというのは成功体験だと思います。

　「共済サービス」は，北芝の高齢者の方が共済会員になり，サービスを受けるものです。１枚500円の共済チケットですが，500円を上回るサービスもあります。下回るサービスの人はあえて500円を払うことで500円を上回るサービスの人をつくっているという「ささえあい」の仕組みです。このサービス提供を困窮者に担ってもらうこともあります。電球を換えるとか細々したものですが，福祉サービスで担われない部分を「共済サービス」を使い，担い手は困窮者に行ってもらう仕組みです。

　他にも祭やイベント，教育事業にも担い手として関わってもらいます。ありとあらゆるものが就労体験の場になるし，例えば祭の運営側に回ることは被支援者から担い手に変わるというプロセスのなかで回復しているのだと思います。

❹ プログラムのうまれかた

　中間的就労の生み出し方ですが，１つ目が「業務分解」です。僕たちがもっている業務を困窮者の事業，つまり体験プログラムとして切り出します。例えば，まーぶは換金される際にナンバリングしないといけない。2000万円分くらいが流通している「まーぶ」なので，100まーぶ単位にすると20万枚の「まーぶ」が流通しています。それを１枚，１枚，何番が使われたかわかるようにナンバリングしないといけない。その作業も仕事になるということで困窮者に

第７章　生活困窮者自立支援と地域共生社会へ　│　159

やってもらっています。大人数ではなく，決まったメンバーで週1日の体験を生み出せるので，不特定多数と関わるより，特定の個人とコミュニケーションを積み上げていく体験が提供できます。「業務分解」の概念は「生活クラブ風の村」という社会福祉法人から学びました。これを地域の市内の事業所に広めていこうとしています。ネクタイの検品，シャツのタグづけなど，パートを雇ってやっている協力企業から仕事をいただくこともあります。ある一部分の仕事を分解して困窮者の体験支援の業務として切り出してもらう。それを市内にも広げていって，いろんなプログラムをもってきてもらうことも行っています。

　プログラムを生み出すことの2つ目は「つくりだす」ということです。

　自分たちの業務を切り出したり，市内の企業から仕事をもらったりしますが，限界があります。企業の締め切りに間に合わせなければならないとか，タイムリーにプログラムが入らないことがあるので，自分たちで仕事をつくっていこうということを若者たちと協働でやっています。1つはコーヒー焙煎ですが，これは分業がしやすいことが特徴です。豆をピッキングして焙煎する。コーヒーを淹れてお客さんに出してお金をもらう。一連の流れを切り分けやすいので，すべての作業は無理でも1つの作業なら参加できるというハードルの低さがあります。いろんな特性がある人も特性にあわせて，得意を持ち寄りながらやっていく。

　「チャレンジカフェ」は，若者たちの「得意を活かす」ことで生まれています。パン作りが得意な若者は，地域にある石窯を使って石窯ピザのお店を開きました。それまで職員限定でパンを販売していたのですが，地域の人にもお客さんとして来てもらうことにしたのです。僕は石窯の火を見る番をして，ピザの伸ばし方をその人から教えてもらうなど，役割の逆転がそこでは起こっています。

　「なんでもやったるDAY」の取り組みは，フリーターでアルバイト生計を立てていたある若者の，「地域のために何かしたい。自分の育った地域で」「決まった仕事に就くのではなく，いろんな仕事を組み合わせたい」「1つの仕事では飽きたときにこわいから，いろんな仕事をちょっとずつやりたい」「便利屋さんのようなものをやりたい」という「つぶやき」からスタートしました。

160　　第Ⅱ部　就労自立支援サービスの実践と成果

地域では高齢者が生活での困りごとを抱えています。電球を換える，電球の傘を掃除する，タンスを動かす。そうした福祉では担われない生活のなかでのちょっとした困りごとを若者が解決する取り組みをしようということで，月1回，「なんでもやったるDAY」という取り組みをしています。これは若者が高齢者の家に行って生活上のちょっとした困りごとを解決するイベントです。生活上の困りごとを解決していくなかで便利屋さんをめざしてスキルを積み上げることができる。地域の人とつながることができる。地域の人から「ありがとう」と言ってもらえる。ただし，「なんでもやったるDAY」といいながら何でもできるわけではありません。何のスキルもないので，スキルをサポートしてくれる地域のおじさんたちが必要です。元用務員，大工さん，技術屋さん，そういう方々が「若者に関わりたい」というニーズがあってイベントに来てくれ，若者に仕事の段取りを教えてくれる。中高年男性の居場所という想定外の効果がありました。今年（2018年）の7，8月に法人化をしようと思っています。地域内や外からいろんな仕事を受注できるようにしようと思っています。

4 「若者支援」のまとめ

若者をメインターゲットにしているといいながら，若者に限定しているわけではなく，そこに多様な人が関わる隙間が生まれています。地域のおじさんや，若者にご飯を用意してくれるおばちゃんたちが関わるのです。地域を耕す種として若者がいる。若者にこだわりすぎないことを大事にしています。また，就労自立だけをゴールにしないモデルをつくれないかと思っています。理想論かもしれませんが，中間的就労をいくつか組み合わせると，自立できるだけのお金を稼げるのではないか。自立できるお金とは何か。例えば「ご飯をこの家で食べさせてもらって，お風呂はこの家で入らせてもらって」みたいな「ささえあい」のなかで自立が可能になるような事業を起こしていければと思います。困窮者も環境が改善されれば地域の人材になります。地域を中心に「支援」と「被支援」を超え，一方的な関係性ではない場面を，いかに生み出すかということです。

【引用・参考文献】

北芝まんだらくらぶ（2011）『大阪・北芝まんだら物語―出会いがつながる人権のまちづくり』明石書店。

第Ⅱ部　就労自立支援サービスの実践と成果／第8章

栃木県の若者支援における中間的就労

中野謙作（一般社団法人栃木県若年者支援機構代表理事）

　栃木からまいりました若年者支援機構の中野と申します。もともと東京生まれの東京出身ですが，23年前に栃木県に呼ばれる機会があり，そこで学習塾を開塾したのがきっかけで今に至っています。その時に出会った男子中学生と女子中学生のことが原因で，それ以降，ずっと子ども若者支援を走り続けています。制度や仕組みの話ではなく，地域との関わりのなかで積み上げてきた実践を報告します。

1　最初に出会った少女との経験

■1 23年前からの関わり

　最初に出会ったのは中学2年生の女の子でした。今から23年前のことです。彼女はバスケットボールが大好きで，すぐ周りに友だちが集まってくる明るい女の子でした。豊かな田園地帯にある家は地元では名家で，お父さんは会社の社長，お母さんはPTA会長をやっていました。スポーツ推薦で高校も決まりましたが，中学でトップでも高校ではそうはいかない。高校1年の夏に顧問や部長，友だちと喧嘩し，それで学校にほとんど行けなくなり，お母さんが何回も警察を呼ぶような事態になっていきました。結局，彼女は高校1年の9月1日に中退し，その後も大変な事態を繰り返し，ついに家出をする。16歳の女の子が家出をしても行くところはありません。宇都宮にある有名な繁華街，歌舞伎町のようなところへ飛び込み，今でいうキャバクラのようなところに行くしかないんですね。そうなるとチンピラに軟禁され部屋と店だけの行き来になる。

　23年前の10月から半年間，週3日，塾が終わった後，夜中の1時，2時に店の前に行って話をしました。塾に来ている小学生のプリントを持っていって

163

「丸つけをしてね」というのを口実に本人と会って，親の代わりに「大丈夫か」「風邪引いてないか」「お金はあるか」「怪我してないか」と言い続けました。でも結局，彼女を助けることができず，1回目の逮捕が17歳のとき，2回目は18歳のときに覚醒剤で逮捕され，逮捕される2日前に「先生，助けて」と電話がありました。警察と連絡していたこともあり2日後に逮捕されることはわかっていたので飛んでいったら，両腕に入れ墨のような注射針跡があり，幻聴もひどかった。そして収監されました。1年弱で少年院から出てくるのですが，家にいられないので，うちの教室で雇用して何とか更正を図りました。2，3カ月くらいして一緒に買い物に行ったら急にどこかに行っていなくなったんです。探したら男と話している。売人ですね。本人が更正しようとしても，足を引っ張るのは大人だなと思いました。そこから本人と真正面から向き合うようになりました。当時はとっくみあいの喧嘩になることもありましたが，6年間くらいかけて彼女は薬もタバコもやめることができました。いろいろ転職しながら結婚し，2人の子どもを生み，そして離婚。

　このように「学習支援」から始まり，「訪問支援」「相談支援」「生活支援」から「就労支援」まで，ステージに応じて支援が変遷していきます。まさに「人生支援」の名のとおり，いかに関わっていくかということを続けた23年間でした。今でも週に1回くらい悩みがきたり，年に1回くらい大ごとがあったりします。

❷「就労支援」が一番の鍵

　さまざまな支援のなかで「就労支援」が一番の鍵でした。最初は居酒屋に就職したのですが，その後，またキャバクラに行ったんです。その後，ブランドショップに勤め店長までしました。33歳のとき，ショッピングモールで店長になって今もやっています。アップダウンはありましたが，ずっと関わり続ける。家族では，いろんな相談はできません。だからこそ第三者が横から後ろから支えることで自立し幸せになっていく道が必要なのです。本人たちもそう思っています。私たち大人がどう道をつくるか，その流れをどうつくるかが重要だと思っています。

2 「食べる」「学ぶ」「働く」ための自主事業

■ 支援は切れないことが大切

子どもから若者まで，「学ぶ」から「働く」まで，義務教育は中学校で切れますが，支援は続いていきます。特に少年期の不登校支援は青年期のひきこもりやニート支援に直結しますので，支援が切れないことが大事だという実感があります。23年の間にNPOをつくり，フリースクールをつくり，居場所をつくり，さまざまなものをつくり，8年前に社団法人を立ち上げました。今でも毎年，ニーズにあわせて新しいものがつくられています。若者や子どものニーズがある，それが地域や行政支援にないなら「つくろうよ」とつくってきた23年間でした。

何をしているのかを1つずつ説明します。

「相談支援」では，県のセンターで「栃木県子ども若者・ひきこもり総合相談センター」（愛称 “ポラリスとちぎ”）を受託して運営しています。今は「ポラリス」ができたので，ある程度，形ができています。

「学習支援」においては「寺子屋」という取り組みをしています。すべて無料ですが，この寺子屋が県内で8カ所まで広がってきました。また，発達障害の学習塾も運営しています。支援をしても発達のグレーの子どもたちが就労できない状況がありました。彼らをヒアリングしてみると，ほとんど小中高校で自己肯定感を低下させている。そんな発達障害の子どもたちへの支援ができないかと，当時，宇都宮大学の梅永雄二先生（現在，早稲田大学）と連携してつくったのが発達障害の塾です。これは有料で運営しています。さらに，国の「生活困窮者自立支援法」の学習支援事業として，栃木県，宇都宮市，茨城県結城市から受託して総勢250人の子どもたちの学習支援をしています。

その他，2年前から「昭和こども食堂」をやっています。それが今では「キッズハウス・いろどり」というワンストップのステーションになりました。

最後が「中間的就労」で「しごとや」と呼んでいます。入り口から入ってくる相談を「食べる」「学ぶ」「働く」という3つの自主事業をもとに，最終的に「就労」「進学」につなげています。

❷ 若者の家庭内困難

　雇用情勢について説明します。全国の有効求人倍率は2018年8月で1.57倍で，上がっています。東日本大震災の7年前（2011年）の栃木県の有効求人倍率はなんと0.61倍でした。今（2018年8月）は1.46倍です。有効求人倍率1の基準は1つの仕事に1人の求人があるということですから，今はどこでも売り手市場で，人手不足で困っている状況です。ところが，企業，店舗，工場が求めているのは「即戦力」「経験者」「有資格者」「前職で評価が高かった人」，つまり，ひきこもっていたり，就労体験がなかったり，就労で挫折したり，また発達のグレーの若者たち，困難を抱えている若者は雇用されていない。しかし働きたい。このギャップが生まれていることが大きな課題ではないでしょうか。困難を抱える若者の雇用は悪化しているのに，新聞やメディアでは採り上げません。「これだけ人手不足だから働け，働け」と周りから言われるけれど出口がないのです。そこをどうにかつなげなければいけません。

　この前もサポートステーションで若者がスーパーに就職しましたが，対人不安の強い子どもで「ほんとに大丈夫なの？」と思っていました。組織で有効求人倍率が高いのは建設現場，介護，運送，そしてスーパーのようなレジ職です。この4つの仕事はAIやロボットが入ったらなくなるかもしれない。はたして彼は5年後，働けるのか。表面的な就労支援はやめた方がいいのではないか。本人の個性や特性をきちんと掴んだ上で，本当に5年後，10年後も働ける就労支援を考えるべきではないかと話し合っています。

　いくつかケースをご紹介します。1番目は困窮家庭の生活保護の子どもで，10年間関わっています。関わっているということは，未だにまともに就職していないということです。10年前，サポステ支援をやり始めて少したってから中学校にまったく行かず，高校も行かない。お母さんに，とんでもない暴力を振るい緊急措置入院しました。入院中に，児童相談所から連絡があって訪問しましたが，「就労支援ができない」ということでした。アッという間に仕事を辞める，お母さんに暴力を振るうという繰り返しで，一昨年，窃盗で逮捕されましたが，主犯ではなく，不起訴になった。体中，傷だらけで盗癖も多い男の子です。

　彼だけでなく家族自体にさまざまな支援が必要な家族でした。少し自堕落な

166　第Ⅱ部　就労自立支援サービスの実践と成果

母親で，3カ月に一度，母子寡婦手当も含めると月16万～17万円入ってくる。家賃の5万円を引くと12万円で，節約すれば十分生活はできます。ところが月初めにお金が入ると，すぐに使ってしまう。スーパーで一度に2万円の買い物。家族みんなでレストランに行って映画を見てお金を使い切り，1週間で5000円か1万円くらいしか残らない。お金がなくなるとパチコン屋に行く。儲かればいいけど，儲からなければ借りてでもお金をつくってくる。こういうことを目の当たりにして育ってきたらどうなるでしょうか。働くなんて意思は生まれません。生活保護でお金が入ってくるから，働くという概念がないのです。

　こういう子どもたちが特例かというと，そんなことはありません。大都市のケースワーカーがもつ生活保護は約120件で，3カ月に1回も訪問できません。経済的な支援はできても生活支援，自立支援は誰がするのか。子どもたちや母親の自立支援は誰がしていくのか。誰かがしなければ結局，こういう形になってしまうのです。

　10年前，スーパーの前をたまたま車で走っていたら，彼がレーズンパン2つをスーパーの袋なしで持っていたので「これはヤバイ」と車を止めて彼の元に走っていきました。「どうしたんだ？」と尋ねると，「母ちゃんが3日間帰ってこない。妹がおなかをすかして死にそうなんだよ。妹が一番好きなのを持っていくんだよ。明日返すからいいじゃん」と言うのです。「明日返す」，それが彼の言い訳でした。彼なりの理屈が生まれてしまったんですね。働く姿を見なければわからない。誰かが生活支援をしていかなければいけません。彼の場合は窃盗と不登校もありましたから行政支援が入っています。教育の方でも不登校ですからカウンセラーが関わります。少年院には行きませんでしたが，家庭裁判所も関わりました。福祉ですからケースワーカーや社会福祉協議会などが関わります。しかし，それぞれの行政機関の中で縦割りの支援しかできない。制度の枠を越えることができない。まずは「その子をどうしたらいいか」ということから入っていかないといけない。「彼をどうしたらいいか」というところから「何の制度を使い，何の資源を使うか」を考えていく必要があります。

　彼の場合，行政支援は見えていましたが，たくさんの見えない部分がありました。ニートや不登校の原因はいじめでした。彼の名前は当用漢字にない難し

第8章　栃木県の若者支援における中間的就労　**167**

い漢字で，発達障害の特徴で絵のような字を書き「これは LD（学習障害）だな」と思いました。ところが小学校の就学前の指導健診しか受けてない。その後，一切，健診を受けないままでこうなってしまっているのです。家族のあり方を根底から変えていかないといけない。

10年前に，あの母親が肝心で何とかしないといけないと思い，母親の話を聞くようになりました。ヒアリングをしたところ，彼女自身が無惨な生き方でした。失業を繰り返し，字が読めなかった。とんでもない虐待家族のなかに育ち，そこから飛び出して父親のわからない子どもをつくってしまう。機能不全家族で育った母親が機能不全家族をつくる。そうなると母親と子どもを別々に支援しないといけない。それぞれの自立支援，生活支援が必要だということが，よくわかります。彼は今，コンビニで4カ月間仕事を続けています。まだ関わり続けないといけないと思っています。

精神障害や発達障害関係でしたら，手帳もしくは自立のための公的な援助が受けられる。万引きや犯罪で捕まれば更正保護のプログラムがある。民生委員が関与してくれればいいのですが，民生委員すらも拒絶する家族があります。さまざまな困難に困窮が加わることで社会問題になる要因や事件につながる原因が見え隠れしています。ところが公的支援はグレーですから望めません。だとしたら民間，地域のなかで，その子がこぼれないようなネットワークをいかにつくるか，それがこれからの地域づくりではないかと思います。

❸ 関係性の困窮

先ほども生活保護の24歳の男から LINE がきまして，私がこちらに来ているのを知らないので「お願いですからラーメンください」。「ふざけるな。なんでもいいから食え」と返しましたが，男の子の場合，こういうのが多い。食べ物がない，何がない，風邪を引いて病院に行けないという話が出てきます。これらは「経済的困窮」ですが，「関係性の困窮」でもあります。誰も話す相手がいない，誰にも頼れない。「関係性の困窮」は孤立を引き起こします。

栃木県の場合，都会と違って，さほどホームレスはいません。ほとんどの子どもは孤立してストレスを溜め家の中で爆発するか自傷行為をするかしかない。そこを食い止めなければいけません。経済的な困窮には何が必要か。その

子にとって必要なのは食べ物なのか，お金なのか。もう1つ大切なのは，その子にとって「誰が必要か」ということです。親との関わりが悪ければ誰かが親の代わりをすればいい。先生との関わりがひどければ，一定期間，先生の代わりをする。子どもをめぐる「困窮支援」は，この2つが両輪で回らなければうまくいきません。さまざまな制度や仕組み，法律を組み合わせて，対象者を中心に回して自立に向けていく。誰かがきちんとつなげなければいけない。制度，仕組みにかかわらず，継続的に支えていけることが大切です。地域で原則的に支える仕組みができれば，生活保護を減少できると心から思っています。

　直接支援として私たちがやっているさまざまな本人支援のなかに，なんでも相談，キャリア悩みごと訪問相談があります。孤立している若者が多い。偏在している若者を点と線でつなぐスタッフには，「まずはマンツーマンの線的な信頼関係」をつくろうと話しています。

❹ ポラリスとちぎ

　民間の私たちが委託されている事業の1つに「ポラリスとちぎ」があります。これは，内閣府が所管する「子供・若者育成支援推進法」に基づく「子ども若者総合相談センター」という役割と，厚生労働省の生活困窮者自立支援制度にある「ひきこもり対策推進事業」に基づく「ひきこもり地域支援センター」の役割をもっています。

　ポラリスでの「相談支援」について説明します。表8-1は2年前（2016年）の資料ですが，数字は今もほとんど変わっていません。相談件数が年間で約5000件，1日あたり20件です。7人分の予算をいただいていますが，非常勤を入れると13人で回しながら毎日20件に対応しています。電話，来所，訪問，メールで対応しています。最初の来所時の主訴は（表8-2参照），項目的には「ひきこもり」や「不登校」が多いのですが，「ニート」「就労」をあわせると93で一番多くなっています。つまり，就労に向かう相談が多いということです。「ニート」は働いていません。「就労」はちょっと働く意思がある。それだけ若者にとっての就労は大きな要素にならざるをえないというのが現状です。

表8-1　栃木県子ども若者・ひきこもり総合相談センター「ポラリス☆とちぎ」活動実績（2016年4月〜2017年3月）

	4月	5月	・・・	2月	3月	計
稼働日（日）	22	20		19	23	246
相談件数（件）	245	285		268	331	5087
当事者数（新規・人）	38	39		31	35	365
継続（件）	317	346		237	296	4722
1日あたり（件）	16.6	24.3		24.1	14.4	20.7
相談方法						
電話相談	351	283		203	233	2191
面談（来所相談）	94	82		107	114	1480
訪問相談	44	51		76	79	760
メール相談	47	49		52	45	656

出典：ポラリスとちぎ

表8-2　来所時の主訴［年齢別］（新規当事者：2016年4月〜2017年3月分）

年齢	〜14	15〜17	18〜19	20〜29	30〜39	40〜49	50〜59	不明	計
ひきこもり	2	4	8	35	29	12	1	2	93
ニート	0	1	7	16	11	3	0	0	38
不登校	34	37	6	4	0	0	0	1	82
いじめ	0	0	0	0	0	0	0	0	0
就　学	4	11	2	6	2	0	0	0	25
就　労	0	1	4	13	9	4	0	1	32
生活（生保等）	2	0	2	4	2	0	1	0	11
親子関係	2	2	1	7	4	0	0	1	17
その他	1	9	2	5	2	1	0	2	22
発達障害（疑い含む）	1	0	1	7	1	0	0	0	10
精神疾患（疑い含む）	1	1	0	15	10	2	1	2	32
自傷行為	0	1	0	0	0	0	0	0	1
その他疾病等	0	0	0	1	0	0	0	1	2
計	47	67	33	113	70	22	3	10	365

出典：ポラリスとちぎ

5 保護者支援

　「マズローの法則」でご存じだと思いますが，人間の欲求は5段階のピラミッドのように構成されており，「生理的欲求」→「安全・安心の欲求」→「親和・帰属の欲求」（会社とか学校にいくこと）→「尊敬を受けたい欲求」（自己承認欲求）→「自己実現の欲求」と，より高次の欲求へといきます。災害で避難所をつくるのは「生理的欲求」を満たすためです。その上は「安全・安心欲求」で，安心がないといけない。にもかかわらず，ひきこもり支援をやっていると，お父さんから電話があって「頼むから，こいつをどこかに預けてくれないか」と言われることがあります。

　Googleで「ひきこもり支援」を検索すると見事な美辞麗句が並びます。「ひきこもり支援，1年で直します」「ひきこもり支援，必ず1年で就職させます。就職できなかったら全額返金します」。あるお父さんから2年前に電話があって，「中野さん，おれ，そこに行くことにした。1つだけ心配なことがあって，年間で700万かかるけど大丈夫なのか？」。大丈夫ではないんですよね。家庭や地域で安全・安心が保たれれば，若者は次のステージを望みます。確かに，ひきこもっていたり，困窮のなかで難しい関係性があれば，そう簡単には親御さんが「ここにいて大丈夫だよ」と言えない。それを私たちが保護者支援をしながら，どうやっていくかを考える。「不登校支援」も「ひきこもり支援」も，その子を「学校に行かせよう」「働かせよう」とするものですが，本人が動くわけではない。だとしたら一番近くにいる家族をどう支えていくかが最も大事になってきます。

　「保護者支援」「家族支援」こそが，困難を抱える子ども，特に若年層の若者にとっては大きなポイントになると思います。保護者も家族も一人ひとり違うので，AさんにやったケースがBさんに当てはまるわけではありません。「こうしたらどうでしょう」などいろいろ提案します。「毎朝，声かけをしましょう。おはよう，いってくるね」でも，答えがないのはあたりまえ。でも「ずっと声かけしていきましょう」ということから始め，少しずつ変化があったとき，安心ができたときに初めて，私たちから「どう？」という話ができる。その前に本人と話して引っ張りだすことではないと僕は思っています。

　日本福祉大学の竹中哲夫先生は，ある講演会で「家事」について次のように

話されました。「日本は家事が過小評価されている。家事労働はとても大事で，洗い物をする，ちゃんと布巾で拭いて乾いたら食器棚に入れる，水浸しだったら机を拭く，洗濯したものを取り込んできちんと畳んでタンスに入れる。そういう家事は本人が会社に行ったとき，自分の机の整理に直結するので，すごく大事だけども，家事が低く見られている。もっともっと家事を」ということで，40代のひきこもりの男性に，「まず家の中でできることからしようよ」と声をかけ「お母さんの手伝いで家事をやってみたら？ 洗わなくてもいいから拭くだけやってみよう，洗濯物を取り込んでごらん」と話をしていきます。その次に「福祉的就労」「中間的就労」という就労体験があって，最後に「就労」となる。「就労」に直接いかそうとしますが，その前に段階が必要で，若者にとっても段階を踏まずに就労にいこうとするから難しくなる。「段階を踏むことが，とても大事だ」ということを竹中先生もおっしゃっていました。

6 寺子屋

　その次の段階として，本人が行ける「場づくり」，それを支える「人づくり」をしています。「居場所」「学びの場」「食べる場」などです。本人が動きやすくなると「面」ができてきます。今までの「線的な支援」から「面的な支援」になる。その「面」が地域にあることが重要だと思います。まずは「学ぶ」ということです。もともと学習にまったく興味のない子どもでも，学びが嫌いな子どもはいません。12年前から生活保護受給世帯を対象に，無料の学習支援教室「寺子屋」を，行政に関係ないところでやってきましたが，現在8カ所になりました。寺子屋には不登校の子どもや生活保護の子どもたちが多く来るようになっています。自治体の学習支援の場にも行けない子どもたちがいる。大勢の中に入っていけなかったり，「あそこに行くと嫌な子がいる」ということで「寺子屋」に来るようになった子どもたちもいます。

　23歳から2年間，ひきこもっていた若者のケースをお話しします。小学校の入学式以降，学校に一切行きませんでしたが，「高卒認定をとりたい」と決意し，23歳で合格。その後大学に通って教員免許をとり，現在，高校の先生をやっています。学校に一度も行かなかった子が先生になれる時代です。"今ま

での 1 つの形ありき" ではなく，その子に合った支援が必要だということです。進学も就職も本人次第ですから，本人がやりたいというとき，本人が動ける動線の範囲にその環境があるかどうかが大きな鍵ではないかと思います。

　学習支援スタッフは35名ですが，そのうち21名がポラリスやサポステで支援を受けていた若者です。まずは「寺子屋」でボランティアをする，それで関わりができる若者は次に「生活困窮の学習支援」に行かせます。最終的に「発達障害の学習塾」の講師もしくは「学習支援事業」の正社員として雇用した人が 4 名います。ひきこもりや対人課題のある若者にとって，「学習支援」は一歩出やすくするきっかけとして最適だと思います。「学習支援の関係」は，ある意味で関係性を構築しやすいといえます。生活困窮世帯で学習支援事業に来る若者の 7 割近くは学力が低い。中学 3 年でも中学 1 年の学習ができていない子が多い。ある意味で教えやすいということがあります。その若者が対応できる子にあたることで，逆に教えることが好きになって「自己肯定感」が上がっていくことがあります。

７ 「食べる」（子ども食堂）

　子ども食堂をやっています。2016年に開所した「昭和こども食堂」には子どもたちがいっぱい来ています。宇都宮では初めて，栃木県では 3 カ所目でマスコミ等でも注目され，「誰が来てもいい」というスタンスで，ママ友や単身者，いろんな方が来ています。多いときは40名来ますが，30人以上になると準備に4,5人必要です。スタッフは 1 名だけで，あとはボランティアです。ひきこもっていて対人不安が強く，困窮度もひどい若者に「料理の手伝いだけでもやってみないか？」ということで，出てき始めた。18時に子どもたちが来ると，サーッといなくなるんですが，次の週に来たときに「先週，お前の作った料理はうまかったぞ」と子どもたちが言うと，にやにや笑い始めたりします。そういう意味でも「こども食堂」は「出口」の 1 つではないかと思います。大学中退後，就労経験のない27歳の若者が子ども食堂の長期ボランティアを経て書店の書籍管理の仕事に就くことができました。今でもがんばって働いています。

　「学習支援」や「子ども食堂」は若者をつなぐ場として一歩出やすい，緊張感も少ない。困難を抱える若者にとって学習支援，子ども食堂は有意義だと思

います。学習支援の経験がなくても大丈夫です。生徒に渡すプリントの解答を前もって渡すので「勉強しておいてね」というと，十分教えられます。子ども食堂をやっているスタッフは25歳の女性で若い。彼女が「子ども食堂をやりたい」と手を上げてくれたので始めたのです。クックパッドを見ながら料理経験のない若者でも作れる。ひきこもりや対人不安の強い子どもは書かれたとおりにやりますから，細かいミリとか書いてあった方が，時間はかかるが，同じ味を作れます。

8 関係性の構築

　教える・教えられる対等な関係，子どものために食事を作ることは若者にとっても出やすい１つの場です。段階を踏む支援，ボランティアからバイト，そして職員へと，自己肯定感の向上は，ほぼ間違いなく確実です。「子どもを支援する一員」という喜びも彼らは感じていると思います。「学習支援」「子ども食堂」が若者をつなげる大きな１つの流れではあります。

　「すべての子どもに安心できるワンストップをつくれないか」ということで，去年，宇都宮市の空き家対策課に「空き家を一軒お借りして拠点をつくることができないか」とお願いしました。前向きに乗ってくれて今年（2018年）８月に「キッズハウスいろどり」がオープンしたばかりです。「食べる，学ぶ，遊ぶ，安心，を子どもたちに」というキャッチフレーズのもとに，４つのプログラムをやっています。

　50万都市の宇都宮市には，なんとスクールソーシャルワーカーが２名しかいません。でもその２名のスクールソーシャルワーカーは，連携しているので，「子ども食堂」「こども寺小屋」につなげてもらっています。また，済生会宇都宮病院のメディカルソーシャルワーカーのチーム力はすごい。他の病院では病院の中でのソーシャルワーカーですが，済生会病院は外にどんどん出ていきます。子どもが話をしていると「どうもネグレクトの疑いがある。毎日，カップ麺しか食べていない」と，すぐに児童相談所に飛んでいく。児童相談所が「こちらではできる案件ではありません」と言うと，すぐ「子ども食堂」へ連れて来ました。地域にそういう連携機関があり，それを有効利用できるワーカーが揃っていることがポイントではないかと思います。

「寺子屋」はケースワーカー，市の生活保護課とも連携しています。居場所は遊び場です。毎週，遊ぶプログラムを考えて，ちぎり絵，石鹼つくり，アクセサリーづくりなど，みんなで楽しみながらやっています。外国人にルーツをもつ子どもも増えてきたので国際交流協会と連携して日本語教室をやっています。1つのワンストップ拠点ができることで困難を抱えた若者たちが集まってくる。ここから「サポートステーション」「寺小屋」「ジョブカフェ」などにつなげる。これまでにネットワーキングをつくってきているので，ハローワークもよくわかっており，相談員が対応してくれる流れもできています。

3　中間的就労の試み

■1 厳しい雇用環境

子どもたちの未来は10年前，20年前と大きく変わるだろうと思います。発達障害の人が増えたわけではなく，彼らの受け皿がなくなったこと，働く場所も学ぶ場所もなくなったことが大きな課題です。労働人口の4割，約2000万人が不安定就労で働いているという現実も大きな課題です。

高校入学者が100人として，高校を3年間で卒業，大学で4年間学んで就職して3年間働くという10年間を，年配者の考えるまっすぐなキャリアを歩いている若者は41人しかいないという現実があります。高校生が10人いたら，そのうちの6人は，その道を歩まない。高校を卒業して働く子もいるが，そのなかでドロップする子も当然いる。となったとき，「大学に行けばいいや」ではないのです。半数以上はそうじゃない道を歩む。これは継続的な支援が必要な時代であることを示しています。その背景には，現代は高度化とスピード化が求められる時代であり，ある意味では「できる」人間だけを使いたいという社会の要請があります。企業が求めるのは「即戦力」「経験者」です。でも，企業を責めることができないのは，企業も生き残りをかけて「即戦力」「経験者」を求めているからです。昔の企業は若者を3年間かけて育てていましたが，今はそれもなくなってしまったこと自体が大きい。産業構造が変わらない限り，排除される若者はどんどん増えていきます。その受け皿が必要だということで「中間的就労」を進めているということです。

② 「しごとや」

サポートステーションは相談だけでしたが，なんとか「就労」の形をつくりたいということで，「しごとや」を立ち上げました。「誰もが参加できる段階別の就労訓練」をめざすもので，ユニバーサルデザイン・ジョブ（中間的就労支援事業）「しごとや」という名前で誕生しました。「段階別就労訓練」だったのが，なぜ「中間的就労支援」になったかというと，2013年，厚生労働省の当時の局長さんの前でプレゼンする機会がありましたが，そこで「中野さん，これが中間的就労だよ」と言われたので，そのときから名前を「中間的就労支援」に変えました。当時はまだ中間的就労という言葉自体があまり周知されていませんでした。同じような請負で仕事をいただくとしても，内部スタッフと生活困窮者で仕事に従事するのと異なり，私たち栃木の中間的就労は現場が外部の企業や農家です。その働く現場には企業の職員もいれば，農家にはシルバーさんもいて一緒になって働くので，外部型の栃木と呼ばれました。

なぜこれが必要だと思ったかを説明します。若者が自立するには段階があります（図8-1）。一般就労では1日8時間，週5日，それが難しい若者を抱えるサポートステーションでも，そうした一般就労が目標です。しかし，精神障害，発達障害，ひきこもりの子どもが一般就労できるはずがない。だったらワークシェアした仕事を，彼らができる仕事を私たちがつくったらいい，それが法人を立ち上げた一番の理由です。「段階的仕事づくりが必要だね」と。段階的な仕事も人や地域の役に立つ，認めてもらうことが大切です。農家のおばちゃんに「がんばるね，兄ちゃん，こんな暑いときにタマネギを運んでくれて」と褒められたり，企業の方に「最初はできなかったけど，今，できるじゃないか」と認められたり，こういう経験が少ない若者が地域の方から褒められることで何よりも職業意欲が出ることを実感として感じています。

③ 「人」と「場」をつくり続けた20年間

個別の場づくりも必要です。さまざまな場をつくること，それを支える人づくりが必要ということで，とにかく「人」と「場」をつくり続けた20年間でした。

ずっとつながってきたある子は，いま30歳。群馬の隣の大学に入り，2番の

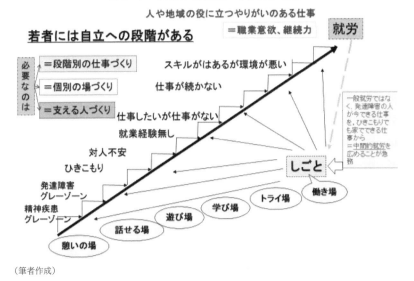

図8-1　若者には自立への段階がある

（筆者作成）

成績で卒業しています。場面緘黙ではないのですが，かすれた声で「ハハハ」という音しか出せない。面接をした24社にすべて落ちて自暴自棄になり，ひきこもりになって3年目に初めて彼に会いました。情報処理の大学に行っていたので，テープ起こしの仕事を勧めて始めました。1000人の若者がいると10人くらいはパソコンの天才がいます。家からは出ないけど，パソコンは見事に打つ。業者に出せば2時間5，6万円かかるデータですが，うちは1万2000円でできます。一字一句間違いなく打ってくる。評判がよくなって，NHK関連や宇都宮大学，読売新聞などさまざまなところから仕事をいただいて，年間120万円くらいになっています。120万円というと延べ100人以上の若者でできます。報酬1万2000円のうち1割引いた約1万円が彼に入る。初めは2時間の仕事を20日くらいかけていたのが，今では2，3日でできます。1万円の仕事が月4回あれば4万円になる。今，彼は在宅勤務可能な会社に勤めています。週1回だけ仕事に行って，あとは家で仕事をする。こういう流れも1つの形ではないでしょうか。

第8章　栃木県の若者支援における中間的就労　177

❹ 企業や農家と連携

　いろんな企業や団体，農家と連携しています。就労準備訓練の中にある「中間的就労」です。国の仕組みですと，若者たち，困窮している人たちを企業が「訓練」できる場を用意する。しかし企業にしてみると，どんな若者が来るかわからない。誰が来ようが誰かが教えないといけない。教える社員の人件費は誰が負担する……。結局，税制優遇したとしても，企業の負担が減らない限り難しいということです。リスクもあるからです。私たちは，企業と若者の間にジョブ・トレーナーという1人のスタッフを設けて，4人1チームで2万円の仕事を請負でやっています。請負ですから，企業はジョブ・トレーナーに直接指示を出す。若者には命令がいかない。若者はある意味，責任がない形で訓練を受けることができる。もし1人の若者が倒れたら，その分はジョブ・トレーナーがこなします。企業にすると2万円払ったものの最低限のことをやってくれることがありがたい。互いに，いい形になれるということです。

　仕組みは以下のようになっています。企業や農家と請負の形で，4人1チームで2万円。2万円の内訳は，若者が報奨金ということで1人2000円，ジョブ・トレーナーが1万円の日給，プラス4000円は車のレンタルやガソリン代に消えます。法人の総務経費，家賃は含まれず，法人としてはプラスにならないので，来年度はこの2万円をどう上げていくかを考えています。

　宇都宮に「ロマンチック村」という東京ドームが10個くらい入る広大な敷地があります。草むしりのほとんどをシルバーさんがやっているんですが，その社長が「やってもらえないか」ということで始めました。なかには「僕はこういうのが大好きです」「外の作業が好きです」と言う若者もいるものの，実際にやってみると全然違う。とんでもなく遅かったり，無口でしゃべらない人が早かったりで，現場の作業はとても重要です。社長も，最初は彼らのあまりにもスローな仕事ぶりを見て不安だったようです。「どうなるかと思ったけど，社会貢献と考えるしかない」と思って我慢していたら，今では期待以上，120％ということで高評価をいただきました。就労支援を理解していただけたという点でもよかったと思います。

⑤「中間的就労支援」

　今，「緑の中間的就労支援」をやっていますが，自然と触れ合うのは言葉をしゃべらない若者にもいいかなと思います。過疎化，高齢化が進むなかで，就労支援を通して若者がつながることで形としてできるのではないかと注目されています。中古自動車の清掃の仕事は4人1チームで，車内や車周りを清掃する仕事です。週4回ですが，この企業から年間500万円弱を法人にいただきます。この企業には今までに5人の若者が雇用されています。パートもいれば週4日勤務もいますが，新たな就労の道だなと考えています。

　「中間的就労」を始めたのは，とにかくいろんな仕事をやらせたかったのです。いろんな仕事があり，その中から若者が選べるようになったらいいと思っていました。実際に体験し本人が自覚してほしい。例えば「炎天下の仕事ができなかった。8時間やれると思ったけど」「手作業が自分は人と比べて遅い」ということを自分で知ってほしい。できることも体験させたいが，できないこともわかってほしいと思います。そして「できない」ではなく，サポート・ステーションのスタッフと相談して「それならばこういう仕事なら向いてるかも」ということで，「中間的就労」をやったことが生きてくればいい。その意味で「中間的就労における就労体験」は重要だと思っています。

　発達障害が強い子どもがいて，中学時代は先生方もお手上げ状態でした。荒っぽく，草むらでタバコを吸ったり，とんでもない子どもだったのです。でも，彼が草刈りの器具を腰に巻いて仕事をしているのをたまたまある農場の親父さんが見て「お前，侍みたいでカッコいいぞ」と言われてウキウキになってしまい，こういう仕事が大好きになり，今は解体の仕事で働いています。

　トマト農家で働いている彼は筆談でしか話ができない若者でした。でも就労意欲が強く，水耕栽培のトマトハウスと昔から連携していたので「ちょっと頼めませんか？」と話をしたところ，「2カ月はタダだよ，研修だよ。それ以降は中間的就労でいいよ」と言っていただきました。彼は自閉系，発達系の障害が強いのですが，得意なことは時間に正確なことです。朝5時半から始まる仕事に5時に来て，それを2カ月間続けたら，おばちゃんが信用してくれて今では温度管理や水量調整もすべてやっています。彼は今，5時半から12時まで，週4回の勤務で月8万円くらい稼いでいると思います。自閉系の障害がある彼

第8章　栃木県の若者支援における中間的就労　179

を一般企業が雇用できるかというと，できません。地元の農家，地元の中小企業だからこそ，出口として彼らを受け入れられる部分があるのです。この農家では新たな農業支援ができるということで，さまざまなものをやり始めています。農業はこれからのステップとして困難を抱える若者の1つの進路になると思います。

4　これからのスタンダード

　課題もあって，「しごとや」の現場仕事には女性がなかなか行けません。現場に行けないような対人不安のある子どもが増えてきました。そこで新たな「てしごとや」を誕生させました。アクセサリー，ぬいぐるみを作るのですが，仕事の手前の段階をつくろうということで今年4月から始めました。

　大学を卒業してから10年間勤務したが，パワハラで辞職。転職して2年間我慢したがウツ症状になり，退職してから10年間ひきこもっていた44歳の人がいました。できることからということで家事をしていましたが，あるとき，運送会社の管理業務で中間的就労ができないか，という話をしたら「できるよ」となって始めてもらいました。「働きたい」と思っても働けない。だから，就労の手前の「中間的就労」での「体験」は，これからのスタンダードになるのではないかと思っています。

■1 「中間的就労」の有効性

　どうして私たちの「中間的就労」が国の「生活困窮支援制度」にならなかったのでしょうか。厚労省の方にも言われたのですが，「中野さんのところはお金をとるよね。お金をとると，中野さんのところには利益はないかもしれないが，収入が入る。悪質な派遣会社が入ったら，どんどんピンはねして吸い上げてしまう。だから国の政策にはなりません」ということで国の施策にはまりませんでした。「中間的就労」を増やしていくには，1つには若者たちの「出口」を増やすことが必要です。もう1つは，そういう若者たちを理解する社長や農家を増やしていくことで，地域の中に受け皿をつくることではないかと思います。

図 8-2 新たな生活困窮者自立支援制度

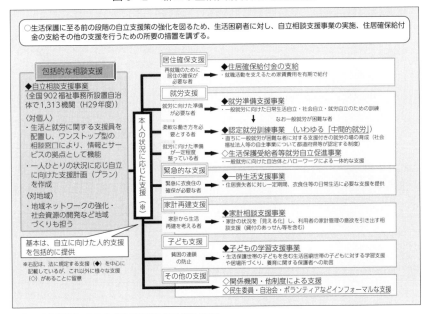

出典：厚生労働省（2017）『平成29年版 厚生労働白書』

　図 8-2 は国が描いている「生活困窮者支援制度」です。「就労準備支援事業，なお一般就労が困難な者は中間的就労」とありますが，私は逆だと思っていて，「中間的就労」から「一般就労」につながることが，はるかに就労につながる率が高いと思っています。

　「サポートステーションの支援を受けて就職した人が年間155人。その155人がサポステにはつながらずそのまま全員が生活保護を受給した場合，1人10万円だとしたら12カ月で1億8600万円もの金額を1年間で国と地方が半分ずつ拠出しなければなりません。それが，サポステから就職につながった155人一人ひとりが最低賃金の年収200万円で働けば，1人年間約36万の納税になります。そうなれば5580万円の増収になりますから，あわせると2億以上の増収になる」と私は国や県にも訴えています。困難を抱える若者を税金で支えてもらう側から税金を払う側に移行すること，それが私たちのミッションで，それには「働く機会」や「場所」「育てる人」が必要です。「学び直し」や「就労体

験」はこれからは必要不可欠だと思っています。

　2007年に「サポートステーション」を開所して4年間で「登録者」662名，「就労決定」が294名，3〜4割です。そのうち「中長期での滞留」が約3分の1の256名，開所した当時から「中長期で滞留」してしまうことが課題でした。法人を立ち上げた後，2010年から3年半くらいで「中間的就労」に参加した者が78名いて，前回と比べると20ポイント近く上がっています。「中間的就労」がいかに有効かということが数値的にも立証できます。とかく若者は周りから「とにかく働け」「遊んでいる場合じゃない」「将来どうするんだ」と一方的に言われがちです。しかし，一般社会には見えづらくなっていますが，困難を抱える若者の雇用は悪化しているのです。だったら，「中間的就労」で本人がやりがいと喜びを見つけることが，彼らにとっても社会にとってもプラスになると思っています。

❷「場」を地域に

　はじめは「あの人，困っているな」「みんなで何とかしましょう」という話になるのですが，それが問題行動を起こすと急に一変するんですね。「どうしたんだ，あの人」，何とかならないと，「やっぱり出て行ってもらうしかないね」となる。問題行動の背景には学校や家庭や地域における問題があって，貧困や嫌がらせ，ネグレクトとかの理由があります。しかし結局は「排除」され，「孤立」する。ゲームばかりやっていると言われますが，つながりを求めてのゲームであり，また他にやることがないからでもあります。困った状況の若者たちを見ると「どうにかしないといけない」「病院につれていこう」「警察に」となりがちですが，「排除」ではなく，諦めずに守り続けること，「伴走」することが大切です。どんな若者とも「継続的」につながること，そして地域の中に「居場所」ができたり，「学ぶ」ことができたり，「働く」ことができるような「場」をつくっていくことが，これからの地域づくりのポイントです。

　学校でも「自らSOSを出しなさい」「ヘルプを出しなさい」と言われるのですが，彼ら／彼女らは絶対に出さない。言うわけがない。だからこそ，これから地域に求められる支援というのは，いつでも，誰でも相談できる「人」と「場」が地域にあることです。みんなで食べたり，支えあう，就労につながる

支援ができる「人」と「場」が地域にあることが，これからとても重要です。専門的な言葉にすると「相談支援」「学習支援」であり，「生活支援」「家計支援」，そして「就労支援」です。「伴走支援」として「継続的」に関わる「人」と「場」をつくっていくことが地域づくりではないでしょうか。

　まだまだ発展途上ですけど，私たちの場合は，この20年の間にネットワーキングをしてきたからこそ，行政からも信頼をいただいて，県のセンターや市の大きな学習支援などを任されています。キッズハウスができたことで不思議なことに，民生委員とか部会長などいろんな方が集まり続けて「この地域で何とかした方がいいね」「この地域は貧困ということを言わせないようにしよう」という話や動きができてくる。そういう流れが地域につくられていくこと，そして行政からのお金がたとえ途絶えたとしても，行政に頼らずとも，民間と地域でつくることができるのであれば，その地域は本当に女性や子ども，年配の方にも優しい地域になれるのではないかと思っています。

第Ⅱ部　就労自立支援サービスの実践と成果／第9章

京都自立就労サポートセンターにおける就労訓練事業(中間的就労)の取り組み

高橋尚子（一般社団法人京都自立就労サポートセンター主任相談支援員）

1　就労支援とは何か

■ 「就職」支援ではない「就労」支援

　埋橋先生から「就労支援」について，「企業開拓」の話と「京都での支援の特徴」，「支援の効果」を依頼されましたので順を追って説明していきます。

　京都自立就労サポートセンターでは2011年より就労困難者や長期離職者の方たちの就労を中心にサポートしてきました。相談者の中には生活に課題を抱えている方もいらっしゃいますので，単に就労支援だけではなく，くらしと仕事の相談をワンストップで行っています。

　私たちのところに相談にお見えになる方たちの多くは，「人と関わることが怖い」，とにかく「集団に対する苦手意識がある」「苦手なことが多くて，できることが自分にはない」とか，チャレンジする前からどれだけがんばってもうまくいかないと思い込んでしまっているために就労に対して前向きになれず，「傷つくのであれば動きだしたくない」という気持ちがとても大きく，また精神面で不調を抱えている方も多いです。いったん諦めると，次に踏み出す力がどうしても弱くなってしまいます。そして，内面的な要因に課題がある方には，それを解決するのにとても時間がかかることを前提にした上で，そういう人たちに対して私たちはどのような支援が必要なのかを考えます（図9-1参照）。

　「就労支援とは何か」についてですが，就労支援というと「今，働いていない人がどこかで働けるようになる」というイメージが強く定着しています。しかし私たちがしないといけない就労支援は，単に経済活動に引き戻す支援では

サポートのイメージ

図9-1 サポートのイメージ

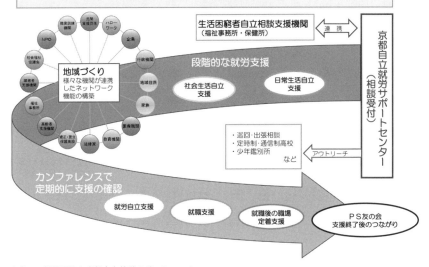

出典：一般社団法人京都自立就労サポートセンター

なく、「意欲喚起」と「能力形成」と「場の提供」の3つのセットです。どれが欠けても就労支援はうまくいきません。それから「就労」と「就職」は一見、似ているように見えますが、意味することは違います。文字どおり、「就職」は新しく職に就く、働き口を見つけることですが、「就労」というのは、すでに働いている状態、仕事についている状態、もしくは仕事に取りかかるという意味合いがあります。私たちがしないといけないのは「就職支援」ではないのです。働き口の紹介はハローワークで丁寧にしてもらえますから、私たちがするのは「働き続ける力を身につける支援」で、できるだけ「働いている状態に近い支援」を行っていくことが大切です。それはどういうことなのか、次にお伝えしていきます。

2 本人のリアルニーズと、本人も気づいていないプロフェッショナルニーズ

働くために必要な日常生活の見直しから社会参加へのきっかけづくり、働く

上で必要な知識と技術の習得を行う支援をしていきます。次に，そこで培ったものを活かして，本人が自分の力で成長していける「場」づくりをめざします。その上で，「就労支援の役割と機能」とは何かですが，「役割」としては，就労面だけではなく，生活面や健康面にも課題や不安がある方が多いので，しっかりと寄り添い，支援を通じて，その方のすべてを理解して困っていることを一緒に確認しながら話し合い，本人のリアルな「ニーズ」を明らかにしていくことが大切です。そして本人が設定した目標が達成できる「支援プラン」を私たちが考えますが，支援プランも私たちが一方的に「こうしましょう，ああしましょう」ではなく，本人が「これくらいからだったらできるかな」という支援プランをつくっていきます。支援プランをつくるとき，本人も交えて考えていくので，どんなメニューが自分に合っているのかを考え，自己選択・自己決定できる力を培うことができます。「機能」としては「きっかけづくり」「アセスメント」「働き続ける力」です。

　先ほど述べた，自己選択，自己決定をしていくことはとても大切なことですが，なかなかすぐには難しいですね。なぜかというと，相談に来られる人たちは，すでに自信をなくしているし，何より情報が乏しい状態です。なので仕事に対する理解や興味，関心を，まずもってもらうことが大切です。人は，「知ってる」「知らない」が物事を決めるときの大きな要件になっています。知っていることには容易に手も出せるし，安心してできます。知らないことについては躊躇しますから動けないのは当然です。できるだけ「知っていることを増やす」ことからスタートします。

　「アセスメント」はとても重要です。本人の「ニーズ」を明らかにしていかないといけないわけですが，よくやりがちなのは単に点検作業で終わってしまうことです。相談者がいまどんな「段階」なのかを知るという意味では，「これ，できていますか？」「あれ，できますか？」と聞くこともありますが，聴く側の姿勢が単に点検作業的になってしまうと「できてへん（できていない）」イコール「×」だけのジャッジとなってしまい，適切な支援が行えません。「できてへん」ことがダメなのではなく，「できていることもあるはずだから，それをもっと伸ばしていけばいいのではないか」という視点に立つことが大切です。アセスメントは「点検作業」ではなく「確認作業」ですね。今はどうな

のかという「確認作業」のなかで，本人自ら「こういうことが私は苦手なので」「こういうことに困っている」「以前こんなことがあった」などいろいろ話されますので，そこから私たちは支援する上で必要な情報を整理していき本当に必要なものを確認していきます。もっと言うと，本人も気づいていない「ニーズ」があります。「いやいや，あなたに今，必要なのはこれじゃない？」とアセスメントのなかでしっかり掴んで提案し，本人が気づいてない，また不足しているものを明らかにするのが私たちの仕事です。これが「プロフェッショナルニーズ」です。

　そして，アセスメントでニーズを明らかにした後に，今度はいろんなプログラムを通じて本人が「どの段階でエラーが出るのか」を確認していきます。例えば就労体験だと，それは指示の理解の段階なのか，作業を実行する段階なのか，それとも最終確認の段階なのか，相談や報告をするときなのかなど，しっかり確認することが大切です。また，「今はできていないけれど，今後時間の経過とともに成長できるのではないか」ということにも，しっかり着目していきます。それによってミスマッチを防ぐための働き方や職種を考えていかないといけません。

🔟 スモールステップ支援へ

　ここでいう段階に応じた就職までの支援とは何か。「段階」はどういう意味合いがあるのかを考えていきます。ゲームに例えると1面をクリアしなかったら2面に行けず，2面をクリアしないと3面目に行けなくて，最終面にたどり着くまで随分がんばらないといけないのでしょうか。いやいや，マリオブラザーズでも，ワープできますよね。できたらその方が楽ですよね。

　私たちが考えている「段階に応じた」というのは，しっかりとトライ＆エラーを保障しながら「スモールステップ」していくことが「段階に応じた支援」だと考えています。なかには，私たちから見たら「このへんくらいからスタートしないと，ちょっと難しいのではないか」と思う人もいますが，自分のことは自分が一番よくわかっているようで，わかっていないということもあります。なので，私たちと違う意見の人がいても，それには否定しません。本人が「ここからしたい」というなら，そこから始めたらいいのです。ただし私た

第9章　京都自立就労サポートセンターにおける就労訓練事業の取り組み　│　187

ちもそれなりに経験を積んでいますから見立てを誤ることは少ないので，本人の希望どおりにいかないことがよくありますが，うまくいかなかったとしても「だから言わんこっちゃない」というのではなく，「別にいいやん。なにがアカンかったんか，わかったしよかったやん。今度はこのへんからどう？」と言います。エラーが出ても，ちゃんと次のトライを保障していくこと，これが，とっても大切なことなんです。そして，進む先がすごく大きな階段であったら無理なので，そこは段差を小さくしスモールステップで，本人が確実に「できる」「できた」と思える支援プログラムの提供をしっかりしていく必要があります。

4 就労準備性を高める

「日常生活自立」のなかで，厚労省の資料にもある評価シートの項目に「昼夜逆転している」といった項目がよく見受けられますが，私は昼夜逆転しているのは悪者ではないと思っています。悪者は何か，というと，リズムが整っていないことです。ずっと朝まで眠れない日があったり，あるときは10時間以上寝ている日があったり，食事もとれる日もあれば，まったくとれない日もある。これがアカンのですよね。確実にリズムが整っていれば昼夜逆転していたってオッケーです。その分，夜に働いたらいいだけの話で，夜に働くところは今，山ほどありますし，夜の10時以降は時給もいいので一石二鳥です。なので「朝起きられる生活にならないと就職できへん」というのは違うと思っています。ただし支援する側としては「リズムが整っているかどうか」など，自分で健康管理や生活管理ができているかの確認は必要です。

就労支援の現場にはさまざまな課題を抱える相談者が来られるので，支援を行っても「上がりがすべて就職」だけではありません。でも，本人の向かう先が「就職」なのであればやはり「就職」をめざした支援が必要です。「就労支援をしてほしい」と来る人に「いやいや，あなたは無理や」という気持ちを私たちがもつことはありません。なぜなら，働くことは特別なことではなく，私たちの日常生活のなかで当たり前のように行っている，「食べる」や「遊ぶ」「歯を磨く」「寝る」といったことと等しく生活の一部だと考えているし，そのあたり前を誰でも手に入れたいと思うのは当然です。そして何より言えること

188 第Ⅱ部 就労自立支援サービスの実践と成果

図9-2 段階に応じた就職までの支援

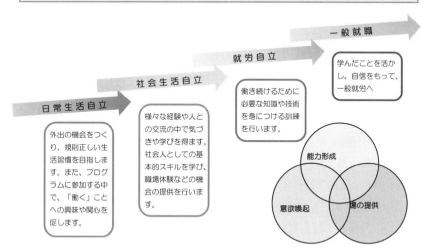

出典:一般社団法人京都自立就労サポートセンター

は,就労をめざしていない人は,そもそも相談に来ません。就労支援の現場では,本人が今すぐではなくても,いずれ「就労をめざしたい」という思いをもっていることに間違いはないので,私たちはこの視点を外さずに支援していきます。支援ではどんなことをしていくかというと,働き続けることができるための「就労準備性」を整えていきます。これはさまざまな活動の基礎となる「基礎学力（ものを調べる・考える・判断する・理解する）」「社会人基礎力」「心と体の健康管理」「対人スキル」「ワーキングメモリー」などで,「感情のコントロール」なども大切ですよね。いちいち腹を立てていたら社会では暮らしていけません。特に「社会人基礎力」では職場だけではなく地域社会でさまざまな人たちと関わりながら協働していくために必要な力を身につけていき,「対人スキル」ではコミュニケーション力の向上をめざしますが,コミュニケーションというと大概の人は「対話力」だと誤解しています。うちにくる人も「コミュニケーションが苦手です」と言いますが,「コミュニケーションって何やと思っている？」と聞くと「人と話すこと」と答えます。「単に会話力？ そ

うじゃないよね」と返し，コミュニケーションとは何かを理解することから始めます。

2　京都特有の中間的就労：就労体験

■1 企業・事業所と協力して

　ここからが，なぜ私たちが積極的に「中間的就労」をしているのかについてです。国がいう「中間的就労（就労訓練）」は「雇用型」と「非雇用型」があって，「非雇用型」はお金が出ませんという，うちでいう就労体験です。「雇用型」は雇用契約を結び最低賃金以上を受け取りながら働く働き方です。今私たちが行っている代表的な「準備支援」のメニューの一覧が表9-1ですが，「ヨガから始める就職準備セミナー」以外は全部，企業や事業所にご協力いただいているメニューです。ここまでたくさんの企業と一緒に支援事業しているところは，他では少ないと思います。これが京都の特徴です。1つのところに集まって封入作業をしたり，座学を中心に授業みたいなのをしたりというのがよそでは多いです。ですが，それだけでは十分な支援を提供できているとは思えません。人によって仕事に対する興味，関心事は違いますし，就労経験の乏しい方にとっては，これから自分がどんな仕事に就いたらいいのかを考えるときに，実際の現場を，よりたくさん見聞きし，体験し，そしていろんな人との関わり方や職場の環境に慣れることによって本人が自分の適性を確認していくことが必要なのです。

■2 就労体験（基礎型）

　たくさんの就労支援プログラムがありますが，これは「就労体験（基礎型）」で，1カ月間まずは自宅を出て通う場所があり，いろんな人と交わりながらさまざまなプログラムに参加していくものです。内容は「これやったら行ってもええかな」「これやったら，ちょっとがんばったらできるかな」と思えることからスタートできるようにしています。余裕しゃくしゃくで「できます」ということではなく，「ちょっと自信ないけど，がんばったら自分もできるのではないか」，そういうものに参加していただき，実際にできたら，それは本人に

表 9－1　就労準備支援事業メニュー

それぞれの段階に応じたメニューで，働くために必要な知識や技術を習得しながら自信を積み重ね就職をめざしていきます。

訓練名	内　容
清掃作業初級講習	清掃作業従事者としての心得などの基礎的な知識を学び，清掃作業で使用する用具の使い方の実習を通じて，作業を行う上で必要な技術を身につけます。
ヨガから始める就職準備セミナー	座学の前にヨガや体操で心と体のバランスを整え，コミュニケーション能力の向上や働く上で必要な社会人基礎知識を学びます。
職場体験型就職準備セミナー	座学と職場体験の一体型セミナーです。座学で学んだ社会人としての基礎知識を，職場体験で実践できます。
就労体験（担い手型）	社会人基礎力の習得から各業界において求められる知識やスキルの習得まで総合的な研修を実施した上で，企業での職場体験（OJT）を行い，業界理解を深め正社員での就職をめざす。
就労体験（合宿型）	複数の企業での就労体験だけでなく，農作業や地域の方たちとの交流，共同生活を通じて，自主性や他者との関係づくりなど，社会生活に必要なことを学び，就職に向けて，次へ踏み出すきっかけにします。
就労体験（実践型）	就労体験計画に基づき，事業所（OJT）での就労体験を通じて，働く上で必要な技術を向上させ，働き続ける力を身につけます。
就労体験（基礎型）	社会人としての基礎力を養うセミナーと農業体験や企業での就労体験をセットにした就職支援プログラムです。これからの就職活動についての相談もできます。
職場見学バスツアー	「求人情報だけでは仕事のイメージがわからない」といった不安を解消するため，実際にお仕事をされている現場を見学し，仕事内容や職場の雰囲気に対する理解を深め「働く」ことのイメージをつかみます。
ものづくり体験	体験を通して，ものづくりへの興味や理解を深めるだけでなく，準備・作業工程の理解・完成度を意識しながら手際よく作業するといった仕事の流れや進め方を学びます。

とっての自信につながりますし，その自信の積み重ねがとても大切です。

　しかし，ただ闇雲にいろんなことをやってもらうのではなく，ちゃんと「就労」を意識しているので，プログラム同士がいろんなところで関係しています。例えば，ある月の「写真くらぶ」のテーマは「夏真っ盛り」で，デジカメを１台ずつぶら下げてテーマに即したものを自分なりに撮って歩きます。ここ

第9章　京都自立就労サポートセンターにおける就労訓練事業の取り組み　│　191

でもそれぞれ興味，関心事は違って，自然や風景を中心に撮る人や，つくられたものを撮る人，季節を感じるものを撮る人などさまざまでした。撮ったものは，翌週の「パソコンくらぶ」で暑中見舞いをつくるときの材料になります。そのことは事前にみなさんにも伝えておきます。「来週，暑中見舞いをつくるので，そのときの材料になるものを」と伝えて進めているので「暑中見舞いに載せられるような写真を撮らないとアカン」と，単にパシャパシャ撮るのではなく，意識して撮ることができます。そして，就労体験も1カ月の間に必ず何回か入れています。

3 就労体験（合宿型）

「就労体験（合宿型）」は京都の目玉商品で，とても欲張りな10日間を地域のさまざまな人たちや地元企業を巻き込んで実施しています。厚労省の資料にも何度か登場しています。合宿は10日間ですが，10日間は実施する方も大変だけど，参加する方も大変です。参加者の多くが，これまで社会とあまり接点をもっていなかった人たちですので，そのような状態の人たちが，いきなり10日間も知らない人たちと寝食を共にするのは，すごく勇気がいることです。それでも毎年ちゃんと参加者がいます。定員は10人ですが，今年（2018年）の京都は夏に台風や大雨など災害があり，その影響もあって参加が少なく6人でした。よく「3泊4日くらいなら行けそうやけど」と言われるのですが，「10日間」に意味があるので私たちはどんなことがあっても10日は崩しません。

なぜかというと，3日間くらいなら嫌なことは我慢できるし，泣きわめくこともありません。余程のことがない限り逃げ帰る人もいません。2011年から合宿をやっていますが，合宿2日目にインフルエンザで高熱が出て強制的に送り返したことはありますが，一度も逃げ帰られたことはないです。ただ我慢って，よくないですよね。人はずっと我慢し続けることはできないのでどこかで不調が出ます。だからこそ，我慢する力ではなく「乗り越える力」をつけたいのです。もちろん，10日間も他人と一緒にいたら，いろんなことが起こり，いいことばかりでありません。嫌なことも含めて，それを乗り越える力がつくのは3〜4日ではできず，10日いたら乗り越える力がついてきます。現に合宿に参加した人たちのその後は，取り組みのスピードがものすごく早いです。「今

192 第Ⅱ部 就労自立支援サービスの実践と成果

までは何やったんやろな」と思うくらいです。ぜひ合宿をやってください。各地で合宿仲間を増やしております。みなさんも「合宿，やった方がいいよ」と広めてください。

◢ 就労体験（担い手型）

「就労体験（担い手型）」は，最近40代も含めて若い人の相談が増えてきたので加わった支援メニューです。全国で問題になっている8050問題は私たちの身近なところにもあって，不登校の延長線上でひきこもりになってしまった人とか，学校を卒業した後の就職がうまくいかず，そのままひきこもりになってしまった人とか，そういう人たちがどんどん高齢化していく現状があります。

特に最近では，30代，40代で「一度も働いたことがない」という人が相談件数として圧倒的に増えています。そういう人たちのために，「社会人基礎力訓練」「業界別基礎知識訓練」「職場 OJT」がセットになったプログラムを実施しています。「社会人基礎力訓練」では，社会人として求められる基礎的な事柄について学び，「業界別基礎知識訓練」では，とにかく業界を知ることから始めます。参加者の多くが，「働かないといけないし，就職活動をしないといけないのはわかっているけれど，やりたいことがわからない」と困っています。やりたいことがわからないのは世の中の仕事（業種や職種）についてそもそもようわからんというのが原因なので，いろんな業界や職種を知ることから始めます。運輸業，ものづくりってどんなもの，介護・福祉はどんなもの，営業の仕事とは？ などと調べていきます。その後に 1 カ月間，実際の職場に OJT に行きます。これまでたくさんの企業にご協力いただき，企業説明や見学，作業体験や OJT を受け入れていただきました。

最近実施した「業界別基礎知識訓練」では 1 カ月間で14社訪問しました。そこで話を聞いたり，実際に作業の体験をさせてもらったりしています。人は説明だけ聞いてもわからないので，十聞くよりも一つ見る方が絶対に効果的なので，「聞かすより見せたい！」という思いでプログラムをつくっています。図面を一緒に描き作業をさせてもらうなど，実際に体験することによって興味，関心事がどんどん増えていきます。そしてうれしいのが訓練先に行くと，訓練生のみなさんはいろんな人から褒められます。毎日訓練していましたから大き

な声で礼儀正しく挨拶や返事ができるからです。「あんたら今はまだ何もでき
ひんのやから返事くらい大きな声でしいや」と毎日言って送り出しています。
そこまでふんぞりかえったら引っくり返るのではないかというくらい胸を張っ
て大きな声で挨拶ができます。また，プログラムに参加した訓練生からは，職
場 OJT では訓練期間中の目標をある程度企業から示されているので「目標を
常に意識し，自分で考えて取り組むことができた」というコメントが多いで
す。

　これらが私たちが実際に行っている「就労準備プログラム」です。だいたい
の支援の様子がわかっていただけたでしょうか。

3　中間的就労：有給雇用型

■ マッチング支援

　ここまですれば準備は整ったといえます。しかし，それでも，ハローワーク
で応募先を探して面接に行き，すぐに採用される人ばかりではありません。と
いうのも，履歴書を持って面接に行っても，なかなかうまくいかない場合が多
いからです。だって20年間，何もしていなかった人は「40歳，職歴なし」と履
歴書に書くわけですから，それを堂々と面接に持っていける人は少ないです。
そして実際に面接に行くと「今まで何してたんやろ？　病気なんかな，働くう
えで何か問題があるんちゃうかな」と詮索されたりズケズケと聞かれる。それ
が嫌なので本人にとってはどんなに意欲があって準備が整ったとしても，やは
り最後は面接が大きな壁になっています。なので，私たちはそういう人たちに
無料職業紹介で「有給雇用型の中間的就労」を行っています。一方，私たちは
社員の高齢化，人手不足の加速など，企業の困りごとも知っています。双方の
抱える課題を詳しく知っているのが私たち自立就労サポートセンターの強みで
す。そのためマッチングもしやすいわけです。マッチング支援をするとき，本
人が希望する「やりたい仕事」は重要なファクターではあるものの，マッチン
グ先を選択するときの一部でしかありません。何よりも「興味」と「適正」の
ずれがないかをしっかり見立てていき，これを間違えなければ，しっかりした
マッチングができるのです。

194 ｜ 第Ⅱ部　就労自立支援サービスの実践と成果

図9-3　無料職業紹介を活用したステップアップ就労（雇用型中間的就労）

雇用型の中間的就労を実施していくためには、職業紹介権が必要です。ただ求人情報を提供していくのではなく、相談者の希望条件や適性に応じて事業所を選定し、職場見学や就労体験などを経て、職場定着に向けた支援を相談者と事業所の双方に行います。

＊平成27年11月 無料職業紹介事業許可 取得

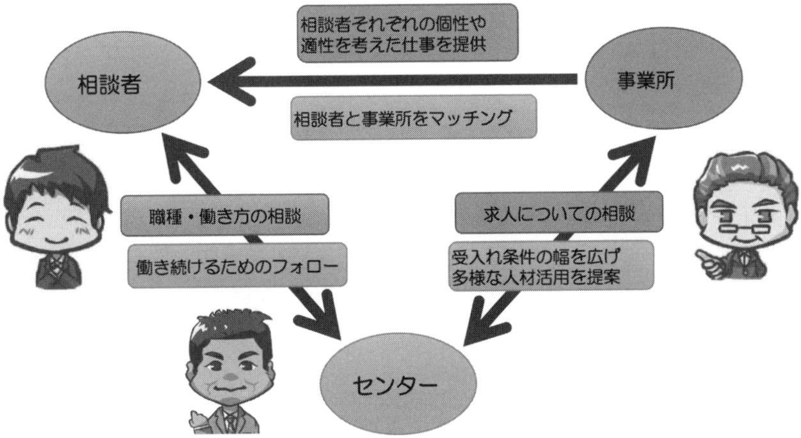

相談者それぞれの個性や適性を考えた仕事を提供

相談者

事業所

相談者と事業所をマッチング

職種・働き方の相談

求人についての相談

働き続けるためのフォロー

受入れ条件の幅を広げ多様な人材活用を提案

センター

出典：一般社団法人京都自立就労サポートセンター

❷日報による振り返りと変化

　「中間的就労」はおおむね30日間実施しています。双方の希望があれば最長３カ月やりますが、その場合は「労働法に基づいて保険に入ってね」とお願いしています。また、中間的就労中は毎日日報を書いて振り返りをしてもらっています。１〜３日目の内容は、「自分でも注意して確認する」「タイムカードを押し忘れたからロッカーにメモを貼る」「大きな声で言う」などですが、５日目ごろになると具体的な作業内容についてのコメントが出てきます。「材料や工具の場所を正確に覚えるために、図や表にしてメモにまとめておきたいと思う」「ネジを締めるときに弱いところがあったので注意して、最後は確認も忘れない」など、本当に実際の仕事を意識したものに変化します。こういう変化が大切です。

第9章　京都自立就労サポートセンターにおける就労訓練事業の取り組み　195

4　中間的就労の一事例

■ 「就労」までの 9 カ月間

　この方は高校卒業後，職業訓練校に 4 年行きましたが，人前では話をすることができません。本当に話しません。「話したくない」のではなく，返事をするのも「ウーン」と喉の奥で絞り出すような感じで，首を縦にも横にも振ることもありません。働きたいけど，話せないから面接が受けられません。そして未就労のまま13年経過して35歳になって，ご家族が将来を心配して相談につれてきました。でも，本人も「働きたい」と思っているんです。13年の間に就職に役立てばと，簿記の資格を取り，電気工事士の資格を取り，運転免許を取ったり，いろいろと挑戦するんですね。しかし，本人はとにかくまともに会話ができないので，私たちは本人が思っていることを十分理解できません。理解できないままだけど，いつになったら聞き出せるかわからないし，「参加したい」という気持ちをもっている本人の意志確認はできていたので，やりながら見立てていくしかないと思って見切り発車しようと決めました。

■ 「他者」と向き合う

　まずはプログラムを通じて外出の機会を増やし，他の人と関わる機会を増やすことから始めていきました。最初は「コミュニケーションの講座」です。プログラム参加後は必ず振り返りをしてもらいます。「できたら最低，3 つくらい振り返ってね」と伝えるのですが，1 つ書くのもやっとで，「反応があった方が話しやすくなる」と弱々しい字で 1 行書いてありました。「大人が書く内容か？」と思うようなもので，自分が「できた，できない」という視点だけなので自己完結的に終わっています。周りの人のことには目が向けられていません。

　それがしばらく支援を続けていくうちに，同じコミュニケーション講座に出た後のコメントの書いてある内容が大きく変化しています。この間 1 カ月くらいかかったかな。ここで着目してほしいのは，今までは自分のことだけだったけれど，そこには「的確な質問をしてお互いの話のくい違いをなくすことが円滑に作業をする上で必要」と書かれていて，コメントの中に「他者」が加わっ

196 ｜ 第Ⅱ部　就労自立支援サービスの実践と成果

ています。彼の中に「自分以外の誰か」がちゃんと入ってくるようになっていました。ちゃんとステップアップができています。体験に行ったときも最初は「楽しくできた」とか「ちょっと足が痛かった」程度だったのが，支援の経過とともに，体験してみて「こう思った。こう感じた。こう理解した。そして学んだ」ということ，それを今後どう活かしていくかが書いてあります。「今後に」ということまで，ちゃんと自分の気持ちを表すことができるようになってきました。自分の気持ちが，ここまで整い，表せるようになったら，次はこれを実行するだけの話です。ここまで来るのに多少時間はかかり，もちろん個人差もあります。すごく速くここまで来る人と，半年，1年かけてようやくここまで来る人と，人によってスピードは違います。

❸ 中間的就労へステップアップ

　この後，彼は就労体験に行った先で「必要最低限のコミュニケーションはとれているからいいよ」というレベルまでになったので，体験先の社長からオファーがきて，お金をもらう形で働くステップアップ就労（中間的就労）に行くことができました。私たちも喜んでいたのですが，そんなときに「一昨日くらいから様子がおかしい。聞いても本人が何も言わない」と社長から電話が入りました。本人は相変わらず人と話すことが苦手なので，言わないのではなく，言えないのですよね。私は「えらいこっちゃな」と思い，本人に会いに行ったのですが，話を聞き出すのに2時間くらいかかりました。いつも一緒に作業している先輩には，わからないことがあったらある程度聞いたり，言われたことを「ハイ」と返事したり，間違ったら「すみません」と言えるようになっていたのですが，違う部署の人や出入り業者に連絡することが起こってきたそうで，それがたちまち「できへん。どうしよう」となってしまったらしく，本人は悩み，それで元気がなくて，様子がおかしかったわけです。

　そこでありがたいなと思ったのは，社長が「本人のちょっとした変化」も見逃さないでいてくれたことです。私たちはお願いする立場ですが，スタッフにも「頭下げて頼み込んだりしんといてや」と常に言っています。なぜなら私たちは自分たちが支援してきた人をええ人材だと自信をもって送り出していますし，逆に厚かましく上から目線で言ったりするときもあります。「ちゃんと気

つけたげてや，何かあったら社長のせいやしな」と。今回も気をつけていてくださっていた結果，ちょっとした変化に気づいてもらえたし，「本人が困りごとを抱えないように，他の従業員ともしっかり話をしながら対応していくようにするわ」と職場の環境の改善をすぐに検討してくださいました。しかし一方で，これでいいんだろうか，他の従業員の人からするとどうでもいいことで，「なんでそこまで協力せんとアカンの？」とか思われて彼が逆にいじめられるのではないかと，ちょっと思ってしまいました。それが心配だったので，他の従業員の方に「お忙しいなか，ご負担ではないですか？」とお聞きしたら，「いやいや，彼は仕事にはしっかり取り組んでくれているし，特に自分たちの負担が増えたわけではないですよ。逆に互い気にかけることができるようになって，よかった」と言ってくださったんです。彼だけではなく，職場全体の改善にもつながったということです。私たちは「場」の提供をするとき，単なる求職者の支援をするだけでなく，参加される場所の環境改善も，もちろん意識しています。

図9-4　ステップアップ就労が始まれば

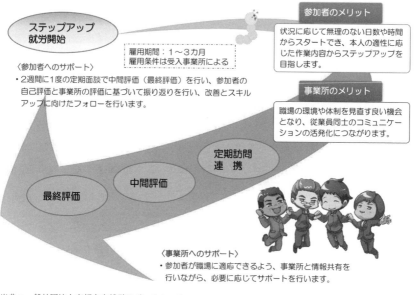

出典：一般社団法人京都自立就労サポートセンター

4 母親へのアンケート

　私たちは，いろんな角度から生活の変化や支援の成果を見ていきたいので，本人の様子をご家族にもお聞きしています。彼のお母さんが書いてくれたアンケートでは，日常生活の様子については，「性格が明るくなった。笑顔がとっても増えた。親子の会話が増えた。身だしなみに気をつけるようになった」ことが大きく変わったそうです。また「規則正しい生活習慣になった。行動範囲が広がった。自分の必要なものを自分のお金で買えるようになった。」ともありました。就労支援の結果，単に仕事に就けただけではなく，彼の生活全般と家族との関係すべてがよくなっていきました。就職してお金が稼げるようになったけれども，家では寂しい思いをしていたり，毎日悩み事が続く生活は幸せでしょうか。単に就職するだけでなく，その人の暮らしそのものが大きく変化を遂げることが大切です。これまでも，就労を通じて心と体が健康になっていく姿を多く見てきました。

5　評価指標と効果測定

1 事例Ⅰ：セルフチェックシートと評価シートの活用

　彼は35歳，大学院を卒業した後，就職活動をしたものの，うまくいかなくて，働かないまま9年が経過しました。ユニークな考え方をもつ方で，なんとなく将来のことを考えていたら，急に「このままでは死ぬしかないな」と思ったそうです。彼はどんな話題でも，何からスタートしても「最後は死ぬ」になるんです。本人は「死ぬ」と考えたら震えが止まらなくて，そういうことをずっと繰り返していた9年間だったそうです。お父さん，お母さんも初めのうちは「就職活動をちゃんとしなさい」と言っていたけれど，本人が「もし就職できなかったら，最後は死んでしまう」という気持ちになり，体が震えて家で大声を出すので，徐々に言わなくなったそうです。そんな彼の就職までの期間は5カ月です。大きな問題がない限り，就職するまで早い人で3カ月くらいの人が多くて，1年かかることはあまりありません。1年以上かかる人は，例えば大きな病気や障害があったり，本人を取り巻く環境に阻害要因があったり，就職にすぐ向かえない他の事情がある人です。そういう人には就労支援だけで

はなく，他にどんな支援が必要かを確認し検討していかなければなりません。

そんなとき，私たちは目で本人の外見上の状態を見るしかありません。もちろん会話の中で本人の気持ちをお聞きしますが，みなさんがうまく自分のことを伝えられる力をもっているわけではないし，私たちも超能力者ではないので心の中までは見えません。「笑顔が増えた」と安心していたら実は心の中では「不安が大きかった」ということもあります。なので，私たちは「セルフチェックシート」と「評価シート」をつけてもらっています。厚生労働省の「就労支援準備の手引き」の中にも「評価シート」が示されていますが，大きな項目で指標をとるものです。しかし現場では細かい変化がわからないので，これだけではあまり参考にはなりません。そこで，それらを参考にしながら検討し，項目を増やすなど独自の「評価シート」にしました。ただ，評価シートでは「そんなに変わってないのではないか」と見えてしまうので，もっと詳細に本人の変化を見ていくための「セルフチェックシート」を別に作ったのです。

「日常生活自立」「社会生活自立」「就労自立」の３つのカテゴリーでそれぞれに項目があり，セルフチェックシートは「59＋３」の項目でできています。「プラス３」は「ちゃんと通院しているか」「服薬が管理できているか」など，通院中の方にのみ書いていただく項目です。「チェックする項目が多いと本人に負担になるのでは？」との指摘もありますが，その分，その方に合った支援を提供できるように私たちも必死に頑張ります。内なるものは本人にしかわからないので，本人につけてもらうことによって，良くも悪くも何によって自己評価が上がったのか下がったのかもわかります。例えば，就労体験に行き出すと，それまでは「できる」と思っていたのに，実際に行ってみたら「ちょっと難しかった」とか「意外と難しい，手ごわい」「できへんかった」と思ったとき，ちょっとだけ自己評価が下がるときがあります。しかしこれは悪いことではなくて，ちゃんと自分のことに気づいたのです。そうしたときに自信をなくしそうになったり落ち込んだりしないようにどうサポートしていくかが大切なのです。そのときに適切なフォローができれば，また気持ちは上がっていきます。最終的には気持ちの浮き沈みがなくなり，ある程度一定に保てるようになってくれば職場定着の可能性が現実的なものになるのです。多少苦手なことが残ったままであったとしても，そこは受け入れていただける企業側にご本人

の苦手な部分を具体的に説明し理解してもらうことで実際の雇用につながっていきます。今のところ，とるタイミングも人によってまちまちで，一定期間内ごとではなく，何かに参加する前と後など，イベントごとにとったりしています。「プログラムが始まったとき」「プログラムの途中」「就職したとき」「就職して1カ月後，3カ月後，6カ月後」などです。

❷ 事例Ⅱ：「セルフチェックシート」による変化

　彼は19歳の男の子で，小学5年からほとんど学校に行けなくなり，中学2年から完全に外に出なくなりました。毎日昼間は家でゴロゴロしていて，お父さん，お母さんが心配されていました。彼が相談につながったのは，お父さんが通われている作業所の職員に相談をされて，当センターはそことのつながりがあったので，彼は職員さんによってセンターに連れてこられたのです。あまりしゃべらないのですが，最初は「アルバイトとか就職をしたい」ということでした。ですが，いろいろと支援を重ねていくうちに状況が変わって，今は「進学」をめざしています。受験生で今追い込み中です。

　彼は自己評価マイナスからスタートしています。さっきの事例の人は0からのスタートでしたが，彼はマイナス60以下で始まっていました。それがようやく最近，スタートラインに立てました。彼の「セルフチェックシート」を見て涙が出そうになりました。「友だちがほしいですか？」という項目に対して，最初は「いらない」だったのが，支援の経過とともに「友だちがほしい」にチェックがついていました。最初は人と関わることが怖かったし，社会に出ることそのものが怖かったけれど，いろんな人の支えを受けながら，ようやく「友だちがほしい」と思えるようになったのです。

　実は彼の勉強を最初はスタッフがみていたのですが，だんだん内容が難しくなってきて，週1～3回は利用されている相談者さんがみてくるようになりました。でもこの相談者さんは，何もしていないのに自分が他人を傷つけたのではないかと思う精神的な脅迫症状が強くて，例えば，駅の階段でたまたまポンとすれ違いざまにぶつかるときがあったとします。するとそのとき，相談者さんは「今，あたった人が落ちたのではないか。落としてしまったのでは」と思うそうです。振り返って見たら大丈夫なのはわかるのでそのときはいいのです

第9章　京都自立就労サポートセンターにおける就労訓練事業の取り組み　201

が，家に帰ったらまた思い出してしまい心配になるそうです。それくらい大変な人で「人と関わりたくない。何かあって人を傷つけたらあかんから」と極端に思っています。このお兄ちゃんが，彼の勉強をみてくれているんですよ。本当に2人は兄弟のようで，この間も参考書を一緒に近くの本屋さんまで買いにいったんですけど，お兄ちゃんの後ろを，この子がちょこちょことついて行く。その姿が本当にほほえましい。今は高校進学が第一目標になっていますが，合格すると同時に今度はアルバイトをする目標が次にありますので，このまま支援を続けていきます。

　今，支援開始10カ月くらいですが，この先，彼がちゃんと自分の将来を描けるようになり，さらなる目標をもつことができるようになることが大切です。ただ時間をいたずらに過ごすだけではなく，いろんな形で，いろんな支援を展開し，このように少しずつではあっても，本人の変化がしっかり見られることが大切だと思っています。

むすびに代えて
■本書の特徴と今後の課題

埋橋孝文（同志社大学社会学部教授）

　最後に本書の特徴を指摘した上で，今後に残された課題をいくつか挙げます。
　まず類書と比べての本書の際立つ特徴を挙げれば次の３点にまとめられます。
　１番目は，これまでおおむね肯定的に受け止められてきた自立支援サービス
の問題点を鋭く指摘したことです。一方での経済給付の後退と逆比例して自立
支援サービスがもてはやされることに対する鋭い批判が展開されていますが，
その批判の矛先は，これまでに各方面から問題を指摘されていた「就労」自立
支援サービスにとどまらず，自立支援サービス全般にも向けられています。
　現実には「再分配」と「承認」の取引関係がみられるようになり，「困窮当
事者の『生』の隅々まで浸透する『自立支援の権力』」（本書41頁）につながる
ことへの批判です。そこでは日本の福祉が新自由主義的な「ロールアウト型」
に再編されつつあることが問題視されます。また，「地域で生活保護を受ける
ことによって自立生活を行う」（本書52頁）という場合の自立は「生活保護制度
の在り方に関する専門委員会」でも想定していない，もう１つの自立というべ
きですが，「すべての被保護者は自立に向けて改善すべき何らかの課題を有し
ている」（本書62頁）という行政側の解釈によってそれが顧みられないことが批
判されます。
　２番目は，そうした批判にもかかわらず，また，批判論者自身も認めている
ように，就労自立支援そのものの意義を全否定するわけではないことに注意が
必要です。例えば，京都自立就労サポートセンターを訪ねる人は「働きたい」
と思って来るとのことですが，そうした人の希望，意向に沿った支援サービス
の価値は少なからずあるのではないでしょうか。また，障害者の人が他の多く
の人が普通に従事している一般就労を自分もやってみたいと思うのはごく自然
なことであり，それができないことの方が不自然といえます。ちなみに，当事
者がこのような希望，意向をもつことが「世間の価値観への囚われ」であると

203

捉えるのは，上から目線の「パターナリズム的」な理解であるといわざるをえません。

　3番目は，自立支援の意義や成果が，ホームレスや就職困難者に対する自立支援の豊富な実践の中から浮き彫りになったことです。

　ホームレス支援の現場では，カテゴリー化の上での支援と「個別化の原則」の上での支援とが時として緊張関係に陥ることがあっても，一対一の対人支援をきめ細かく行うためには個別化が不可欠です。自立支援センターの退所類型で「就労自立」が50％を超えているという実績もあります（本書135頁）。箕面市での取り組みでは，「生活困窮者自立支援を通じて地域づくりをする」という広がりが見られます。

　栃木県での取り組みでは，奥田知志氏の「存在そのものの支援」，「断らない支援」[1]を彷彿とさせるような長期におよぶ伴走型支援が取り組まれ，中間的就労の有効性を立証しています。京都府での取り組みでも，「ちゃんと気つけたげてや。何かあったら社長のせいやしな」という言葉が示しているような「出口」の企業担当者との相互の信頼関係のもとで「ステップアップ就労」が取り組まれ，セルフチェックシートにそうした成果が映し出されてきています。

　次に今後に残された3つの課題についてふれておきます。

　第1の課題は，就労支援サービスの「成果」に関するものです。筆者は，以前，次のように述べたことがあります。

> 「……ワークフェアは『事前的労働規制』と『事後的所得補償』制度とセットになって初めて効力を発する。言い換えれば，その前後2つの制度がどれだけ充実しているかが，ワークフェアの効果を決定する」
> 「ワークフェアは，仕事がペイするものでなければ効果が一時的なものにとどまるか，あくまで『強制』の域を出ないであろう……。次に仕事がペイするためには，貧困の罠を避けることが必要であり，そのために税制や助成金による賃金の補強が必要となる[2]」

　上の指摘は今でもあてはまると思いますが，生活保護や生活困窮者自立支援

の就労自立支援サービスを経て就労した場合の収入金額と生活水準は，実はそれほど明確になっていません。雇用型の中間的就労の場合，最低賃金が適用されますが，労働時間の長さによって月収が変わってきます。月収がどの程度の額になるかが，全国的および地域ごとの統計があまりないこともあってはっきりしていません。非雇用型の場合も同じように当該本人の収入についての統計数字がありません。世帯収入でみるのか，それとも個人の収入でみるのか，という問題も残されています[3]。

　そうした確たる資料がないのが問題ですが，一般に自立支援サービスを受けた人たちは，中間的就労の場合や一般就労に移行しても非正規職の割合が高く収入も低いと考えられます。長く働くということが難しく，そのために収入が低い場合もあります。そのように収入が低いことをもって就労自立支援サービスをワーキングプア創出の「装置」とみるのか，それとも，そうした実態を踏まえながら「半福祉・半就労」の方向に向かって生活保障の枠組みを再設計していくのか[4]，議論が分かれるところだと思われます。

　「半福祉・半就労」というのは福祉給付と就労収入の２つを併せて生活保障を図っていこうとするものですが，生活保護受給者の場合と生活困窮者自立支援法のサービスを受けている人，ひとり親世帯でも幼い子どもが複数いる場合とそうでない場合，障害者の場合の障害の種別と程度などによってかなり異なった対応を必要とします。

　第２の課題は，就労自立支援サービスの成果を目に見える形で数値化していく「評価」「測定」に関するものです。第１章で述べられた「段階論」の場合，日常生活自立がどの程度達成されたら次の社会生活自立へ向かうのか，同じように社会生活自立がどの程度達成されたら次の就労自立へ向かうのかが明らかになれば，支援にとって有益でしょう。多くの評価項目から次のステップに行ける「戦略的変数（項目）」が見いだされれば，支援サービスの次の目標が明確になります。「並列論」の場合でも，３つの自立相互の関係がデータで明らかになることは有益でしょう。

　ここで注意したいのは，段階論の場合の順番は，通常，日常生活自立⇒社会生活自立⇒就労自立が想定されているようですが，必ずしもその順番でないこともありうるということです。ちなみに本書では大阪の箕面市，栃木県，京都

府での取り組みを紹介していますが，そのいずれでも就労支援は「セミナー型」ではなく「体験型」が行われていました。つまり，就労経験によって日常生活自立や社会生活自立が進むという可能性もあるのではないでしょうか。そうしたことがありうるとすれば，就労は収入を得るための手段だけではなくなります。こうしたことを実証的に明らかにするためにも評価，測定データの蓄積が必要です。

第3の課題は，第1の課題の最後でふれたこととも関係しますが，生活保護や生活困窮者自立支援サービスを受けている間や終了後の生活・経済状況に関して，今後どのような政策的対応が必要かという「制度再設計」に関する課題です。生活保護に関していえば，「利用しやすく自立しやすい生活保護制度へ」という理念が，特に前半部分が，志半ばで頓挫しているような印象をもちますが，それをもう一度視野に入れて制度，政策を再設計していく必要があるように思われます。生活困窮者自立支援法の場合は，やはり何といっても受給中の所得保障機能を強めるような措置が必要でしょう。

ただし，本書では上のような制度再設計の問題は，座談会では少し議論されていますが（「生活保護と生活困窮者支援制度」，「半福祉・半就労」），本論では直接には扱われていません。したがって，この問題に深入りすることはできませんが，気がつく限りでの今後の政策案の選択肢を挙げれば以下のようになります。

① もっとも原則的な改革方向は，生活保護受給のための資産要件を緩和し，永年の課題である「利用しやすい」制度への変更。

② 生活保護の生業扶助，住宅扶助を単給化し，生活困窮者自立支援事業と一体化する[6]。

③ 生活保護の住宅扶助や医療扶助を「社会手当」として単給化し，生活保護本体から切り離す（いわゆる所得要件や資産要件を必要としない「外付け」方式）。

④ 生活困窮者自立支援制度の中での住宅手当や「勤労（訓練）手当（仮称）」などの経済給付の創設と充実。

⑤ 「第2のセーフティネット」対策の一環として制度化されながらも利用者が減少しつつある「求職者支援法」に基づく給付金制度を，対象者の定義の拡大措置を講じた上で生活困窮者自立支援制度の中に組み込む[7]。

上の各再設計案は「制度」の大まかなあり方を論じているのみで，扶助や手

当の「金額」には触れておらず，その意味では不完全なものです。しかし，そういう限界がありつつも，各案の長所，短所を比較検討し，今後の政策論議を実り豊かにしていくことが重要で，これから取り組むべき課題といえます。

1） 奥田知志（2018）「困窮者支援における伴走型支援とは」埋橋孝文＋同志社大学社会福祉教育・研究支援センター『貧困と生活困窮者支援―ソーシャルワークの新展開』法律文化社。
2） 埋橋孝文（2011）「『福祉政策の国際動向と日本の選択―ポスト「三つの世界」論』ミネルヴァ書房，131頁，117頁。
3） NPO等で生活困窮者自立支援事業に携わるスタッフの賃金，収入の実態もそれほど詳らかになっていません。自立支援サービスを受ける人の生活実態と併せて同時に明らかにしていく必要があります。
4） 「半福祉・半就労」については，筒井美紀・櫻井純理・本田由紀（2014）『就労支援を問い直す』勁草書房と『社会政策』誌上（第11巻第1号，2019年6月）での特集論文が参考になります。就労支援に対する批判点とそれについての評価については阿部誠（2018）「就労困難者に対する就労支援が果たす役割と困難―就労支援団体の取り組み事例を通じて考える」『大分大学経済論集』70巻3・4合併号，を参照のこと。
5） 精神障害をもつ人の就労支援の方法であるIPS（Individual Placement and Support）が参考になります。IPSは就労が治療的効果をもつことに着目するもので，保護的な場で訓練する伝統的なやり方（train then place）よりも早く現場に出て仕事に慣れるやり方（place then train）を重視します。伊藤順一郎・香田真希子監修（2010）『IPS入門―リカバリーを応援する個別就労支援プログラム』NPO法人地域精神保健福祉機構コンボ，25-26頁を参照のこと。
6） 吉永純（2019）「『半福祉・半就労』と生活保障，生活保護」『社会政策』第11巻1号。
7） 求職者給付については，金井郁・四方理人（2019）「就労支援の展開」駒村康平・田中聡一郎編『検証・新しいセーフティネット―生活困窮者自立支援制度と埼玉県アスポート事業の挑戦』新泉社を参照のこと。

座談会

生活保護と就労自立支援をめぐって
——生活保護ケースワーカーに聞く——

【参加者】渡辺和子（仮名）：A市役所勤務
　　　　　仲野浩司郎：羽曳野市役所勤務
　　　　　山下一郎（仮名）：B市役所勤務
【聞き手】埋橋孝文（同志社大学）／田中聡子（県立広島大学）

1　簡単な自己紹介

——これから座談会を始めます。まず渡辺さんから自己紹介をお願いします。

渡辺　生活保護のケースワーカー経験は8年，査察指導員は5年です。その前に福祉事務所で生活保護のケースワーカーの仕事を見ていて「生活保護のケースワーカーはお金が給付できるのがいいな，生活保護をやりたいな」と思って，その後ずっとこの仕事をやってきました。

——役所には一般職で入ったのですか。

渡辺　はい。そうです。

仲野　私は大学で社会福祉を勉強して，大阪西成区にある大阪社会医療センター附属病院で2年間ホームレスの方などの支援を担当しました。その後，民間病院で9年，MSWとして働き，その後，「生活保護のケースワーカーになりたい」と思って福祉専門職採用で入庁しました。ケースワーカーとしては3年半ですが，そのときに「生活困窮者の生活支援の在り方に関する特別部会」で「生活支援戦略」の新しい制度について議論されていて，私が感じていた問題意識を新しい制度を活用することでうまく対応できるのではないか，と考え，生活困窮者自立支援制度の担当に異動させてもらいました。生活困窮者自立支援制度を福祉総務課（生活保護担当と同じ部署）の地域福祉担当が所管することになり，モデル事業を入れると3年半，自立相談機関の主任相談支援員として現場でソーシャルワーカーとして働きました。2018年4月から相談業務が社協に委託になり，現在は事業担当として統括的な仕事をしています。また，仕事外で「子どもの居場所づくり」を行うボランティア団体を立ち上げて，貧困や課題を抱えている子どもたちの居場所づくりを地域の人たちと一緒にやっています。

山下　大学で社会福祉を専攻し卒業した後，C県の社会福祉協議会に入職しました。赤い羽根共同募金の関係の仕事をしていましたが，実践の上では「ケースワークが重要かな」と思い，2012年度からB市で福祉職の採用が開始されたのでB市の福祉職に転職しました。3年間は生活保護のケースワーカーをしていまして，4年目以降は障害保健福祉の部署で仕事をしています。

209

2 2004年の「生活保護制度の在り方に関する専門委員会」の答申

——日本では「就労自立」が優先課題で掲げられますが，2004年12月，「生活保護制度の在り方に関する専門委員会」が「日常生活自立」「社会的自立」「経済的自立」（「就労自立」）など３つの自立観を打ち出しました。生活保護行政の第一線ではそれを受けて，どんな変化があったのでしょうか。

仲野 「自立支援プログラム」の考え方自体には３つの自立の方針があって，それが仕組みになったのがプログラムだということは現場でも理解されている感じですが，就労自立のプログラムに偏っているというか，あくまでも就労自立によって生活保護から脱却するためのものであるという認識だと思います。「日常生活・社会生活自立のためのプログラム」を含めた支援の理解が必要と思われます。

——「就労」に重点がかかっているのを見直そうという機運はありますが，実際に「日常生活・社会生活自立」を促進するものがあるとはいえないと……

仲野 結局，プログラム自体，「就労自立のためのプログラム」という認識が中心のなかで「日常生活自立・社会生活自立」があまり策定されていない。ケースワーカーの日常的なケースワーク業務の中でそのあたりが役割として期待されているけれども，十分ではない。ケースワーカーたちが自立概念をきちんと理解して，どういう支援をしていったら「日常生活・社会生活自立」が達成されるのか，ということを意識できていないのではないでしょうか。

——こういう動きが情報としてはあっても，いざケースワークの実際に，それほど反映していないということでしょうか。

山下 私は入った当時のことしかわからないのですが，「現場では浸透していないかな」と感じています。個人的には勉強していますが，当時，「適正化」という話が出てきた時期でもあったので「経済的自立」が先により強く出たこともあったと思います。個人としては意識していても，所内全体ではそういう機運はなかったように思います。

渡辺 「３つの自立」の概念は生活保護の現場では，ちゃんとアナウンスされて認識していました。生活保護の分野では新しい考え方だったと思います。それまでは「就労指導するか，しないか」しかありませんでした。「働ける人は就労指導する，働けない人は就労指導しないし，援助方針も穏やかに生活していただく」という感じで，「働かない人に対する指導，支援」という考え方がなかった。生活上の問題がある人には指導していたと思いますが……「自立は就労自立だけではない」ということで，法から脱却してなくても自立して生活することを，以前も否定していたわけではなく，みんな意識はしていたと思います。ただし，自立支援プログラムは「３つの自立」に対してケースワーカーがどう関わるかというノウハウのプログラムだったのですが，「就労指導」以外のプログラムは年金受給とか借金整理とかの限定的なものでした。

仲野 「扶助費を削減するために何ができるか」という感じがあって「その人の多様な自立を支援するためにプログラムがある」というよりは，生活保護制度から押し出す力

が強かったと思います。

渡辺 「3つの自立」と「自立支援プログラム」が同じ時期に出ました。「プログラムの存在意義」に関して当時思ったのは、「ケースワーカーがベテランにならないと獲得できないノウハウとか、経験に基づくケースワークの技術を、経験の少ない人に対してプログラムを通じて伝える」、そういうような話として最初は出ていたと思います。

――福祉事務所の公務員では多様なプログラムを実行するのは難しいので、プログラムを委託するようになり、アウトソーシングしていって専門職を雇うようになりましたね。

渡辺 それは次の段階です。「自立支援プログラム」はノウハウのマニュアル化、ベテランケースワーカーの頭の中にあるものを伝えるという内容でした。

仲野 「支援の標準化」でした。

渡辺 そうです。マニュアル化した印象でしたね、現場では。

3 就労自立支援プログラムの有効性や問題点について

――「3つの自立」とほぼ同時期に「自立支援プログラム」が出てきたのでしたね。

渡辺 2005年ですか。

――2005年です。

渡辺 「こういう時はこういうところに連絡したらいい」というマニュアルで「使うと便利」という感じのものだったように思います。

――2005年からスタートした生活保護自立支援プログラムは、国庫補助が10割で自治体の負担がありませんでした。しかし、2015年度からは自治体が負担するようになりました。したがって、自治体によっては財政面の理由から自立支援プログラムを縮小していくところもありました。

仲野 そうです。生活困窮者自立支援制度が始まって国庫補助が10分の10ではなくなった。

渡辺 生活保護自立支援プログラムは「ケースワーカーが使うのに便利なマニュアル」という受け止めでした。それをアウトソーシングしていこうというのは、その後という印象です。

――「自立支援プログラム」自身、ややマニュアルっぽいが、年金とか他の資源を利用することによって保護費の削減と表裏一体的なものであったということですか。

仲野 プログラムができたことによって外注化もそうですし、ケースワーカーが担っていた「就労支援」の一部分を、ケースワーカーでない人が担うようになりました。悪い支援を底上げ、支援を標準化したという部分もありますが、しかし、それをすることによってケースワーカーの支援が縮小された部分もありました。生活支援と就労支援の分離と言えるかもしれません。生活困窮者自立支援制度が始まってからも続いていると思いますが、弊害の部分も多くあったのではないかと思います。

――ハローワークと連携して「就労ナビゲーターでやりましょう」というプログラムがあり、今もあります。本来、生活保護のケースワーカーがやっていたものが、そちらへ

座談会 **211**

シフトしていったということですか。

仲野 関わりが薄くなる，密度が減ってしまった部分があると思います。

渡辺 補助金がついて年金の専門家とか就労支援のキャリアカウンセラーとか，生活保護のケースワーカーが忙しくなってきているところで，ケースワーカーの仕事から外へ出して負担を軽減するところと，ケースワーカーより専門性のある外部の人を入れて，という話が出てきたわけです。

──お聞きしていますと，就労自立支援プログラムについては，専門家の活用，外部へのアウトソーシングとか，いい面もあれば，現場として好ましくない面もありますが，忙しさから考えたら仕方ないという感じの捉え方ですかね。

山下 その当時に入職した人間からすると，経験もスキルもないので「就労支援」とか年金の検討は知識がないと難しいので，それをお願いできたことはありがたかったです。ただその先が必要だと思っていて，お願いするのではなく，一緒に考えることがケースワーカーにとって大事だと思うので，その部分はケースワーカーによる部分かなと感じていました。

──専門家に回した後に。

山下 回したら終わりではなく，そこから一緒にやっていくべきものと思っていました。

4　2009年厚生労働省課長通知「速やかな保護決定」

──「速やかな保護決定」は2008年のリーマンショックの後，特に住居喪失者，ホームレスの方の居宅保護とかの関係で，それへの対応措置として出たもので，これ以降，「就労」の意欲があっても，いろんな状況で就労できない人の生活保護が認められていく傾向が始まっています。このインパクトは現場で感じましたか。生活保護法のあり方をめぐって対応が変わったということはありますか。

渡辺 それまでも「働く能力がある」という理由で生活困窮している人を窓口で排除するようなことはありませんでした。ただし，居宅がない，ホームレス状態でも保護を開始するという点において，現場への影響は大きかったと思います。

──リーマンショックで「雇止め」とかもありましたよね，ホームレスだけに限らず，それに対する対応で。

渡辺 その当時，失業者を生活保護の窓口で断っていたわけではないと思います。

山下 その当時，面接をやっていた人の話では「申請が増えて受理件数も増えた」と聞いています。「生活保護の件数が極端に増えていった時期だった」と。

渡辺 申請が急増した。失業者とか「派遣切り」は多かったです。申請件数が増えて。

山下 「大学卒業後すぐ保護申請」という話も聞きました。リーマンショックの年に私も卒業したので。そういう話を周りでは耳にしました。

仲野 2009年の課長通知は「緩める」という面もあったのではないでしょうか。私の市では生活保護法以外の制度活用の意識が強くて，社協の貸付とかで「就職が決まっていて，2カ月後に収入が見込める場合は貸付で何とかつなげないか」という運用もあった

ように思います。しかし，通知が出たとき，「その間は生活保護を利用して，就労収入があればその時に保護から脱却したらいい」という運用に変わった。その反動で生活保護利用者が増え，保護基準を引き下げるということもありましたが，2009年の時期は，かなり緩まったというか，ちゃんとした運用になったという印象があります。

渡辺 その前から「水際作戦」が問題になっていたかと思います。この通知が出て「ちゃんと保護申請を受けつけないといけない」という共通認識ができた感じはします。

仲野 公務員として「通知が出た限りは」と。

渡辺 「これがあるし，通知どおりやろう」となったというか。

――「間口が広くなったから，その代わり自立支援をしましょう」ということになったのですかね。とりあえず「間口は正式に受けましょう」と。

仲野 特に稼働年齢層の受付は増えました，その後。たぶん，「自立支援をやったから」というより「雇用環境の改善」によって労働市場に吸収されていった感があって，「事務所が積極的に就労支援をやったから」というより，むしろ就職しやすくなってきたので生活保護から脱却されていかれたという実態があると思います。

――花園大学の吉永純さんが言われていることですが，生活保護のケースワーカーにはいろんな倫理が交錯します。[*1] 社会福祉の倫理もあれば，公務員の倫理もあれば，国の規則も守らないといけない。地方自治体の財政も考えないといけないという，価値や倫理がトレードオフ，ぶつかることがあるのが現場だということです。2009年の通知に対しては，「厚労省がいうから自治体もそれに沿っていかないといけない」ということでしょうか。逆にいうと「水際作戦」ということは厚労省がやるのではなく，地元の自治体の意向が強かったということですか。

山下 厚労省ですよね。私は生まれが北九州なので2007年の餓死された話も知っていますし，北九州は当時の厚労省の指導どおりに「水際作戦」をとってきたから，あの事件が起きたと新聞報道されていました。

渡辺 そこでコロッと変えたのでしょうか。

山下 手のひらを返したんですよ，完全に。

――2009年の厚労省通知の際に「厚労省がいっているからわれわれが感じていたことのお墨付きがえられた」という捉え方ですかね。

仲野 もともと板挟みを感じていた人は，この通知が出たことで解消されたかもしれない。けれど，僕が働き始めた頃は「厚労省が通知を出したからといって適正な運用がされてきたのか，そうなのかな？」と。入り口の手前の部分だけでなく，保護の申請後の扶養の調査とかを含めて，ですが。

渡辺 申請受付の話は難しいですね。当時，「水際作戦って，やっているんでしょう？」と知らない人から言われたことがありますが，やっていない。私の自治体も国もやっていない。「何となく」というか，「いったい誰の意図なのか」という感じです。

山下 「厚労省が言っていた」という話もあるけど。

――プレッシャーはどこからですか。

渡辺 それが不思議なところです。

座談会 | 213

——決まっていたのではないですか，今月，何人とか。

山下　それは昔の古い基準ですよね。閉山になったときに炭鉱労働者が増えましたが，保護を一気に増やすとまずいので計画的にやるというのを，当時の厚生省に問い合わせをしてやっていたと思います。通知が出ていたわけではなく……　また，暴力団員の不正受給を防ぐためにも行われていました。

　ローカルルールです。「当時，確認をして，そういうやり方をした」と西日本新聞が記事に書いていたので。

渡辺　そうだったんですか，そこまで昔のことはよく知りませんでした。

仲野　いろんな要因があってケースワーカーの数が限られているとか，「どんどん受け付けていたら 1 人で150人の担当なんか，もたない」ということとか。「議会で質問出るよね，市民さんからいわれるよね」ということとか，見えないプレッシャーが「水際作戦」をつくりだしていたかもしれません。

渡辺　「受け付けたら職員にペナルティがあるんですか？」と聞かれたこともあって「そんなのは全然ない」と答えていました。

——一般の捉え方，研究者のいうこと，現場で携わっている方の理解と，それぞれの認識にちょっとしたズレがあるのかもしれないですね。

5　生活困窮者自立支援法の施行

——「生活困窮者自立支援」のプログラムと「生活保護の自立支援」プログラムを比較して 2 つの間に違い，温度差はありますか。

仲野　まず「生活困窮者自立支援制度」でも，就労準備支援事業等は任意事業なので自治体間の格差があります。必要性を認識して積極的に実施している自治体ではメニューの選択肢は多いと思います。釧路や「生活クラブ風の村」などの先駆的な実践がモデルになっていて，ちゃんとやっているところは活発に動いています。そういうところは生活保護制度の就労支援事業とも一体的に運用されていると思います。ただし，出口（支援）メニューはあっても，そこに対象者が上がってこない。「就労準備支援事業」は一般就労から遠いところにいる利用者向けのプログラムで，生活保護の受給者が同じ枠組みの中でやると，すぐに就労しないわけです。むしろ「生活自立・社会的自立」のプログラムなので，その有用性を各ケースワーカーが理解していないために，利用者がなかなかつながってこない。枠組みがあって一体的に実施してはいますが，効果が薄い。

——羽曳野市の場合は一体的に実施しているケースですが，生活保護を受けている人への「就労準備支援」は実態として「生活自立・社会的自立」向けのプログラムなので，ケースワーカーもあまり熱心ではないということですね。

仲野　生活保護の自立支援プログラムでは「ナビ事業」とか「ハローワーク」に行ける人が対象で，「ひきこもり」とか「ニート」の人たちを対象とする支援メニューがなかった。「就労準備支援事業」はそういう人たちを対象にしていて，一般就労に近い人だけではなく，その手前の人たちを支援するためのメニューが増えてきたことは，一

定，「出口支援」ができるようにはなっているのではないかと思います。一方で「半福祉・半就労」の話にもつながるのですが，生活保護からすぐに脱却しないわけなので，ケースワーカーが「それでいい」と思えるかどうか。

渡辺　稼働年齢だけれども，どう見てもすぐに就労できそうにない人がいる。そういう場合はどうしているのですか。

山下　「就労意欲喚起事業」とかでキャリアカウンセラーにつなぐとか。明らかに就労にいけそうな人は，意欲喚起をできればうまくいきます。そうでない人は「チャレンジ就労コーナー」の準備事業でやっているはずです。それにつないで「福祉的就労をめざしたい」というのはあります。メニューが増えて，ケースワーカーがきちんとアセスメントして「その人が，どのメニューが向いているか」を判断できれば，メニューが多ければ多いほど，つなぐことができるのでありがたいと思います。1人で抱え込むのは無理があるので，その意味ではよかったと思いますが，逆にきちんと「見立て」ができなくてつなぎ方が悪かったりすると，こじらせて，より悪い方向に進むリスクを抱えることがあります。

──ケースワーカーの見立て，アセスメントが大事ということですか。

山下　私はそう思っています。

──仲野さんのお話にあった「生活困窮者自立支援」対象の「就労支援サービス」と「生活保護受給者」で高齢者ではない人へのサービスとは，端的にいってどういう違いがあるのですか。

仲野　一般就労にただちにつながらない人たちとの違い，本人たち個人の特性には大きな違いはないと思います。ただ本人がおかれている生活環境の違いはある。「生活困窮者自立支援制度」では，要保護状態の人たちを制度上，支えられない。例えば，経済的に困窮していて親と一緒に住んでいない人は収入がないので「生活保護」の利用が必要です。そういう人たちの生活困窮者自立支援制度による「就労準備支援」は基本的にありえないと思います。むしろ親と同居していてニート，ひきこもりの人は「生活困窮者自立支援」で対応していくことが可能になる。

──個人の属性の違いはどうですか。

仲野　障害をもっているかもしれないとか，経験がないとかっていう個人の特性の違いは両制度間ではあまりないのでは，と思います。

──保護者や親がいて家もあって基本的なベースの生活が何とかできる人は「生活困窮者」だけど，1人でいるとかの場合は「生活保護」になる。そこの違いというわけですね。

──生活環境や世帯の状況は違いますが，どちらも「就労準備支援」の対象者は個人的には変わりはないとのことですね。その効果はどうなりますか。違いはどういう形で出てくるわけですか。

仲野　効果，違いは，あまりないような気がします。「生活保護にそもそもつながないといけないのに，生活困窮者自立支援制度で支援している」人たちには影響があるかもしれません。支援のスピード，就労までの距離が短く余裕がないので，すぐに「何でも

いいから就職しなさい」になってくるのではないかなと思います。それをきちんと「生活保護」につないで生活基盤を安定させて同じ枠組みの中で支援すれば，支援の結果には差が出てこないと思います。対象者が抱えている課題をきちんと振り分けさえできたら，「生活困窮者自立支援で支える人」「生活保護で支える人」と分けて同じ仕組みを利用すれば，違いはないような気がします。

渡辺　生活困窮者自立支援の窓口に来る人は「生活保護にいきたくない」という強いモチベーションでがんばっているのかなという気がします。そういう気持ちの問題の違いではないかと思います。がんばらなくてもいい人もありますが，スティグマで「生活保護だけはなりたくない」という人たちです。

――それは本人ですか，家族ですか。

渡辺　両方ありえます。

――生活困窮者自立支援に来られる方も多様ではあると思うけど，生活保護を受けている人とは違うということでしょうか。

仲野　「生活保護を受けたくない」という人も中にはいるし，むしろ制度の不理解もあると思います。生活困窮者自立支援制度の窓口で事前整理すると，いったん生活保護を利用して生活基盤を立て直して「就労がんばります」という人もいらっしゃる。

――緊急度が高く，窓口で指導すれば生活保護にいく人もいると？

仲野　確かに「嫌だ」という人もいます。「お父さんに扶養調査がいくのは絶対嫌」とか「生活保護を受けたくないから，ここでがんばります」という人もいます。

――まとめると「生活困窮者自立支援の場合の支援プログラムと，生活保護の自立支援プログラムの違いはない」ということでしょうか。

仲野　プログラム自体の違いはないと思いますが，結果だと思います。「生活困窮者自立支援」の方がメニューは多様です。「3つの自立」を意識してつくられていると思うので。ただスタンダードは「生活困窮者自立支援も生活保護も同じスキームをつくって一緒に利用しよう」という流れだと思います。なので，就労自立に特化した「生活保護の自立支援プログラム」でできなかったことを「生活困窮者自立支援制度」が進むことで生活保護の支援内容にも影響していく可能性があるのではないでしょうか。今，生活保護の自立支援プログラムはどうですか。どれだけ残っているのでしょうか。

――わかりません。最近，学会では誰も「生活保護の自立支援プログラム」を報告しません。ただし，子どもの健全育成は「生活保護」も「生活困窮者自立支援」も一緒にやりましょうということになっています。

仲野　「学習支援事業」も「就労支援」も両制度の一体的実施を目指している。独自でやっている事業はどこまであるのか。また「生活困窮者自立支援」は専門性でいうと，社会福祉士とか精神保健福祉士という社会福祉の専門資格の保有者は多い。生活保護のケースワーカーは未だに「社会福祉主事資格」が大多数なので，適切にアセスメントをして，様々な社会資源を活用して支援していく力は生活困窮者自立支援の方が高いと思います。

――「生活困窮者自立支援」の方はNPOとかがあって，社協もそうですが，社会福祉

士資格をもっている人が少ないので専門性から見てどうかと思っていたのですが，一般職の職員で生活保護行政に回ってきているケースワーカーに比べたら専門性が高いのですか。

仲野 資格所有率と適切な支援ができることは別ですが，生活保護ケースワーカーと比べるとそういえるのではないでしょうか。

渡辺 チーム力が高いというか，自由度が高い。生活困窮者自立支援のソーシャルワーカーは自由にやれる感じがしますけど，そうではないですか。

——「裁量の程度が大きい」ということは聞きますね。

6　分離論と統合論[*2]

————番の違いは「生活保護」のケースワーカーには経済的な問題を決定する権限があるということです。「生活困窮者自立支援」はその経済的保障がないので純然たるサービスの提供に専念するという違いがあります。この点についてはみなさん方が生活保護のケースワーカーをされているとき，生活保護行政で「両方一緒にするのはおかしいじゃないか」と思うことはなかったですか。それこそ「いうことを聞いてくれる」という実感があるかもしれませんが……　「分離論」と「統合論」に飛んでしまいました。「生活困窮者自立支援」の方が「自立支援サービス」への熱意が高いかもしれない。しかし専門性があっても経済的な保障をめぐる決定権は弱い。片や生活保護はその決定権をもちつつ，サービスを提供する形になっている。このあたりはどうですかね。

仲野　「分離論」「統合論」のどちらがいいかという答えはもっていないのですが，「生活困窮者自立支援」が始まったことによって，「生活保護にはやっぱりケースワークが必要」というのが明らかになったのではないかなと思います。ケースワークと経済給付を一体的に，本来であれば両方やらないといけないということが，改めて突きつけられているのではないかということです。「生活困窮者自立支援」で支援していた人が「要保護状態」になり，「生活保護」に移行することがあります。「生活困窮者自立支援」の中でこれまでサービス給付を充実させてケースワークをやってきた，信頼関係もできていたのが，「生活保護」にいった瞬間に「生活保護」のケースワーカーが何もしない。「生活保護」に行ったはずなのに「生活困窮者自立支援」に再び相談に来るということがよくあります。

——それは興味深いですね。

仲野　経済給付だけでは，その人の生活問題は解決しなくて，そこにケースワークが必要だと思います。「ケースワーカーと利用者の対等性に基づかないケースワークはない」といわれます。確かに経済給付をもっている，権力をもつケースワーカーには利用者との対等性の構築は難しいと思う。しかしケースワーカーは，「対等な関係はありえない」ところから出発することが大事です。「対等性はありえないが，この人に対して支援するんだ」という，非対称性を乗り越えたところに両者の関係性をつくれるのではないかと思っています。非対称，上下関係があることを認識しないと「パターナリズ

座談会　217

ム」を乗り越えられないのではないでしょうか。

──山下さんは福祉専門職としてB市で数十年ぶりの福祉職採用で現場に入ったとき，大学で習ったこととの違いとかを感じましたか。

山下　私は社会人を経験しているので，ある程度の理想と現実のギャップを理解した上ではいるのですが，中には昔からケースワーカーをやってきて熟知されて体感的にわかってやっている方もありますし，事務的に手続きする人もいる。その中で自分がどっちに寄るか，「利用者に寄り添って伴走型の支援をやらないといけない」と思って入っているので，そこだけは捨てられないところがあります。ただ仲野さんが言われるように「対等の関係」は築けないので，そこは自覚してやらないといけないと思っています。失敗もしましたし，その中で気づいたこともたくさんあるので，大学で学んだ理想と現実とのギャップをどれだけ埋めていけるか，実践者として考えていかないといけないと思います。

──たいへん興味深い話ですね。「生活困窮者自立支援法」から「経済的な問題解決が急務だ」ということで，生活保護の方へ行くことがあります。「生活保護の経済給付があっても相談の方に戻ってくる」というのも興味深い現象ですが。そういうニーズがありつつも「生活保護で経済給付だけやっていけばよい」となると，つまり，何もサービスを提供せずにお金の提供だけとなると，本人も「それでいい」となる可能性もあるのではないでしょうか。

渡辺　「生活保護の金銭給付のためにもケースワークはやらないと，ちゃんと金銭給付はできない」と思っていますので，そこはしっかり話を聞いて相談に乗る中で，最低生活保障のための金銭給付，自立支援のための金銭給付もありますが，そういうところも含めて「金銭給付のためにケースワークをする」のが基本として絶対必要なベースかなと思っています。例えば，家庭訪問の際には，その世帯の最低生活がしっかり保障されているか確認します。もし，健康状態がよくないとか，家の環境が十分でない場合には，医療扶助や一時扶助の給付，加算の認定が必要ないかを検討しなければなりません。生活保護以外の施策の活用も含めて，金銭給付が十分でないと最低生活保障がされないので保護の目的が果たされていないことになります。

山下　今，認識が違うかなと思うのは，ケースワークはそこも重要でやらないといけないけれど，全国的にはそうではなく，お金の確認はただ事務的にやればいいというのが多い。「一時扶助」も事務的な説明をして申請があれば出すという認識があって，それが「お金の提供だけ」という意味でいっておられるのかなと。それに対して渡辺さんが言われたのは，そこも含めてきちんと確認した上でやらないといけない，ということです。

仲野　渡辺さんみたいなワーカーがいっぱいいたらいいのですけどね。

渡辺　「すべての利用者にケースワーカーが1人ついているという意味はなぜでしょうか？」と。年金と違って何歳でいくらと出すなら，いらないわけで，「生活保護の最低生活は人によって違うから一人ひとりの最低生活を保障するために必ず，みんなにケースワーカーがついているんですよ」ということだと思います。全部の人に役所の担当がついているのは，すごいことだと思います。

山下 本来はそうだけど。生活保護手帳の冒頭にある骨（法に基づく給付）と肉（個別のケースワーク）が車の両輪であるという話が，実際はそうじゃなくなってきているのが最近の傾向だと思います。

7 非常勤ケースワーカーについて

仲野 「生活困窮者自立支援」が始まったとき，「壮大な分離論の実験ではないか」と，うがった見方をしていました。生活保護の高齢者の訪問ケースワーカーもそうですが，現場に出ていくのは非常勤のケースワーカーで，管理をするのは本庁にいるケースワーカーになります。ここに距離があって「金銭給付をするにはケースワークが必要」というのは生活状況の把握が必要だということですが，それを違う人がやって，給付は別の人がやる。ある意味，「分離」されているわけで，大きな問題が起こっていると想像しています。そこは「生活困窮者自立支援」でも同じで，生活困窮者の人が相談に来る。アセスメントをして「保護が必要だと思う」と話をする。困りごとを聞いて生活保護につなぐとき，問題が発生するわけです。本人との信頼関係ができていない生活保護の方からすると簡単に「無理ですね」と言ってしまう。

——生活保護の担当者が，ですか。

仲野 例えば，生活困窮者支援のワーカーが病院の通院に公共交通機関が使えないから「この人はタクシーが必要」と見立てをする。それをケースワーカーに伝えると「タクシー代は出ない。同じ圏域だから自転車で行ってもらってください」と簡単に言う。ケースワーカーが利用者を知って，関係をつくっていればわかること，支援の根本的な出発点なのにできていない。本人のことを知らないので，保護の運用が「抑制」の方に傾いてしまうことがありえます。

——大阪の非常勤ケースワーカーは「壮大なる分離論の実験だ」と言われることがありますが，そういう問題が「生活困窮者自立支援」と「生活保護」の間でも起こっているということですか。

仲野 そうではないかなと思います。行政が「公的な責任を担保する」ということで「支援調整会議」がつくられていますが，直接支援をしなくても，会議の書面上の情報で支援決定や確認をする，これを生活保護にあてはめると，ケースワーク業務を「外出し」して，非常勤のケースワーカーが日常の支援を行う。そして，支給決定が必要になると行政担当者と会議で共有し，本人とまったく会わず書面上の情報だけで支給決定の判断をしていく。金銭給付とケースワークが分離されると，こういうことが起こるのではと思います。

——制度的に無理があるということですか。生活困窮者自立支援の方は市役所に窓口があるわけで，市民からすると近づきやすい。そこで「生活困窮者」も「生活保護基準以下」であるケースが見つかることがありえます。そうしたルートが確立していけば「生活困窮者自立支援」と「生活保護」の分業が肯定的に評価できるかなと思うのですが，いかがでしょうか。

座談会 219

仲野 生活困窮者自立支援制度が要保護状態の人の掘り起こしをして，生活保護制度へつないでいく。まさに，この制度の重要な役割の１つだと思います。ただ，制度創設当初には「沖合い作戦」として懸念されている部分でもあります。実態がどうなっているのかは今後の研究課題なのだろうと思います。

——生活保護に行ったらケースワークをするケースワーカーと，ケースワークをしないケースワーカーがいるわけですね。

仲野「統合論」の問題はワーカーの質の問題でもあって，渡辺さんのようなケースワーカーがいて一体的に実施できたらいい支援ができるんだけど，そうでないケースワーカーだったら，めちゃめちゃになる。かといって「分離」させたらいいのかというと，「分離」させたとしても，「外出し」した人が決定権をもつ人につなぐことがうまくできない限りは分離してもうまくいかない。

——仲野さんの意見は，「生活保護」のケースワーカーが「生活困窮者自立支援」の担当も兼ねるようにということですか。

仲野 そこは難しくて，権限をもつケースワーカーがちゃんとケースワークできるのがベースだと思う。

——「生活保護」だけでなく「生活困窮者自立支援」も。

仲野 まず「生活保護」の中で。そこできちんとやっていたら，「生活困窮者自立支援」で発見した「要保護者」を受けても継続していい支援ができる。

渡辺「生活困窮者」から「生活保護」になった場合，「生活困窮者自立支援」と併用できないことになっていて切り換えないといけない。それでも生活困窮者自立支援の方に相談に行く人がいます。「生活保護」になっても「生活困窮者自立支援」のプログラムのメニューも両方使えるとなったら「分離論」のうまい形になるかもしれないなという気がしています。

山下 使えるものと使えないものがあります。「チャレンジ就労支援」は両方使えます。

仲野 ケースワーカーは代わりますが。

——主たるワーカーが変わる。ケースをもっている人が関わる。

渡辺「生活保護」は給付関係のケースワークをやっており，生活保護のケースワーカーががんばったとしても，障害のある人とか高齢者とか，それぞれの分野の専門性をもってケースワークをできるとは思えない時代になってきているから，完全な「統合論」では無理だと思います。

仲野 ケアマネもいれば，障害分野の相談支援事業所もある。すでに切り分けられて細分化されていっているので，今から，100％ケースワーカーが見るということはできないです。

渡辺 ただ「ケースワーク機能がいらない」ということではないと思います。そこの根拠は給付の部分のケースワーカーは最後まで残るだろうということです。ケースワーク機能を外すことはだめだと思いますが，外部のソーシャルワーカーと連携して，ある程度，アウトソーシングしながらやるのがいいのではと思います。事実，そうなっています。

山下 給付のためのケースワークをしつつ，それを見立てて，どれだけ他の専門職（ケ

アマネ等）とつなげるかが大事です。

——最低限，給付のためのケースワーカーは絶対に必要ということですね。

渡辺 最後まで残ります。そのあとの自立にはいろんな形がありますからね。利用者をどういう人々につなげていくかが重要で，ケースワーカー自身が「自立支援」をやらなくてもいいのかなという気もします。

——高齢とか障害，母子とか，そちらに渡している。しかし，就労とか「その他の世帯」の専門の人はいないですね。「就労自立」は難しいですね。給付のためのケースワークがないと，そこが抜けますよね。困ったことがあったら，その人はどこに行ったらいいのか。就労の年齢層の被保護の人で何かあったら誰に相談するのですか。

渡辺 生活保護のケースワーカーにでしょうね。他の機関につなぐことができない人には生活保護のケースワーカーしか関わる人がいないので，最初から最後まで残ることになります。その人の周りにたくさん人がいればみんなで「自立支援」をするんだけど，関係者が少ない場合は，周りにどうつなげていくか，「生活保護」のケースワーカーががんばらないといけない部分です。

——障害などの他に課題がある人は別のワーカーがついているけど，「就労」は，生活保護のケースワーカーが砦でしょうね。

渡辺 それなりにつなげるべき機関があると思います。各種支援センターとか。

仲野 一般就労にすぐつながる人はいいのですが，そうでない人はアセスメントを掘り下げて，例えば「発達障害あるよね」とか気づきが出てくると，障害の事業所のワーカーに入ってもらったりして支援の幅を広げていける可能性はあると思います。しかしケースワーカーのアセスメントの力が弱いとか，セルフネグレクトで支援を拒否する人の支援とか，背後には疾患とか障害があると思うのですが，そこが残されてしまう。ケースワーカーが最後のところで困るケースがあるのではないかと思います。

渡辺 アセスメントの力が大事ということですか。

山下 それがないと，つなぎ先が見つけられない。全部，自分でやらないといけなくなって，そうなると破綻する。「お金さえ出しておけばいい」というところに行きついてしまう，悪循環といいますか。

——箕面の北芝の方に講演してもらったのですが，生活保護の相談窓口に北芝のNPOが同席するという話でした。そういうケースは他にもあるのでしょうか。

仲野 いくつか大阪でも生活困窮者自立支援のワーカーと生活保護のケースワーカーが同席するケースがあります。

渡辺 何のためにですか。

仲野 生活保護と生活困窮で一緒に聞くと面談が一度で済む，ということだろうと思います。相談者の負担が減る，という意味で評価されています。でもそれにも「両義性」があると思います。

——生活困窮者自立支援に来た人を生活保護へ一緒についていっている感じがある場合は，保護適用への後押しもする。もう１つ別の場合は，「生活保護で受け付けずに生活困窮者支援の方へ回す」というものもありえます。

座談会 221

仲野 今回、「生活困窮者自立支援」が始まって前に進んだことの1つに「第三者が生活保護の面談に入ることになったこと」が挙げられると思います。今まで何回も窓口ではねられた人に、司法書士とか弁護士が同行申請したというのはよく聞きます。今回は「生活困窮者自立支援でいったん相談を受け付けた結果、要保護状態と思われるのでつなぎます」と、生活保護の面談についていっているワーカーがいます。第三者が入ってくるので福祉事務所側が変なことはできないということになります。生活保護に適切につなげるようになるといった効果が出ているところもあります。

——実際に「生活困窮者自立支援」の担当者が面談に行っているケースは？

仲野 実際にそんな多くないのではないかというのが僕の感覚です。国は全国研修を毎年やっていますが、生活保護の話が1回も出ない。社会保障の話をまったく教えてもらえない。「絆」とか「地域づくり」とかの話で。生活困窮者自立支援のワーカーが生活保護のことをどこまで知っているか。そういうワーカーがどこまでできているか、問題があると思います。基本的には相談者の最低生活費を計算して要保護性が高かったら生活保護の利用申請を勧める、必要であれば同行申請を行う。それをやると、かなりの確率で生活保護につながっていくと思います。

8 経済給付と就労自立支援サービス

——「就労自立支援サービス」が注目されていますが、「生活保護基準の引き下げ」が同時並行的に行われていることに注目すべきであるという有力な意見があります。「生活困窮者自立支援」の予算を組むときに財務省に認めてもらうためには、厚労省もどこかから予算を削って新しい財源をつくらないといけないのが現実なので「生活保護基準の引き下げ」が行われたという理解です。また、「生活困窮者自立支援制度」でも相談に時間がかかり、交通費もかかるときに悠長なことをやっていられるのか、相談期間中を含めてもっと「経済給付を充実すべきだ」という意見があります。これらについてはどのようにお考えですか。

仲野 「最低生活保障」と「自立支援」の取引関係ということかと思いますが、最低生活基準をどこに設定するのかは独立した話で、そこはちゃんと議論しないといけない。そのうえで「自立支援」も充実させて、どちらも必要という話です。財政的な問題があるとは思いますが、どっちが大事かは、そもそも比較するものではないと思います。

——以前、国立社会保障・人口問題研究所のプロジェクトでケースワーカーの人にインタビューする機会がありましたが、母子加算について現場のケースワーカーは批判的ですよね、特に子どもの数が多いときにそうです。実感としてどうですか。

仲野 「自分の給料より高い」とか。

山下 わりと母子加算は批判的というか、否定的な人が多いかもしれないですね。「あれが自立を阻んでいるんではないか」という議論が出てくることがあります。

山下 働いていても生活保護基準以上の収入にはならないので、保護脱却は難しい、つまり、どうしても保護から抜けられないことがあります。

渡辺 母子世帯の最低生活費が高すぎるという意見についてはいかがですか。

山下 高すぎるという話は，そこは議論されずに置き去りになっていますね。

仲野 もう少し低くしないといけないという議論にはならない。

山下 ほんとは議論しないといけないけど。

——加算の根拠は何か。客観的な基準がわからない。

山下 他の世帯との均衡を見て，その分，かかる費用を計算して最低生活基準の加算を出していますよね。見積もっていたはずなのですが。

仲野 今回，基準の変更で「児童養育加算が児童手当に連動していたのが，連動しなくなった。根拠は連動させるということだったのが，違うとなると何なのか」という議論もされているのかどうか。

9　生活保護と生活困窮者支援制度

山下 私は「生活保護費の引き下げ」が財務省からの要求でやむをえずあったので，代わりに「生活困窮者自立支援法」をつくって他のメニューを増やしたと見ていたのですが，いかがでしょうか。社会からの生活保護バッシングが強い時期でしたし，厚労省を取り巻く厳しい状況があって，介護保険の負担が増えていることもあって引き下げせざるをえなくなった。やむをえない措置みたいなところもあったのではないかと思います。後・先（あと・さき）論でいうと，生活保護の引き下げは３年ほど前から議論されていたのでそう思います。

仲野 民主党政権のとき，生活支援戦略で「生活困窮者支援」はやらないといけないというのがあって，途中で自民党政権に代わって，生活保護との関係や予算的なことも含めて取り込まれたのではないかと考えています。

——そのあたりは確かめる必要がありますね。

仲野 生活困窮者の経済給付は「この制度の対象者は誰なのか」という問題があります。「経済的に困窮している人で生活保護の要保護ではない人」ということで，布川先生がいわれるように実は法が規定している対象者は非常に狭い。[*3]　そして「経済的困窮者を対象としている制度なのに経済給付がないのは制度としてはおかしい」わけです。経済的に困って相談に来るのに，「お金は出せません。就労しろ」というのは制度としてどうなのか。一方で，「生活困窮者自立支援」の枠組みの中に「経済給付」を入れたら資産調査とか，所得調査が入ってくることになり，支援者にも影響してくる可能性があるので「生活困窮者支援の枠組みに経済給付を入れるべきなのかどうか」は慎重に議論すべきだと思います。

　外付けで住宅扶助の社会手当化とか，外の枠組みの中に給付制度をつくるとか，生活保護を使いやすい制度にするとか。自動車の問題や扶養義務の問題を改善して生活保護を使いやすくすることも１つの方法だと思います。そしてそれを提言することができるのは「生活困窮者自立支援」の相談支援機関だと思います。３年間でそれだけの蓄積があるはずです。車をもったまま生活保護を利用できたら職場にもすぐにいけるのに，車

を手離すとなると，すぐ就職できないので生活が苦しくなっていく。「生活困窮者自立支援相談機関こそが，生活保護の制度改正について発信すべきだ」と思っています。

――「生業扶助，住宅扶助を単独化した上でそれを生活困窮者自立支援の方で担当する」という意見がありますが，より敷居の低い生活保護で資力調査が入るのかどうか。仲野さんのご意見は，そうすることによって「資力調査が入ってしまう危惧がある」ということでしょうか。ただ，外付けでも同じことではないですか。「生活困窮者支援制度に経済給付がないのはおかしい」という意見が一方であり，他方でそれに支給するようにすると，生活保護のような所得調査が入るというジレンマがありますね。

仲野 生活保護を申請しなくても住宅手当を受けられるように。生活困窮者自立支援制度の枠組みにつけるよりは別のところにつけるという意見です。

――資力調査を受給要件としない社会手当としての住宅手当を，ということですね。

仲野 普遍的な支援があれば，「生活困窮者はそれを利用して」ということになります。制度の枠組みに経済給付がないことは問題ではあると思いますが，ソーシャルワークの視点で考えると，外付けでもっと充実した方がいいのではと考えています。

――生活保護は20％台と捕捉率が低い。本来，「生活保護」の人が「生活困窮者自立支援」に行っているということになっている。

仲野 低い捕捉率から考えると，そうなっているはずだと思います。大阪市の東淀川区では府営住宅の全戸訪問をやられたのですね。多くの方が相談に来られた。相談のアウトリーチ機能です。そして，生活困窮者自立相談のうち3割くらいを生活保護につないでいます。全国では15％程度だったと思いますが，「生活困窮者自立支援」の相談に来られた要保護状態の人を積極的に「生活保護」につないでいったということです。

渡辺 掘り起こしたということですね。

――しかし，全国的には，そういう「うねり」「うごき」はありませんね。

仲野 このあたりを明らかにしていく必要もあると思います。

渡辺 「生活保護の前に生活困窮者自立支援を使ってもらおう」という感じではないですか。全体の雰囲気としては。

仲野 全体の雰囲気としてはそうです。

山下 「公的水際作戦」をやっているというか，そういう議論もありましたね。

仲野 東京都のある都市では「生活保護」の窓口に相談に来ても，いったん「生活困窮者自立支援」の相談窓口に行かされるという事例の報告がありました。

――「生活保護は嫌」という人にとってはいいかもしれないけど，そうでない人にとっては，困ったことですね。捕捉率を上げることをもっとやらないといけないと思います。いずれにしても全国各地での取り組みについての調査が必要ですね。

仲野 大学院で「生活困窮者支援の活動の生活保護への"つなぎ"の部分はどうなっているのか」という調査を予定しています。

――興味深いですね。全国的調査ですか。

仲野 1300の相談支援機関とそこで働く相談員に対して「どのように生活保護につなげますか，事務所としてどう考えていますか？」という調査をしようと考えています。

10 「半福祉・半就労」について

――「半福祉・半就労」という考えがありますが，かけ声だけで実際にどう具体的に設計していくか，まだ見えてきていない。障害者の場合，この実現可能性が高いのではないかという意見もありますが，生活保護は「半福祉・半就労」の豊富な歴史ももっています。1950年代は「就労しつつ保護を受けていた人が半分」を占めていました，その後は減っていきますが。生活保護の場合の「半福祉・半就労」は今日，どのように受け止められているのでしょうか。

渡辺　ほとんどが「半福祉・半就労」ですね。

仲野　そうですね。わざわざいう必要はないのかもしれません。

――昔から公的扶助研究会で「半福祉・半就労」といっていましたよね。もちろん高齢者の方は「半福祉・半就労」は難しいです。

渡辺　高齢者は就労支援していません。

――母子家庭とかは。

渡辺　母子家庭は，かなり働いています。

山下　「その他世帯」も結構，働いています。

――パートとか……

山下　傷病とか障害でも，わりと自分なりに働ける範囲で働いています。

渡辺　でも就労で自立できる人は珍しいです。

山下　半就労することで社会的自立が求められる部分はあるのではないでしょうか。社会とのつながりという意味で，です。

――母子家庭のお母さんの場合は多かったように思う。本人は知的な問題がある人で，母子生活支援施設の人から「早く自立しろといわれているので」と言っていました。ただし保護を抜けたら，賃金収入が低い上に住居費の負担が重くのしかかってくる。制度的に「半福祉・半就労」の状態がいいとするのか，自立で「半福祉」をなくしていく方向がめざされているのか，どういう結果がその人に起こるのか。現実としてケースワーカーの指導は「半福祉・半就労」状態にある母子家庭に対してどのように行われるのですか。「半就労」していれば，それでヨシとするのか。

仲野　世帯の状況によります。子どもの年齢とかで，母子家庭でも子どもが高校を卒業すると「1年後の自立に向けた就労支援をしましょうか」と。子どもが小さいと「今は育児を頑張りしょう」ということになる。

渡辺　「自立支援プログラム」が導入された弊害の1つは，みんなにやらないといけなくなったということです。「なんでこの人に自立支援プログラムを使わないんだ」と1件，1件検討する。どれだけ働いていたら十分で，どれだけなら不十分かについても一定の基準で判断することになります。フルタイムで働いていればそれ以上の就労指導はできないけれども，給料の水準が低すぎて，自立できるような人はほぼいない。新卒で就職してずっと働いていれば給料は上がっていくけど，生活保護にきていったん離職し

座談会　225

たら，そこから再就職して自立可能なくらい働ける人はあまりないですね。給料の水準が低すぎるから「就労自立」をめざせる人は珍しい。

——生活保護の場合，「半福祉・半就労」は現実としてあり，福祉を強める，就労を強めるとか，その状態について，どっちの方向に動かすということはないと？

渡辺 生活保護の中で，やれるようなことではないと思います。

——最低賃金とかが関わってきますね。

山下 最低賃金が上がれば，まだ「就労自立」もあるかもしれませんが。

仲野 「半福祉・半就労」というときは「経済的自立による保護からの脱却だけをめざすのではなく，生活保護制度を受けながらも就労して生活を送る」ということで使われることが多いですね，意味合いとして。もともと生活保護には考え方として根づいているのではないでしょうか。ただ「生活困窮者自立支援」との兼ね合いのなかで，「中間的就労」とかの関係で「半福祉・半就労」が出てきたのではないのでしょうか。

——そうです。「中間的就労で，ある程度の所得があっても不足しているので生活保護を受けるべきだ」という意見の中から出てきました。一方，生活保護の現場で，「半福祉・半就労」の考えはどのように理解され使われているのでしょうか。

仲野 桜井さんの報告でも触れられていたと思いますが（本書50–51頁参照），四天王寺大学の慎先生による障害分野での自立の概念の中には「職業的自立」と「職業経済自立」[*4]が区別されています。生活保護では働いて経済的に自立すること，つまり保護からの脱却を自立としてしまいがちですが，脱却という意味での自立は「職業経済自立」にあたります。一方で，「職業的自立」は経済的自立による保護からの脱却を必要としていない。生活保護を利用しながら，その方の能力に応じた働き方を通じて社会参加や承認という自己実現を達成する。生活保護制度ではこのような自立をこれまでも支えてきたという理解です。自立の概念が拡張された「在り方専門員会」以降は，現場レベルにおいても働きながら保護を利用するという視点が一定根づいてきているのではないでしょうか。

——母子家庭のお母さんが，子どもが18歳になったら1人になる。「就労自立，経済自立しましょうか？」となりますよね。実際に自立していくケースはどれくらいありますか。

山下 子どもが巣立つと世帯人数が減るので。

——基準額が下がる。生活保護から外れていきますか。

山下 人によりますね。児童扶養手当もなくなるし。

仲野 就労状況によるかもしれない。

——児童扶養手当がなくなるから収入も減るんですね。

渡辺 給料の水準が低すぎる。

——結局，生活保護かもしれないと。

渡辺 母子家庭のお母さんと，自立できる仕事を探そうとハローワークに行ったことがありました。ハローワークには当時非常勤の就労支援ナビゲーターがいて，希望の給料の額を言うと「そんな仕事はありません。あったら私がいきます」と。公務職場でも母子家庭で自立できる給料を出していない。働いている人には「子どもが巣立ったときは

１人で自立できる給料をめざそう」とは言っていましたが。

仲野　子どもが自立したら，お母さんは50歳を超えていて転職も難しい。結局，生活保護に残るということになります。

──12〜13万円だったら無理ですね。パートだから。

仲野　生活保護基準が下がっているので，昔だったら要保護状態で生活保護が利用できたが，今は下がった基準では自立レベルになっているというケースが出てきている。

渡辺　最低賃金は上がってきていますが，全体に給与水準が下がりました。

山下　最低賃金は毎年上がっていますね。

仲野　結局生活保護を再度利用しなくてはいけないケースもある。生活保護から自立して介護福祉労働に押し出されても，またしんどくなって帰ってきます。「生活困窮者自立支援」に相談にきた人が「半年前まで生活保護を受けていました」というのがよくあります。

山下　時々聞くのは母子家庭のお母さんで「子どもが高校を卒業したから再婚します」と。

山下　子どもがいると再婚できなかったというケースは聞きます。

渡辺　生活保護でなくても，共稼ぎでなく暮らせる家って，そんなにない。１人で働いて子どもを育てるのは難しい。保護があって，２人で働いても自立できない。安い給料でも働いていることによって給料水準が上がらない。「安い給料でも働く人はいくらでもいる」という企業が問題ではないでしょうか。「（生活保護の受給者が）給料が安くてもいいですといって働いていていいのかしら？」と思います。

──そのあたりも「半福祉・半就労」の１つの問題点ですね。ベーシックインカムでも，そういう議論があります。ベーシックインカムがあれば企業としては賃金が安くて済むという論理に関わってです。

──今日は長い時間にわたってお話をお聞かせ下さり，ありがとうございました。これにて座談会を終ります。

1）　吉永純（2016）「公的扶助行政における社会福祉の倫理─効率化が与える影響」『社会福祉研究』127。

2）　「分離論」と「統合論」：生活保護制度には，利用者に対する，①経済給付による最低所得保障と，②自立助長を目的とした対人援助（ソーシャルワーク）サービスという２つの役割がある。分離論はこの２つを分けて実施することを主張し，統合論（一体論）は一体的に実施すべきであるという立場をとる。分離論と統合論は，2004年の第37回全国公的扶助研究セミナーの「シンポジウム　生活保護改革とケースワークの担い手を考える」および『賃金と社会保障』（2005年６月〜９月）の４回シリーズで議論された。

3）　布川日佐史（2016）「生活困窮者自立支援法改革の課題」『季刊 公的扶助研究』241号。

4）　槇英弘（1993）『自立を混乱させるのは誰か─障害者の「自立」と自立支援』プラム堂書店。

あとがき

　本書の元となったのは同志社大学社会福祉教育・研究支援センターの2018年度連続公開セミナー「貧困と就労自立支援サービス再考」でした。

　2017年度のセミナーを元にした『貧困と生活困窮者支援－ソーシャルワークの新展開』（法律文化社，2018年）は，貧困問題の深刻化が相談援助活動の業務拡大をもたらし，そのことが「ソーシャルワークの新展開」をもたらすにちがいないという見通しをもっていました。

　それに対して本書は，そうした比重を高めつつあるサービス給付を従来からの生活保護における経済給付と対比しながら，両者が織りなす困窮者支援の実相と問題点を浮き彫りにすることを目的としています。

　本書は，他にも，次のような課題に挑戦しています。
① 就労支援サービスの成果はどのように測られるべきかという今日的課題に取り組み，
② 大阪の箕面，栃木，京都における先進的実践の模様を伝え，
③ 生活保護ケースワーカーの座談会では，現場の取り組みや受け止め方を示しながら今後の制度再設計に向けた議論を紹介しています。

　以上の本書の内容は，研究者や実践家，自治体政策担当者の方に示唆する点が多いと考えられます。読者のみなさまの率直なご意見，ご感想をお聞かせくださるようお願いします。

2019年 7月25日　　埋橋孝文

索　引

【あ】

アイヒホルスト，ベルナー ……………… 71
アウトソーシング ……………………… 211
アウトリーチ ………………… 94, 95, 121
アクティベーション ……… 46, 67, 69, 71
アジール ………………………………… 72
アセスメント …… 63, 94, 123, 186, 215, 221
新しい社会的リスク …………………… 79
一時生活支援事業 ………………… 10, 37
一般就労 …………… 104, 105, 113, 114
岩田正美 ………………………… 72, 134
岩永理恵 ………………………………… 122
インクルーシブリサーチ ……………… 95
ウェルビーイング（福利・福祉）……… 42
埋橋孝文 ………………………………… 59
梅永雄二 ………………………………… 165
ADL ……………………………………… 110
SROI（Social Return On Investment）
　………………………… 4, 25, 64, 65
　──指数 …………………………… 65
　釧路市── …………………………… 64
エスピン＝アンデルセン，イエスタ
　……………………………… 83, 86, 89
NPO暮らしづくりネットワーク北芝 … 143
親との同居率 …………………………… 102
岡村重夫 ………………………… 123, 130

【か】

介護保険 ………………………………… 32
開発主義 ………………………………… 27
学習支援 ………… 148, 164, 165, 173, 174
　──事業 ……………………… 10, 37
学習障害 ………………………………… 168
家計相談支援 …………………………… 148
　──事業 ……………………… 10, 37
過剰包摂 …………………………… 42, 43
家事労働 ………………………………… 27
カステル，ロベール …………………… 63
家族支援 ………………………………… 171

堅田香緒里 ……………………………… 63
加納実紀代 ……………………………… 52
過労死 …………………………… 27, 91
菅直人 …………………………………… 25
菊池馨実 ………………………………… 23
岸・仲村論争 …………………………… 53
規制緩和 …………………………… 28, 32
基礎年金 ………………………………… 109
ギデンズ，アンソニー ……… 30, 83, 89
木村忠二郎 ……………………………… 13
キャリアカウンセラー ………………… 212
求職者支援法（制度）…………… 23, 70
給付つき税額控除 ……………………… 60
業界別基礎知識訓練 …………………… 193
共同作業所全国連絡会（きょうされん）
　…………………………… 100, 106, 110
業務分解 …………………………… 159, 160
金銭給付 ………………… 24, 218, 219
勤労控除 ………………………………… 54
グループワーク ………………………… 137
黒木利克 ………………………………… 53
経済（的）給付 …………………… 36, 39
経済（的）自立 …………………… 34, 35
ケイパビリティ …………………… 92, 93, 95
ケインズ主義 …………………………… 78
ケースワーカー ……… 63, 66, 209, 217
ケースワーク（機能）…… 123, 138, 217, 220
現金給付 …………………………… 85, 88
現物給付 …………………………… 85, 88
（権利保障としての）就労支援 ………… 99
厚生年金 ………………………………… 109
公的扶助 ………………………………… 47
高齢者世帯 ……………………………… 112
国民生活基礎調査 ……………………… 100
子供・若者育成支援推進法 …………… 169
子ども食堂 ……………… 146, 173, 174
子ども若者支援 ………………………… 163
子どもをめぐる困窮支援 ……………… 169
個別化の原則 …………………………… 130
小山進次郎 ………………………… 13, 53

231

【さ】

最低所得保障 ・・・・・・・・・・・・・・・・・・・・ 83
最低生活費 ・・・・・・・・・・・・・・・・・・・・・・・ 222
最低生活保障 ・・・・・・・・・・・・・・・・・・ 36, 92
最低賃金 ・・・・・・・・・・・・・・・・・・・ 114, 181
再分配
　――と承認 ・・・・・・・・・・・・・・・・・ 29, 34
　経済的―― ・・・・・・・・・・・・・・・・・・・・ 39
サポートステーション ・・・・・・・・・・ 166, 182
参加型福祉社会 ・・・・・・・・・・・・・・・・・・・ 32
ジェンダー格差 ・・・・・・・・・・・・・・・・・・・ 82
ジェンダーニュートラル ・・・・・・・・・・・・ 79
支援調整会議 ・・・・・・・・・・・・・・・・・・・ 219
自己肯定感 ・・・・・・・・・・・・・・・ 6, 173, 174
自己責任（論） ・・・・・・・・・・ 28, 35, 39, 93
自己選択・自己決定できる力 ・・・・・・・・・・ 186
自己評価 ・・・・・・・・・・・・・・・・・・・・・・・・・ 4
資産調査 ・・・・・・・・・・・・・・・・・・・・・・・ 223
市場化 ・・・・・・・・・・・・・・・・・・・・・・ 32, 88
事前的労働規制 ・・・・・・・・・・・・・・・・・・・ 60
自尊感情 ・・・・・・・・・・・・ 5, 6, 65, 141, 144
児童相談所 ・・・・・・・・・・・・・・・・・・・・・ 174
児童扶養手当 ・・・・・・・・・・・・・・・・・・・ 226
児童養育加算 ・・・・・・・・・・・・・・・・・・・ 223
社会生活自立 ・・・・・ 3, 4, 14, 21, 24, 34–36,
　　　　　　　　　　　　　　　 113, 200
　――支援 ・・・・・・・・・・・・・・・・・・・・・・ 50
社会手当 ・・・・・・・・・・・・・・・・・・・・・・・ 224
社会的承認 ・・・・・・・・・・・・・・・ 39, 43, 69
社会的自立 ・・・・・・・・・・・・・・・・・・・・・ 116
社会的投資（Social Investment） ・・・・ 3, 4, 85
　――型国家 ・・・・・・・・・・・・・・・・・ 67, 77
社会的排除 ・・・・・・・・・・・・・・ 63, 64, 147
社会的費用 ・・・・・・・・・・・・・・・・・・・・・ 65
社会的不利 ・・・・・・・・・・・・・・・・・・・・・ 90
　――の再生産 ・・・・・・・・・・・・・・・・・・ 80
社会的包摂 ・・・・・・・・・・・・・・ 63, 64, 85, 91
社会的保護（Social Protection） ・・・・・・・・ 85
社会福祉基礎構造改革 ・・・・・・・・・・・・・・ 14
社会福祉協議会 ・・・・・・・・・・・・・・・・・・ 209
社会福祉法改正（2000年） ・・・・・・・・・・・・・ 32
若年者自立支援プログラム ・・・・・・・・・・・・ 32

住居確保給付金 ・・・・・・・・・・・・・・ 10, 37, 148
住宅扶助 ・・・・・・・・・・・・・・・・・・・ 54, 224
就労意欲喚起等支援事業 ・・・・・・・・・・・・・ 62
就労活動促進費 ・・・・・・・・・・・ 56, 58, 59
就労困難者 ・・・・・・・・・・・・・・・・・・・・・ 184
就労支援事業 ・・・・・・・・・・・・・・・・・・・・ 37
就労支援プログラム ・・・・・・・・・・・・・・・ 190
就労準備支援 ・・・・・・・・・・・・・・・・・・・ 148
　――事業 ・・・・・・・・・・・・・・・・・・・・・・ 10
就労自立 ・・・・・・・・・・・・・・・・ 3, 14, 200
　――給付金 ・・・・・・・・・・・・・・・・・ 56, 57
　――支援サービス ・・・・・・・・・・・・・・・・ 94
　――水準 ・・・・・・・・・・・・・・・・・・・・・ 55
就労体験（合宿型）（担い手型） ・・・・ 192, 193
就労率 ・・・・・・・・・・・・・・・・・・・・ 21, 23
障害学 ・・・・・・・・・・・・・・・・・・・・ 50, 52
障害基礎年金 ・・・・・・・・・・・・・・・・・・・ 109
障害者基本法 ・・・・・・・・・・・・・・・・・・・ 110
障害者差別禁止法 ・・・・・・・・・・・・・・・・・ 99
障害者就労支援サービス ・・・・・・・・・・・・ 107
障害者自立支援法（現・障害者総合支援法）
　　　　　　　　　　　　 14, 32, 115
障害者生活実態調査 ・・・・・・・・・・・・・・・ 102
障害者総合支援法 ・・・・・・・・・・・・・・・・・ 110
障害者手帳 ・・・・・・・・・・・・・・・・・・・・・ 99
障害者の所得保障 ・・・・・・・・・・・・・・・・・ 99
障害者福祉政策 ・・・・・・・・・・・・・・・・・・ 115
障害認定 ・・・・・・・・・・・・・・・・・・・・・・ 109
所得調査 ・・・・・・・・・・・・・・・・・・・・・・ 223
所得保障型の福祉国家 ・・・・・・・・・・・・・・ 77
自立活動確認書 ・・・・・・・・・・・・・・・・・・ 56
自立支援（プログラム） ・・・・ 29, 33, 61, 210
自立就労サポートセンター ・・・・・・・・・・・ 194
自立相談支援事業 ・・・・・・・・・・ 10, 37, 148
資力調査 ・・・・・・・・・・・・・・・・・・・・・・ 224
新自由主義 ・・・・・・・・・・・・・・・・・・・・・ 30
人生支援 ・・・・・・・・・・・・・・・・・・・・・・ 164
身体障害（者） ・・・・・・・・・・・・・・・ 103, 105
人的資本 ・・・・・・・・・・・・・・・・・ 31, 79, 80
慎英弘 ・・・・・・・・・・・・・・・・・・・・・・・・ 50
鈴木亘 ・・・・・・・・・・・・・・・・・・・・・・・・ 56
速やかな保護決定（2009年厚生労働省課長
　通知） ・・・・・・・・・・・・・・・・・・・・・・ 212

スモールステップ支援 ・・・・・・・・・・・・・・・・ 187
生活クラブ風の村 ・・・・・・・・・・・・・ 160, 214
生活困窮者自立支援事業 ・・・・・・・・ 148, 158
生活困窮者自立支援制度（プログラム）
・・・・・・・・・・・・・・・・・・・・・・・・・・・ 6, 112, 181
生活困窮者自立支援法 ・・・・・・・・・・ 1, 9, 33
生活扶助基準 ・・・・・・・・・・・・・・・・・・・・・ 2, 54
生活保護 ・・・・・・・・・・・・・・・・・・・・・・・・・・ 167
　　──受給世帯 ・・・・・・・・・・・・・・・・・・ 172
　　──受給率 ・・・・・・・・・・・・・・・・・・・・ 101
　　──の「適正化」（123号通知）・・・・・・・ 48
　　──バッシング ・・・・・・・・・・・・・・・・ 223
　　不正受給 ・・・・・・・・・・・・・・・・・・・・・ 214
生活保護改革（2013年8月）・・・・・・・・・・・・ 56
生活保護基準 ・・・・・・・・・・・・・・・・・・・・・ 227
　　──の引き下げ ・・・・・・・・・・・・・・・・ 222
生活保護自立支援プログラム ・・・・・・・・ 1, 6
生活保護制度の在り方に関する専門委員会
・・・・・・・・・・・・・・・・・・・・・・・・ 1, 3, 14, 50
生活保護母子加算 ・・・・・・・・・・・・・・・・・・・ 2
生活保護老齢加算 ・・・・・・・・・・・・・・・・・・・ 2
生業扶助 ・・・・・・・・・・・・・・・・・・・・・・・・・ 224
精神障害（者）・・・・・・・・・・ 103, 105, 112
性別役割分業 ・・・・・・・・・・・・・・・・・・・・・・ 28
セーフティネット（安全網）・・・・・・・・・ 46, 47
　　第2の── ・・・・・・・・・・・・・ 23, 36, 148
セルフチェックシート ・・・・・・・・・・ 199, 200
セルフネグレクト ・・・・・・・・・・・・・・・・・ 221
セン，アマルティア ・・・・・・・・・・・・・・・・ 92
相談援助サービス ・・・・・・・・・・・・・・・・・・ 94
相談支援 ・・・・・・・・・・・・・・・・・・・・ 164, 165
ソーシャルアクション ・・・・・・・・・・・・ 94, 95
ソーシャルワーカー ・・・・・・・ 63, 132, 217
ソーシャルワーク ・・・・・・・・・・・・・ 121, 224
措置から契約へ ・・・・・・・・・・・・・・・・・・・・ 14

【た】

ダーレンドルフ，ラルフ ・・・・・・・・・・・・ 89
第三の道 ・・・・・・・・・・・・・・・・・・・・・・・ 30, 68
第2種社会福祉事業 ・・・・・・・・・・・・・・・・ 141
竹中哲夫 ・・・・・・・・・・・・・・・・・・・・・・・・・ 171
他者化 ・・・・・・・・・・・・・・・・・・・・・・・・ 41, 42
段階論と並列論（自立）・・・・・・・・・・・・ 4, 16

男性稼ぎ主モデル ・・・・・・・・・・・・・・・・・・ 79
地域食堂 ・・・・・・・・・・・・・・・・・・・・・・・・ 146
地域通貨 ・・・・・・・・・・・・・・ 146, 153, 159
知的障害（者）・・・・・・・・ 103, 105, 110, 133
中間的就労 ・・・・・・ 4, 5, 34, 42, 62, 165, 172,
　　　　　　　　　　 175, 176, 178, 194, 195
　　──プログラム ・・・・・・・・・・・ 152, 153
長期離職者 ・・・・・・・・・・・・・・・・・・・・・・ 184
ディーセントワーク ・・・・・・・・・・・・・ 60, 61
ティッケル，アダム ・・・・・・・・・・・・・ 30, 63
出口支援 ・・・・・・・・・・・・・・・・・・・・・・・・ 215
統合論 ・・・・・・・・・・・・・・・・・・・・・・ 217, 220
当事者主催 ・・・・・・・・・・・・・・・・・・・・・・・ 94
同和対策特別措置法 ・・・・・・・・・・・ 140, 141
トランポリン機能率（TP率）・・・・・・・・・・・ 47

【な】

ナショナル・ミニマム ・・・・・・・・・・・・・・ 56
ニート ・・・・・・・・・・・・・・・・・・・・・・ 169, 214
日常生活自立 ・・・・・・・ 3, 4, 14, 21, 24, 34-36,
　　　　　　　　　　　　　　　 113, 200
　　──支援 ・・・・・・・・・・・・・・・・・・・・・・ 50
　　──支援事業 ・・・・・・・・・・・・・・・・・ 110
日本型雇用慣行 ・・・・・・・・・・・・・・・・・・・・ 27
日本型福祉社会 ・・・・・・・・・・・・・・・・・・・・ 28
ニューレイバー ・・・・・・・・・・・・・・・・・ 30, 68
ノーマライゼーション ・・・・・・・・・・・・・ 110

【は】

ハーヴェイ，デヴィッド ・・・・・・・・・・・ 30, 43
パーソナル・サポート・サービス（モデル）
　　事業 ・・・・・・・・・・・・・・・・・ 10, 19, 148
派遣切り ・・・・・・・・・・・・・・・・・・・・・・・・ 212
発達障害 ・・・・・・・・・・・・・・・ 112, 168, 221
濵田江里子 ・・・・・・・・・・・・・・・・・・・・ 69, 76
原伸子 ・・・・・・・・・・・・・・・・・・・・・・・・ 67, 69
バリアフリー ・・・・・・・・・・・・・・・・・・・・ 107
ハローワーク ・・・・・・・・・・・・ 152, 211, 226
伴走（型）支援 ・・・・・・・・・・・・・・・・ 37, 183
半福祉・半就労 ・・・ 6, 34, 42, 82, 98, 215, 225
ひきこもり ・・・・・・・・・・・・・・・・・・ 169, 214
　　──支援 ・・・・・・・・・・・・・・・ 169, 171
被差別部落 ・・・・・・・・・・・・・・・・・・・・・・ 140

索　引　233

ひとり親家庭 ……………………………… 88
被保護者就労（準備）支援事業 ……… 123
評価シート ……………………… 199, 200
貧困率 …………………………………… 100
不安定就労 ……………………………… 175
フェミニズム ……………………… 50, 52
「福祉から雇用へ」推進5カ年計画 ‥‥‥ 111
福祉事務所 ………………………………… 49
福祉的就労 ……… 101, 104, 105, 108, 114
福祉の契約主義 …………………… 70, 71
福祉の新自由主義的再編 ……………… 29
藤田孝典 …………………………………… 17
不登校 …………………………………… 169
ブレア（労働党）政権 ………… 70, 83, 88
フレイザー, ナンシー ………………… 29
分権化 …………………………… 28, 32
分離論 …………………… 217, 219, 220
ベーシックインカム ………… 44, 72, 227
ペック, ジェイミー ………… 30, 59, 63
ヘメリック, アントン ………………… 81
ホームレス（野宿労働者／野宿生活者）‥ 40
　狭義の—— ……………………… 126, 129
　広義の—— ……………………… 127, 129
ホームレス自立支援センター …… 123, 134
ホームレス自立支援法（ホームレスの
　自立の支援等に関する特別措置法）
　……………… 1, 14, 32, 40, 129
保護者支援 ……………………………… 171
母子世帯 ………………………………… 112
　——自立プログラム ………………… 32
捕捉率 …………………………… 2, 224

【ま】

松井一郎（知事）……………………… 68
丸山里美 ………………………………… 132
三浦まり ……………………… 67, 69
水際作戦 ………………………………… 213
3つの自立 ………………………………… 3
宮本太郎 ………………………………… 59

民営化 …………………………… 28, 32
メイキング・トランジション・ペイ ‥‥‥ 82
メイキング・ワーク・ペイ（事後的所得
　補償）…………………………… 60, 82
問題のある家族 ………………………… 88

【や】

雇止め …………………………………… 212
ヤング, ジョック ……………… 41, 59
湯浅誠 …………………………………… 19
有償ボランティア ……………… 143, 144
要保護性 ………………………………… 222
吉永純 …………………………………… 213
米澤旦 ……………………… 53, 71

【ら】

ライフコースの視点 …………………… 81
ライフチャンス（の）保障 ……… 93, 96
リーマンショック ……………………… 212
リガーチャー …………………………… 90
リスター, ルース ……………………… 41
リスボン戦略 …………………………… 84
隣保館 ………………… 141, 150, 152
ルーズベルト, フランクリン ………… 70
路上生活者 ………………………………… 4

【わ】

ワーカーズコレクティブ ……………… 143
若者自立・挑戦プラン（2003年）……… 111
ワーキングプア …………………… 60, 61
Work and Social Adjustment Scale（WSAS）
　…………………………… 21, 22
　日本版—— ……………………… 22
ワークファースト ………… 34, 36, 38
ワークフェア ………… 35, 46, 59, 67, 69
　——のアポリア ……………………… 59
　日本型—— …………………… 3, 57
ワークライフバランス ………… 79, 81, 82
我が事・丸ごと ………………………… 38

234

◀ **執筆者紹介**（執筆順，＊は編者）▶

＊埋橋　孝文	同志社大学社会学部教授，放送大学客員教授	序，むすびに代えて，座談会
畑本　裕介	同志社大学政策学部教授	第1章
堅田香緒里	法政大学社会学部准教授	第2章
桜井　啓太	立命館大学産業社会学部准教授	第3章
田中　弘美	武庫川女子大学文学部専任講師	第4章
山村　りつ	日本大学法学部准教授	第5章
後藤　広史	立教大学コミュニティ福祉学部准教授	第6章
池谷　啓介	特定非営利活動法人 暮らしづくりネットワーク北芝事務局長	第7章
簗瀬　健二	特定非営利活動法人 暮らしづくりネットワーク北芝 生活困窮者自立支援就労支援担当スタッフ	第7章
中野　謙作	一般社団法人栃木県若年者支援機構代表理事	第8章
髙橋　尚子	一般社団法人京都自立就労サポートセンター主任相談支援員	第9章
渡辺　和子	A市役所勤務（仮名）	座談会
仲野浩司郎	羽曳野市役所勤務	座談会
山下　一郎	B市役所勤務（仮名）	座談会
田中　聡子	県立広島大学保健福祉学部教授	座談会

Horitsu Bunka Sha

貧困と就労自立支援再考
―― 経済給付とサービス給付

2019年10月20日　初版第1刷発行

編　者　　埋　橋　孝　文
　　　　　同志社大学社会福祉教育・研究支援センター
発行者　　田　靡　純　子
発行所　　株式会社　法律文化社

〒603-8053
京都市北区上賀茂岩ヶ垣内町71
電話 075(791)7131　FAX 075(721)8400
http://www.hou-bun.com/

印刷：亜細亜印刷㈱／製本：㈱藤沢製本
装幀：奥　野　　章

ISBN 978-4-589-04038-1

Ⓒ2019 T. Uzuhashi, Doshisha Education Research Center of Social Welfare Printed in Japan

乱丁など不良本がありましたら、ご連絡下さい。送料小社負担にてお取り替えいたします。
本書についてのご意見・ご感想は、小社ウェブサイト、トップページの「読者カード」にてお聞かせ下さい。

JCOPY　〈出版者著作権管理機構　委託出版物〉
本書の無断複写は著作権法上での例外を除き禁じられています。複写される場合は、そのつど事前に、出版者著作権管理機構（電話 03-5244-5088、FAX 03-5244-5089、e-mail: info@jcopy.or.jp）の許諾を得て下さい。

埋橋孝文／同志社大学社会福祉教育・研究支援センター編

貧困と生活困窮者支援
―ソーシャルワークの新展開―

A 5 判・210頁・3000円

相談援助活動の原点を，伴走型支援の提唱者である奥田知志氏の講演「問題解決しない支援」に探り，家計相談事業と学校／保育ソーシャルワークの実践例から方法と課題を明示。領域ごとに研究者が論点・争点をまとめ，理論と実践の好循環をめざす。

五石敬路・岩間伸之・西岡正次・有田 朗編

生活困窮者支援で社会を変える

A 5 判・236頁・2400円

福祉，雇用，教育，住宅等に関連した既存の制度や政策の不全に対して，生活困窮者支援をつうじて地域社会を変える必要性と，それを可能にするアイデアを提起する。「孤立と分断」に対するひとつの打開策を明示した書。

桜井啓太著

〈自立支援〉の社会保障を問う
―生活保護・最低賃金・ワーキングプア―

A 5 判・256頁・5400円

実証・政策・歴史・言説・理論等の多面的な側面から，「自立支援」というイデオロギーに迫る。そして，その枠組みからなされる「支援」実践が実際に支援される人々や現場に何をもたらしているのかを明らかにする。

岡部 茜著

若者支援とソーシャルワーク
―若者の依存と権利―

A 5 判・264頁・4900円

従来の就労に向けた自立支援で，若者の生活困難や生きづらさを捉えきれるか。ソーシャルワーク（SW）の視点から若者を総体として捉え，SWの必要性とその構成要素，支援の枠組みを提起する。

松本伊智朗編

「子どもの貧困」を問いなおす
―家族・ジェンダーの視点から―

A 5 判・274頁・3300円

子どもの貧困を生みだす構造のなかに家族という仕組みを位置づけ，歴史的に女性が負ってきた社会的不利を考察，論究。「政策」「生活の特徴と貧困の把握」「ジェンダー化された貧困のかたち」の 3 部12論考による貧困再発見の書。

河合克義・清水正美・中野いずみ・平岡 毅編

高齢者の生活困難と養護老人ホーム
―尊厳と人権を守るために―

A 5 判・206頁・2500円

高齢者のセーフティーネットである養護老人ホームの存在が危ない⁉ 低所得で複雑な生活困難を抱える高齢者が増えるなかで，ホームの役割は大きくなっている。研究者，施設・自治体職員が現代のホームの実像をリアルかつ立体的に描き，高齢者福祉のあり方を問う。

―――――法律文化社―――――

表示価格は本体（税別）価格です